萨满文化研究丛书

孟慧英 主编

北美印第安人萨满文化研究

RESEARCH ON MORTH AMERICAN
INDIAN SHAMANISM

李楠 著

社会科学文献出版社
SOCIAL SCIENCES ACADEMIC PRESS (CHINA)

前　言

国家社科基金项目"国外萨满教研究的历史与发展现状"于 2010 年立项，课题主持人为孟慧英研究员，课题预计完成时间为 2015 年 12 月，课题的最终研究成果为专著一部。这套丛书原则上属于这个国家课题的子项目，它们主要是由孟慧英和她的博士生及博士后完成的。

西方人很早就发现了萨满教现象并零散地记录了它的一些情况。但比较集中的记载大约发生在 500 年前。从那时开始萨满教就处于被自身文化之外的人们的猜测、理解和研究之中。总结萨满教被"他者"不断展示的历史，特别是 300 年来国外萨满教的研究历史，任务是很艰巨的。

16 世纪，当欧洲人进入美洲大陆，他们发现那里的奇特信仰使土著人拒绝关于上帝的认识；17 世纪，俄国人占领了西伯利亚，他们同样发现那里的人们有与精灵沟通的习俗。到了 18 世纪的启蒙时代，欧洲人开始用"客观"的眼光理性地理解萨满教，他们想通过萨满教了解人类理性进步的过程，把萨满教看做是一种欺骗表演。19 世纪宗教学、人类学、民族学的研究开始出现，人们把信仰萨满教的族群称做"野蛮""原始"人群，处在社会发展的低级阶段，由此萨满教也就被等同于原始宗教。到了 20 世纪，随着调查的深入和材料的积累，作为"人类进化低级阶段"代表的萨满教这种看法逐渐被更多的事实所质疑。1951 年著名的萨满教专家伊利亚德出版了《萨满教：古老的入迷技术》一书，全面评述了世界上百余个族群里的萨满教仪式、世界观、象征系统等，强调了萨满教的古老性和一般功能性，进而将萨满教的历史性和功能性之间的矛盾进行了化解。20 世纪萨满教考察的方法也发生了改变，参与调查成为潮流，地方知识开始受到重视，研究者开始从信仰群体的主观方面理解萨满教。20世纪60年代一些西方调查者在墨西哥等地发现可致人迷幻的植物，认为这些植物与萨满的那种与现实世界分离的昏迷状态有关，由此逐渐引起了关于萨满昏迷术的科学解释兴趣。科学家开始采访萨满，询问他们对于那些植物的知识；调查者也把萨满关于自然、植物的知识作为对象进行深入访谈。科学界的这种兴趣导致了新萨满教与核心萨满教运动的产生，它发生在美国，现在已经扩展到全世界，进而成为萨满教研究方面的一个主题。在20世纪的最后三十年，探讨萨满教的文本超过了历史上的任何时期。萨满们开始自己写作，这些著作导致人们对于人类精神的探索，以及对于人类心理的深入理解。萨满教关于身、心医疗的知识，作为人类文化遗产被研究者发掘，人们希望从中得到自我疗理身心的技术和能力。关于萨满教的医学和心理学的解释是当代科学家突出努力的方向，这方面的著作已经超出关于萨满教的历史和文化的解释。与此同时，世界各地的萨满也非常活跃。萨满们并非与科学家的设想一致，其中最重要的区别在于他们关于世界基本性质的看法不同。科学家认为萨满们相信的东西来自心理问题和现实矛盾，信仰由于这些问题而存在；而萨满们则相信精灵。

在萨满教如此漫长的考察和研究的历史中，各种专门性的著作不胜枚举，所涉及的族群所在的国家和地区范围十分广阔，研究的领域宽广，学术派别很多。我们的讨论只能集中在萨满教发展的阶段性特点上面，我们将按照萨满教研究进展的时间脉络逐步展开，不但要梳理各个发展阶段的理论脉络和发展特点，还要介绍这个阶段中突出的理论观点和代表性人物。同时还将对国际热点研究领域和研究对象进行系统说明。本课题争取从综合、系统的角度为学术界提供所需要的学术信息和学术理解。这样一个系统工程无疑是空前的，重要的，也是艰巨的。

我们将根据"历史与逻辑相统一"的原则来理解西方人对于萨满教的研究历史与理论方法。因为不论是萨满教展示还是萨满教研究，它都被关注它的人放到他们自己的历史生活环境和社会政治、思想取向当中进行理解，他们说明的萨满教并非萨满教自身，而是他们理解的萨满教。因此，我们只有在广阔的世界历史、社会、思想潮流的背景下，特别是在西方社会历史环境中的科学、宗教学、人类学等学科发展的背景下，才能深入地理解关于萨满教的各种解释。因此我们尊重历史文献，对这些文献进行大量的翻译，以此为基础开展研究。同时我们重视不同历史阶段的思想潮流以及这些潮流对于萨满教研究的影响，特别重视对各种潮流的代表人物研究，并依据这一研究说明萨满教研究史的阶段性特点。同时我们也注重对于萨满教自身传统知识的理解，由于条件限制，课题组成员只能在国内进行萨满文化考察研究，这样的考察便于加强对于萨满教的理解。

本项课题的意义主要在于以下几个方面：

（1）关于萨满教的最初研究和基本的理论建构来自国外。在西方，萨满教的研究已经进行了几百年。但我们对此知之甚少。直到现在，我国对于国外萨满教研究的介绍十分稀少，更不要说系统地阐述了。本课题力图改变这种严重的学术滞缓现象，为此，拟对国外萨满教研究的历史和发展现状进行系统的梳理和综合的介绍，补充我们还不熟悉的大量知识，以填补这个学术空白。

（2）国外的萨满教研究始终处于西方社会思想潮流的发展之中，特别是处在西方宗教学的发展范畴之内。因此，本课题所涉及的问题不仅是萨满教自身的问题，也涉及西方宗教研究的思想潮流的不同阶段特点，涉及宗教学术的热点问题。本课题从萨满教的视角反映西方宗教研究的发展脉络，对于整个学科知识的进一步完备是很有意义的。

（3）萨满教研究始终围绕宗教的初始现象，从不同方面探讨了人类的宗教倾向问题。因此，深入进行萨满教研究对于理解中国这种以民俗性宗教生活为特点的文化传统将有所帮助，有利于我们提高对于现实民间信仰问题的认识和把握。

本项课题的主要思路和重点内容包括：

（1）萨满教研究的初期阶段及其特点。在早期记录中，萨满经常被妖魔化、骗子化，把他们说成是黑暗、邪恶力量的仆人。我们将在基督教世界对待巫术的传统上，启蒙主义的理性立场上分析这种看法形成的原因。我们还要分析在宗教学作为世俗科学门类刚刚发展起来的时候，关于萨满教是不是宗教，是怎样的宗教的争论。

(2) 萨满的心理学探索阶段。早期各种关于疯狂萨满的记录导致很多学者通过现代医学、心理学、精神病学的视角来定义萨满教。为什么萨满教与精神病天生地联系在一起？许多学者提出：北极地区的极地气候、单调环境、贫困生活、贫乏思想、季节性的压力等，造成北方土著人极端焦虑和精神压力的恶性循环。因此歇斯底里不仅是萨满精神的特点，也是当地土著民族的精神特点。对萨满癔症观点比较早地提出挑战的是史禄国（Shirokogoroff），他认为，萨满是健康的，不是精神错乱。在这个阶段文化人格学派提出很多理论思路，他们从文化因素对人格形成和发展的影响方面进行了说明。在20世纪后期，西方心理学着重探讨了萨满入迷的生理机制，并提出萨满入迷作为普遍的宗教元素在各种宗教中的保留是由于它控制自我意识的超越性能力，这种能力对于人类潜能的发挥具有启发性。本研究将全面总结这个领域的研究特点和发展脉络。

(3) 普遍化的萨满教阶段。米·伊利亚德（Mircea Eliade）在他的萨满教权威著作《萨满教——古老的入迷技术》里提出：萨满教＝入迷技术。伊利亚德认为在世界所有早期人类群体中都允许人们直接与神圣联系，萨满教属于这种古代的原始精神。伊利亚德把入迷、天界飞行、多层宇宙、宇宙核心（宇宙树）这样的概念作为全球萨满教的支柱，把它们作为人类宗教最古老的原型。伊利亚德的著作打开了萨满教研究的学术视野，他在不同的时间和空间的古老文化传统中去说明哪些属于萨满教现象，并在不同的传统和社会变化中发现萨满教的变迁。在他的影响下，学者们在世界各地都发现了伊利亚德所说的那种萨满教，出版了大批著作。由于伊利亚德把萨满教存在的时间限制打破了，萨满教古老的原型为考古学提供了参照。他的"入迷"技术，后来被西方人个人化的现代萨满教所实践。这个阶段除了伊利亚德之外还有瑞典的萨满教学者阿·胡特科兰兹（Ake Hultkrantz）、匈牙利学者V. 迪奥塞吉（Vilmos Dioszegi）等著名学者，他们与伊利亚德观点接近，但是对他的某些方面进行了批评和重要修正。

(4) 理想化的新萨满教阶段。20世纪60年代以来的现代萨满教起初来自一种要帮助西北海岸印第安人恢复他们传统、给予他们生活以意义的思想潮流（这种潮流后来成为赚钱的商业活动），后来它与来自加利福尼亚的嬉皮士运动混合，这种运动想借用外来的、原始的文化反对自己社会的现代化，特别追求以神秘的昏迷技术或使用致幻剂回归人类起初的本性。人们到印第安人那里寻找和毒品一样可以致幻的神圣的蘑菇致幻药物，当现代西方人经历了和萨满一样的幻觉之后，萨满与毒品的心理学、精神医学的研究成为时尚。西方核心萨满教的创始人、人类学者麦克·哈涅（Michael Harner）在美国建立了萨满研究中心和萨满研究基金会。这个中心还在美国、加拿大、丹麦、英国、日本、澳大利亚及欧洲拥有千余名会员，并设有分部。萨满教由被研究、被检验的对象，变成被推崇、被经验的现象。但西方人并非想把他们自己和土著的文化仪式真的联系起来，他们是在其中提取最理想的普遍性东西和那些吸引人的东西，来创造一种理想的萨满教。他们把萨满教转化为一种完全的个人实践，让人们去分享这种古代智慧。我们从中看到的是一种萨满教传统的进化。

（5）国外萨满教的现实状况。近三十年来，世界各地原先信仰萨满教的土著民族对于萨满教的兴趣苏醒，在文化权力的政治语境下这些民族对萨满教带着浓重的族群认同和文化骄傲，用各种方式把它带进组织化的群体运动或文化市场。一个被改造了的萨满教传统不但在新萨满教那里出现，也在土著社会出现。研究者在努力发现这个再造过程所采用的方法和它的目的。

现在的萨满教人类学研究也在发展。这种研究在理论上对伊利亚德跨文化的和先验的萨满教观点和方法进行批判，因为它不适合后现代的思想潮流。现在很多人类学者怀疑一切文化原型和跨文化的概括，强调萨满教归属于某些社会类型和文化类型。因此有的学者将萨满教（shamanism）的单数变成复数（shamanisms），借以说明萨满教的多样性和时空限制性。他们把自己局限在特殊的文化上，把代替土著讲述他们自己的传统作为责任。同时以往的心理学研究也使学者充分注意到萨满教心理学表现方面的人类共通性。如何在文化历史语境和人类共同心理两个领域讨论萨满教的类型及其变化仍旧是在不断探索的问题。大多数学者认为，萨满教研究中比较的原则必不可少，但不能离开对不同的语境中萨满教丰富性的深刻理解。

本研究的突出之处在于，它是在整个国际研究的背景中说明萨满教这个领域所发生的重要事件和重大理论进展，这对于目前萨满教学术界来说是一次全新的总结。同时这个工作也是在中国学者已经有了三十多年对国内萨满教研究的基础上进行的，具有中国特色的理论思考会给国际学术带来新鲜的信息和新生的血液。

要完成上述的课题设计我们必须从资料翻译、专题研究、区域研究等具体而繁重的工作开始。我的这些博士们每个人都完成了数十万字的资料翻译工作，在此基础上，他们分别将萨米人的萨满文化变迁、北美印第安人萨满教的特点、西伯利亚萨满教研究、作为文化遗产的萨满教传统复兴、西方现代萨满教研究、史禄国对通古斯萨满教研究的特点与贡献等作为博士论文选题，并出色地完成了自己的著作。同时由于大多数学生初次接触萨满教，他们除了需要掌握这个学科的基本知识、理论外，更需要亲身去调查实践。为此，我带领他们深入到满族、达斡尔族等民族，对当下的萨满教活动进行考察，并把每次考察结果写成调查报告。所以这套丛书也包括他们的实地调查成果。无论是对国外不同民族、不同区域、不同时代，乃至不同学者的具体研究，还是对中国当下萨满文化活动的实地考察，都是这个项目不可分割的部分，因为这些阶段性成果无论在提供必要的学科知识上，还是在问题的深入理解上都提供了十分重要的学术信息，这些将在资料上、理解上为完成整个课题提供基础。

我们把这套丛书献给大家，它们既是我们辛苦的结晶，也是我们学习的初步成果。在对国外萨满教的系统研究上，我们刚刚起步，不足之处在所难免。我们之所以不揣浅陋，是希望此举可能促进学术进展，这套丛书在此实为抛砖引玉，或做铺路石，我们盼望未来有更好、更有价值的学术成果出现。

孟慧英于北京
2013年6月20日

目录

绪 论 /1
 一 选题意义与目的 /1
 二 北美印第安人萨满文化研究回顾 /4
 三 研究方法 /26

第一章 北美印第安人及其文化生境 /28
 第一节 北美印第安人及其原初的社会生活形态 /28
  一 北美印第安人及其主要群体 /29
  二 北美印第安人原初的社会生活形态 /34
 第二节 殖民接触后的历史遭遇与命运 /42
  一 殖民接触至保留地时期的厄运 /42
  二 保留地时期传统信仰的传承与变更 /47
  三 文化传统的复兴与重构 /52

第二章 北美印第安人的萨满教观念体系 /60
 第一节 宇宙观 /60
  一 宇宙起源与再创造 /61
  二 宇宙时空体系 /69
 第二节 灵魂观 /81

一　灵魂构成与漫游 / 81
　　二　亡魂世界与转生 / 88
　第三节　神灵观 / 96
　　一　超自然的灵性世界 / 96
　　二　图腾崇拜与守护神信仰 / 106

第三章　北美印第安人萨满及其特征 / 116
　第一节　萨满及其与神灵交际的特征 / 116
　　一　北美印第安人萨满 / 117
　　二　萨满领神的主要方式 / 135
　　三　萨满指导与培训 / 145
　第二节　北美印第安人萨满类型 / 148
　　一　个体萨满与萨满团体 / 148
　　二　入迷型萨满与幻象型萨满 / 151
　　三　社会评价体系中的萨满分类 / 153
　第三节　北美印第安人萨满的功能 / 155
　　一　医疗功能 / 155
　　二　丰产功能 / 163
　　三　预言功能 / 167
　第四节　北美印第安人萨满服饰与器具 / 170
　　一　萨满服饰 / 170
　　二　萨满器具 / 172

第四章　当代乔克托人萨满及其萨满文化实践
　　　　——以女萨满苏珊为例 / 180
　第一节　乔克托人的历史与文化变迁 / 180
　　一　乔克托人的原生文化 / 181
　　二　殖民遭遇与基督宗教的影响 / 183
　　三　民族国家制度下传统文化的衰落 / 184

第二节　乔克托人女萨满——苏珊　/ 186
　　一　成长与学习经历　/ 186
　　二　文化传统的继承者　/ 188
　　三　成为萨满的经历　/ 191
　　四　萨满服饰与法器　/ 194
第三节　苏珊的神灵世界与医疗实践　/ 198
　　一　幻象中的世界图景　/ 199
　　二　苏珊的守护神　/ 201
　　三　萨满医疗及其影响　/ 204

结　语　/ 208

附　录　/ 213

参考文献　/ 228

后　记　/ 242

绪 论

一 选题意义与目的

许多学者认为，17世纪下半叶欧洲民族学者对西伯利亚地区萨满教所进行的调查和研究是萨满教研究的起点。"萨满"一词源于通古斯语，随着研究的深入逐渐从地方性的族群词汇上升为学术名词，并成为西方学术界通行的术语，而以萨满为中心的通古斯人的宗教形态便自然地被称为"萨满教"，且在一段历史时期内，"萨满教"只是针对西伯利亚地区通古斯人所特有的宗教信仰而言的。随着萨满教研究视野的开阔，学者们在相关民族志材料的收集范围方面亦有所扩展，来自美洲、非洲、大洋洲和中亚等地的民族志材料，使更多的学者倾向于"萨满教是普遍存在的一种世界性现象"的观点。萨满教现象并不局限于西伯利亚地区，居于美洲的土著民族——印第安人亦有着古老的萨满文化传统，印第安人的萨满教同样历史悠久，积淀丰厚。

从北美洲的情况来看，自500多年前与欧洲殖民者接触伊始，印第安人的萨满教便开始了被"他者"零散记录、不断展示、猜测、理解和研究的历史：受基督教神学观念的影响，最早接触北美印第安人的航海家或认为这些群体没有宗教信仰，或与基督教的传教士们一同将其定位为"魔鬼异教"，并视北美巫医（萨满）为与之争夺印第安人灵魂最主要的对手和能够运用某种技法与超自然世界沟通的"江湖骗子"等；19世纪人类学、民族学与宗教学的出现将北美印第安人的萨满教研究带入"原始宗教"研究阶段，与其信仰群体的"原始蛮族"身份相对,同处于人类文化发展链条的低级阶段;自20世纪20年代开始,北美萨满教研究逐渐摆脱了早期人类学、民族学和宗教学的研究框架,呈现出心理—生理学、宗教现象学(包括宗教史学与比较宗教学)和考古学等多种研究取向,并作为北美萨满教研究的几种主要派别一直延续至今,为长期处于美国人类学研究框架下的北美印第安人萨满教研究提供了新的视角,且影响深远;20世纪50年代中期开始,随着世界范围内去殖民化浪潮的高涨以及印第安文化复兴运动中对本土文化传统的强调,西方社会对北美萨满及其实践的看法发生了根本性的转变并借此反观自身文化,出现了一批萨满教灵性实践的追随者,他们尤为追捧能致人迷幻的植物(如神圣的蘑菇),形成了利用萨满教神秘体验追求精神解脱的文化潮流;20世纪60年代,一些人类学家于北美开展萨满教实地考察,在与当地萨满进行深入接触之后,发现了可致人迷幻的植物与古老的萨满昏迷术之间可能存在的关系,某些学者通过亲身实践与心灵感悟实现了自身由人类学家向萨满教徒的身份转变,较具有代表性的人物为核心萨满教(Core-Shamanism)的创始人与提倡者迈克尔·哈纳(Michael Harner),他提倡将古老的萨满教观念与实践应用于现代精神或心理医疗当中,从而解决现代人的精神困惑,改善其心理状态。同样受到传统萨满教启发的还有以卡洛斯·卡斯塔尼达(Carlos Castaneda)为代表的新萨满教(Neo-Shamanism)。作为新时期西方灵性运动的积极倡导者,迈克尔·哈纳和卡洛斯·卡斯塔尼达都鼓励个体与灵性世界的直接沟通。在西方的反主流文化运动与灵性实践潮流的推动下,探讨萨满教的文本如雨后春笋般大量涌现,其中既有西方学者的学术专著,也有包括萨满本人或自诩为"萨满"之人自己书写或口述的作品,形成了不同的萨满教派系。这种新时期的萨满教运动兴起于北美并表现出强劲的发展势头,现已扩展至世界各地,成为萨满教研究中的一个主要派别。

从最初的不被认可到现今似乎带有浓厚浪漫主义色彩的态度转变,学者们对北美印第安人萨满教的认识与研究经历了一个艰辛而漫长的历史过程,其间形成的诸多学术流派、各类数量繁多且内容零散的著述,以及所涉及地域的广阔性与群体的多样性都加大了对其进行整体性研究的难度。本书是对北美印第安人萨满文化进行整体性研究的一次大胆尝试,力图呈现其整体面貌,论题涵盖了不同印第安人群体萨满教所呈现出的共同性与多样化特征，以及社会与文化变迁等多方面内容，因此可能在以下几方面具有重要意义。

首先，美洲印第安人是世界上最大的原住民群体，15世纪末，随着哥伦布发现新大陆才开始逐步进入外界视野。狩猎—采集是北美印第安人传统的生计方式，萨满教是其主要的精神信仰。北美印第安人群体构成复杂，分布于人为划分的十个文化区当中。以萨满教在不同区域所呈现出的主要特征为依据，北美印第安人的萨满文化分布图可被粗略地划分为北、中、南三部分：北部文化区处于世界萨满教信仰的核心区域，这里的印第安人与作为萨满教研究源头的西伯利亚诸民族在自然生态环境、生计方式和萨满文化表现形态等多方面都具有相似之处；南部文化区受中美洲农耕文明影响颇深，现已基本放弃狩猎—采集的传统生计方式改以农耕为生，与这种经济形态的转变相适应，祭司文化在传统萨满教的基础上发展起来；中部文化区过渡性质明显，其萨满文化兼具狩猎与农耕文化特色，与流布于北亚地区的典型萨满教既有相似之处，又显示出自身的诸多特点，构成了萨满教的一种独特类型。因此，对北美印第安人萨满教进行整体性研究无疑会从类型学和现象学上丰富国际萨满教的研究内容，充实萨满教的理论体系。

其次，从国内的研究情况来看，近几十年来中国学者主要致力于对中国境内各民族萨满教的考察与研究，且取得了很大的进展和成就，但对于国外萨满教现象的考察与国外萨满教研究的历史和现状则很少涉猎，对北美印第安人萨满教的研究更是存在数量少、内容零散以及定性模糊等问题。本书将北美印第安人萨满教作为研究对象加以系统研究，在说明其一般现象和研究情况的同时，兼顾其地区与民族的特殊性。这项工作在中国萨满教研究界还属首次，因而具有开拓性的意义。将北美印第安人萨满教纳入中国萨满教研究的视野，不仅扩大了中国学者的海外视野，同时也为国内民族学、历史学和萨满教文化研究提供了可供比较的对象，并在一定程度上促进了国内外相关学科的发展。这对中国萨满教研究的理论建设和发展，甚至对中国学术研究的发展都是大有裨益的。

二 北美印第安人萨满文化研究回顾

纵观北美印第安人宗教信仰,特别是萨满教被"他者"发现和研究的历史,无论是来自基督教传教士、殖民地官员、旅行者和商人的记录与描述,还是拥有不同学科背景的学者从自身的研究需要和学科角度(如人类学、民族学、宗教学和心理学等)出发所进行的更为专业的调查和研究,皆为本书积累了丰富的资料并奠定了进一步研究的基础。

来自美国、加拿大、瑞典和法国等国家的学者在相关研究方面贡献卓著,除以北美印第安人萨满教为主要研究对象的大量著述外,有关其族群分布、历史、社会、宗教信仰、艺术、口头传统等多方面内容的研究成果也很丰硕,而这些都成为本书文献资料的重要来源。相较之下,少有中国学者从事这方面的专业研究,这也为后续研究预留了充足的空间。但我国萨满文化研究者在相关方面所做出的努力亦不可抹杀,特别是随着近些年国际学术交往的加深,中国学者的学术视野也不再局限于"本土"及其邻近国家和地区,而是放眼全球,对北美印第安人萨满教研究的关注态势亦有所加强。

有鉴于此,相关研究成果可被粗略划分为国外和国内两部分,我们需要对北美印第安人的萨满教被发现和研究的历史进行全面回溯、梳理与适当评述,在确定自身研究起点的前提下明确进一步深入研究的方向。

(一) 国外相关研究

就国外学者对相关研究所取得的成果而言,大致可以分为四个阶段,即以满足殖民需要为主的"巫医"与北美萨满教研究萌芽阶段,美国文化人类学理论框架中的早期萨满教研究阶段,多种研究取向(心理学、宗教学、考古学等)并存阶段,伴随全球范围内去殖民化与传统文化复兴浪潮而开展的萨满教研究阶段。

1. "巫医"与北美萨满教研究萌芽

在"萨满"一词得到国际学界普遍认同之前,西方各国对"萨满"的描述大多与巫术、骗术相关,如德语中的"Gaukler"(意为魔术师或杂耍演员)、法语中的"jongleur"(意为杂耍者或江湖骗子)和英语中的"wizard"(巫师,一般特指男巫,既可施展法术也可施展妖术)。① 在北美本土文化语境中,"萨满"更多地体现在"巫医"(medicine men)这一称谓上,这可能与欧洲殖民者对北美印第安人萨满的直观印象——巫术、妖术与医疗方面的特长有关。"medicine"原本是一个与"医疗"相关的概念,随着殖民者对巫医超自然能力认识与理解的加深,这一概念便逐渐涵盖了印第安人宗教观念中超自然力的每一种具体形式。在第三版《美国传统词典》(*The American Heritage Dictionary of the English Language*)中,"medicine"一词除了具有"药"、"医学"和"医术"等含义外,还作为美洲印第安人萨满教研究的专业术语而存在,特指"萨满教实践或信仰,特别是在美洲原住民群体中",也可以指"某种仪式实践或神圣事物,人们相信它们能够控制自然或超自然能量,抑或可以用来预防或补救"从而具有巫术性质。② 因此,北美印第安人的萨满教研究自始便与"巫医"及其相关的一系列观念、信仰和行为有着千丝万缕的联系。对北美印第安人萨满教研究进行梳理首先要从有关"巫医"及其实践的相关记载开始。

随着地理大发现和早期的殖民主义扩张,美洲印第安人及其文化开始陆续进入外界的视野。欧洲殖民者与北美原住民的相遇,在文化上突出地体现为两种不同的宗教形态间的碰撞及其所带来的文化冲突。17世纪,法国耶稣会传教士们在北美新法兰西地区找到了自己真正的对手——印第安人巫医,这些巫医被视为群体中突出的个体,因为他们能凭借自身被认为所具有的超自然技能来治疗疾病。自那时起,留居北美地区的法国耶稣会传教士们便开始对北美印第安人的文化进行记录和描述,并形成了长达73卷的《耶稣会记述》(*Jesuit Relations*),记录了北美法属殖民地的印第安人群体,主要是东南部易洛魁和阿尔冈昆部落文化中以"巫医"为中心的宗教信仰与实践及其在印第安人生活中的核心地位,从而被认为是迄今为止

---

① Gloria Flaherty, *Shamanism and the Eighteenth Century*, Princeton: Princeton University Press, 1992, p. 6.
② Joseph P. Pickett, *The American Heritage Dictionary of the English Language*, Houghton Mifflin Press, 2006.

有关北美印第安人萨满教最早的文字记录。对大多数殖民者和传教士来说，只有基督教才是"真正的"、"文明的"和"唯一"的宗教，无文字且落后的"野蛮人"有的只是骗人的巫术或妖术。因此，在《耶稣会记述》中，"巫医"有时也被描述为"魔术师"（conjurer）和"耍把戏的人"（juggler），除了被认为具有卓越的超自然能力并能治疗疾病外，还掌握着某种让人难以理解的技艺，甚至是"使用骗术或舞台魔术的某种形式行骗"（虽然之后的传教士逐渐了解亦承认了巫医的医疗能力）。[1] 尽管如此，当代瑞典著名宗教史学家，也是研究美洲印第安人的权威宗教学家艾克·哈尔特克兰兹（Ake Hultkrantz）认为："至今，仍没有一部有关美洲印第安人宗教的著作能够在内容的广泛性上超越它。"[2]

18世纪初，法国的拉菲托神父（J. F. Lafitau）根据萨满施法作用于人的目的和效果，将居于今加拿大境内的易洛魁和休伦印第安人萨满划分为恶、善两类，恶萨满通过与恶魔的交往危害人类，而善萨满凭借与精灵的交往为部落成员造福。虽然拉菲托神父仍旧将善萨满称为"jugglers"（杂耍者）或"diviners"（占卜者），但却不得不承认萨满在解释梦境和"揭示灵魂神秘需求"等方面的实践远非巫术和骗人的招数那么简单[3]，对萨满给予较为客观的评价与一定程度的理解，而非一味片面、消极的评价。

在之后两个多世纪的时间里，出于对奇风异俗的好奇和殖民统治的需要，来自不同国家的传教士、商人以及旅行者对所到之处土著印第安人萨满—巫医及其相关宗教信仰与实践的记述便没有间断过，并以传记、游记、回忆录和书信等形式记录了下来。类似的著作包括法国传教士尼古拉斯·佩罗特（Nicolas Perrot）的《佩罗特回忆录——北美蛮族的习惯、风俗和宗教》、英国人朗（J. Long）的游记《一个印第安语翻译兼商人的航海志与游记》、画家乔治·凯特林（George Catlin）的《信件和记录——北美印第安

---

[1] William S. Lyon, *Encyclopedia of Native American Shamanism: Sacred Ceremonies of North America*, California: ABC – CLIO, Inc., 1998, p. XIV.

[2] Ake Hultkrantz, "North American Indian Religion in the History of Research: A General Survey Part I", In *History of Religions*, Vol. 6, No. 2, 1966, p. 92.

[3] S. Krippner, "Conflicting perspectives on shamans and shamanism: Points and counterpoints", In *American Psychologist*, No. 57, 2002, pp. 961 – 977.

人的习惯、风俗和生存状态》等。① 此后，这类著作所涉及的印第安人部落越来越多，地域范围也越来越广，从东部、东南部地区向西部、东北部和北部拓展。到 19 世纪末，仍有来自德国的旅行者欧雷勒·克劳斯（Aurel Krause）对太平洋沿岸西北部的特林吉特印第安人萨满教的报道。② 尽管这些材料并非以学术研究为出发点，且多为描述、少有理论支撑，但却为萨满教比较研究、重构印第安人宗教史和理论建构积累了丰富的材料。

1879 年成立的民族学局（Bureau of Ethnology，后改称美国民族学局——Bureau of American Ethnology），对墨西哥以北美洲印第安诸部落文化的描写和研究给予有力资助，并在民族学、人类学者的努力下取得了丰硕的成果，并以论文形式收录在《民族学局年度报告》中，如库欣（F. H. Cushing）的《祖尼人创世神话纲要》（1896）、马修斯（W. Matthews）的《高山唱颂》（1887）、史蒂文森（M. C. Stevenson）的《祖尼印第安人及其神话、秘密行会和礼仪》（1904）等，有关宗教的内容涉及神话、拜物教和仪式等诸多方面。③

尽管这一时期的萨满教研究并未对进化论予以超越且政治色彩浓重，对"未开化民族"之文化整体（萨满教或萨满教因素只是其中的一部分）全面再现的研究范式仍占据主流，但已有部分人类学家开始专注于作为印第安人文化之重要组成部分的萨满教研究，这类论文有霍夫曼（W. J. Hoffman）的《奥吉布瓦人的 Midewiwin 或"大巫术社"》④、伯克（J. G. Bourke）的《阿帕奇人的巫医》⑤ 和穆尼（J. Mooney）的《幽灵舞的

---

① Ake Hultkrantz, "North American Indian Religion in the History of Research: A General Survey Part I", In *History of Religions*, Vol. 6, No. 2, 1966, pp. 92 – 95.
② Aurel Krause, *The Tlingit Indians—Results of a Trip to the Northwest Coast of America and the Bering Straits*, Seattle and London: University of Washington Press, 1956, pp. 194 – 204.
③ Ake Hultkrantz, "North American Indian Religion in the History of Research: A General Survey Part I", In *History of Religions*, Vol. 6, No. 2, 1966, pp. 100 – 101.
④ W. J. Hoffman, "The Midewiwin or 'Grand Medicine Society' of the Ojibwa", In *Smithsonian Institution*, *U. S. Bureau of Ethnology Report* 7, Washington, D. C.: Government Printing Office, 1891, pp. 149 – 299.
⑤ J. G. Bourke, "The medicine men of the Apache", In *Smithsonian Institution*, *U. S. Bureau of Ethnology Report* 9, Washington, D. C.: Government Printing Office, 1892, pp. 443 – 603.

宗教教义》①等，分别从不同角度（萨满—巫医其人、入会仪式、组织形式以及基于普遍性宗教观念基础之上的文化互渗与变迁）对萨满教予以论述。

值得注意的是，在19世纪末一些有关北美土著民族宗教信仰研究的作品中，美国人类学家和民族学家已经开始使用"萨满"和"萨满教"的概念，以研究拿瓦侯印第安人的民俗学家马修斯的《一位拿瓦侯萨满的祈祷》②和穆尼的《切罗基人神圣的程式》③最具代表性。"萨满"这一术语在两部作品中得以广泛使用，作为宗教实践者的萨满也受到一定程度的肯定。相较之下，同期的大多数学者则很少使用"萨满"及"萨满教"概念，如霍夫曼的论文《奥吉布瓦人的象形文字和萨满教仪式》④和伯克的《阿帕奇印第安人宗教记录》⑤等，即使文中出现"萨满"一词，也多作为"巫医"、"先知"或"祭司"等的同义词。此外，还有学者直接否认美亚民族间的文化关联，并将萨满—巫医视为文化退化之产物和阻碍印第安人文化进步的绊脚石，如丹尼尔·布林顿（Daniel Brinton）⑥等。

2. 美国文化人类学理论框架中的早期萨满教研究

1897~1902年，由美、俄两国学者合作的杰塞普北太平洋探险（Jesup North Pacific Expedition）直接推动了"萨满"、"萨满教"概念在美国人类学研究中的应用和普及，这标志着北美萨满教研究开始与国际接轨。这次探险旨在为美国自然历史博物馆收集民族志和考古学资料及探索美亚文化之间关系。1904年，《纽约时报》刊载文章《萨满教：古老宗教之今日繁

---

① J. Mooney, "The Ghost-Dance Religion and the Sioux Outbreak of 1890", In *Smithsonian Institution, U. S. Bureau of Ethnology Report* 14, Washington, D. C.: Government Printing Office, 1896, pp. 641-1110.

② W. Matthews, "The Prayer of a Navajo Shaman", In *American Anthropologist*, Vol. 1, No. 2, 1888, pp. 149-171.

③ J. Mooney, "The Sacred Formulas of the Cherokees", In *Smithsonian Institution, U. S. Bureau of Ethnology Report* 7, Washington, D. C.: Government Printing Office, 1891, pp. 302-397.

④ W. J. Hoffman, "Pictography and Shamanistic Rites of the Ojibwa", In *American Anthropologist*, Vol. 1, No. 3, 1888, pp. 209-230.

⑤ J. G. Bourke, "Notes upon the Religion of the Apache Indians", In *Folklore*, Vol. 2, No. 4, 1891, pp. 419-454.

⑥ Andrei A. Znamenski, *The Beauty of the Primitive - Shamanism and Western Imagination*, New York: Oxford University press, 2007, p. 64.

荣》，指出此次探险及其成果试图纠正当时部分学者对萨满教的轻蔑态度，并向世人展示萨满教在西伯利亚和北美西北部等地仍广泛存在并不断被实践之事实。①

美国文化人类学的代表人物博厄斯，作为此次调研活动的主要倡导者和筹划者也参加了探险，沿北太平洋至阿拉斯加，经白令海峡到达西伯利亚地区，对美、亚北极民族的萨满教实践进行考察。博厄斯本人早年曾研究过加拿大和美国西北沿海的土著民族，此次调查使他认同萨满是"精神错乱的人"，在与西伯利亚萨满进行比较的基础上确定了萨满的病理学特征。对于北极诸民族萨满教的相似性这一问题，他持传播论的观点，认为萨满教发源于北亚，融入北美的文化体系之后，萨满教的形式和功能等发生诸多变化，形成了具有北美洲文化特色的萨满教，与北亚萨满教既彼此联系又相互区别。

杰塞普北太平洋探险及其成果对美国萨满教研究影响重大，激发很多学者从不同角度、不同方面开启了北美印第安人萨满教研究：露丝·本尼迪克特（Ruth Benedict）在《平原文化中的幻象》②（1922）一文中论述了北美平原地区印第安人的幻象寻求③现象，这一现象普遍存在于北美印第安人群体中，是北美萨满教研究的重要主题之一。同类作品还有朱利斯·布鲁门松（Jules Blumensohn）的《北美印第安人的禁食行为》④（1933），介绍了禁食作为寻求幻象以获得萨满能力的主要途径；罗伯特·亨利·路威（Robert H. Lowie）在《原始宗教》（1924）一书中，通过对平原印第安人，特别是对乌鸦印第安人的深入研究，概括出人类历史上最古老宗教的多方面特征，其中便包括萨满教。⑤ 在《乌鸦印第安人》⑥ 中，他发展了"作为

---

① Andrei A. Znamenski, *The Beauty of the Primitive - Shamanism and Western Imagination*, New York: Oxford University press, 2007, pp. 65 - 66.
② Ruth Benedict, "The Vision in Plains Culture", In *American Anthropologist*, New Series, Vol. 24, No. 1, 1922, pp. 1 - 23.
③ 幻象寻求（vision quest）是普遍存在于北美的萨满教习俗，将在下文有关守护神信仰的内容中具体介绍。
④ Jules Blumensohn, "The Fast among North American Indians", In *American Anthropologist*, New Series, Vol. 35, No. 3, 1933, pp. 451 - 469.
⑤ Robert H. Lowie, *Primitive Religion*, New York: Liveright Publishing Corporation, 1948.
⑥ 〔美〕罗伯特·亨利·路威：《乌鸦印第安人》，冉凡等译，民族出版社，2009。

原始宗教重要方面的萨满教"理论，并于《文化人类学导论》①（1940）一书中将北美古老的萨满教实践——幻象寻求，命名为"民主化萨满教"（democratized shamanism）；保罗·雷丁（Paul Radin）亦认可萨满教是一种从古代延续至今的、最原始的宗教表达，并对东部林地部落的印第安人，特别是苏族温尼贝戈印第安人的萨满社团和仪式等方面进行了详细描述。②其所著《原始宗教》一书则较为注重萨满教的社会和经济因素，并对萨满其人的精神状态问题进行了讨论等。③

在之后的研究中，博厄斯秉持"历史特殊论"与"文化相对论"的理念，将萨满教视为作为整体的特定文化体系的产物与表现形态，提倡运用多学科方法（如考古学、神话学和心理学等）对其进行客观分析与全面理解。④1904年他发表文章《爱斯基摩人的民俗》，指出麦肯齐氏河以东爱斯基摩人中存在着大量有关萨满的故事，内容大致可分为两类，一是萨满到其他世界的旅行，二是萨满通过各种各样的方式证明自己的超自然能力，为爱斯基摩人萨满教传统的重构与变迁研究提供了素材⑤；1930年出版《夸扣特尔印第安人的宗教》，书中记录了一位传统的夸扣特尔印第安人从视萨满教为骗术到成为萨满的信仰历程，至今仍被视为萨满教研究重要的民族志资料⑥；1932年的《夸扣特尔印第安人的信仰》介绍了萨满的功能（致

---

① Robert H. Lowie, *An Introduction to Cultural Anthropology*, New York: Farrar and Rinehart, 1940.
② Paul Radin, "The Ritual and Significance of the Winnebago Medicine Dance", In *The Journal of American Folklore*, Vol. 24, No. 92, 1911, pp. 149 – 208.
③ John A. Grim, *The Shaman—Patterns of Religious Healing among the Ojibway Indians*, Norman and London: University of Oklahoma Press, 1983, p. 18.
④ Mariko Namba Walter and Eva Jane Neumann Fridman (eds.), *Shamanism: An Encyclopedia of World Beliefs, Practices, and Culture*, California: ABC – CLIO, Inc, 2004, pp. XVII – XVIII.
⑤ Franz Boas, "The Folk – lore of the Eskimo", In *The Journal of American Folklore*, Vol. 17, No. 64, 1904, p. 1 & pp. 11 – 12. 出于对研究客体的尊重，除援引必要的民族志资料外，本书将使用"因纽特人"而非"爱斯基摩人"这一称谓。"爱斯基摩人"是阿尔冈昆人对他们的称呼，意为"吃生肉的人"。因纽特人认为其带有明显的贬义色彩，因此并不认可，而坚持称自己为"因纽特人"，在他们自己的语言中意为"真正的人"。此处仍使用 Eskimo 的直译"爱斯基摩人"是出于对作者和原文的尊重。
⑥ Andrei A. Znamenski, *The Beauty of the Primitive – Shamanism and Western Imagination*, New York: Oxford University press, 2007, pp. 59 – 60.

病、治病、监管亡灵)、禁忌(忌哭泣)以及与神灵交际的方式(梦境中接受指导)等①。

尽管博厄斯学派及其学术影响声势浩大,但有关萨满及萨满教的描述与论说仍只零散地存在于各类民族志中。就萨满教研究的系统性与全面性而言,罗兰·B. 迪克森(Roland B. Dixon)著名的有关美洲萨满的论文——《美洲萨满的若干方面》②(1908),显然更具有开拓性意义,标志着对北美洲萨满教系统研究的发端。迪克森将"萨满"和"萨满教"的概念植入美洲本土人类学和民族学研究,提倡广义的萨满概念,扩展而非限制这一术语的意义,并将这一概念应用于未开化社会中与超自然有着更亲密关系的各类人,这些人被视为医生、巫师、先知、师傅和祭司等的先驱。以此为基础,他在文章中勾勒出北美"萨满教丛"(shamanic complex),并在比较北美与西伯利亚萨满教之后指出二者之间存在的巨大差异,如北美洲萨满教在人神交际方面更为"民主化"的特点,"能否成为萨满主要取决于个体的主观能动性,萨满之门对每个人都是敞开着的",而在西伯利亚地区,萨满力(shaman's power)的传承更倾向于遵循"继承"原则,而且"西伯利亚东北部地区典型的萨满灵魂飞行现象,总的来说(在美洲)似乎很罕见"等。

莱(L. L. Leh)和科利特(W. T. Corlett)等人对北美印第安人萨满教较为全面的专项研究——《美洲土著社会中的萨满》③(1934)和《美洲印第安人的巫医》④(1935),可以看作是对迪克森的积极响应,尽管在哈尔特克兰兹看来,这些论述仍有遗漏之处,尚未论及萨满及其实践的本质特征。

除了上述具有通论性质的萨满教研究著述外,有的文章和著作还专门聚焦于萨满教某一特定方面,如斯图尔特(K. M. Stewart)对精灵附体现象

---

① Franz Boas, "Current Beliefs of the Kwakiutl Indians", In *The Journal of American Folklore*, Vol. 45, No. 176, 1932, pp. 177–260.
② Roland B. Dixon, "Some Aspencts of the American Shaman", In *The Journal of American Folklore*, Vol. 21, No. 80, 1908, pp. 1–12.
③ L. L. Leh, "The Shaman in Aboriginal American Society", In *University of Colorado Studies* 20, No. 4, 1934, pp. 199–263.
④ W. T. Corlett, *The Medicine-Man of the American Indian and His Cultural Background*, Springfield ILL: Charles C. Thomas, 1935.

的调查——《美洲本土的精灵附体现象》①（1946）；库珀（John M. Cooper）和艾克·哈尔特克兰兹等人从不同角度论及萨满教将神会，其代表作分别为《平原与森林阿尔冈昆印第安人的震荡帐篷仪式》②（1944）和《精灵小屋——一场北美印第安人的萨满教降神会》③；有的学者热衷于特定区域或特定部落的萨满教研究，如帕克（W. Z. Park）的专著《北美西部的萨满教》④（1938）和文章《帕维欧佐印第安人萨满教》⑤（1934），以及弗雷德里克·约翰逊（Frederick Johnson）的《米克麦克印第安人萨满教记录》⑥（1943）等。部分学者还就北美本土萨满概念问题对迪克森予以回应，因为如果按照迪克森对北美萨满的界定，任何个体（特别是幻想寻求现象盛行的平原地区）都可以与超自然世界建立联系，那么如何区别萨满与普通社会成员便成为界定萨满的主要问题。对此，莱和帕克在赞同迪克森广义萨满概念的基础上，进一步说明萨满与其他社会成员的区别在于其所拥有的（通过宗教实践而积累的）"神圣能力的等级"，萨满是那些在与超自然能力交涉方面更胜一筹的人。⑦

3. 北美印第安人萨满教研究中的三种重要取向

除此之外，自20世纪20年代开始，北美萨满教研究还呈现出以下几种研究取向，如心理—生理学、宗教现象学（包括宗教史学与比较宗教学）和考古学等，下面就其主要代表人物、著作及主要观点进行简要论述。

---

① K. M. Stewart, "Spirit Possession in Native America", In *Southwestern Journal of Anthropology*, Vol. 2, No. 3, 1946, pp. 323 – 339.

② John M. Cooper, "The Shaking Tent Rite among Plains and Forest Algonquians", In *Primitive Man*, Vol. 17, No. 3/4, 1944, pp. 60 – 84.

③ Ake Hultkrantz, "Spirit Lodge, a North American Shamanistic Séance", In *Carl – Martin Edsman's Studies in Shamanism*, Stockholm: Almqvist and Wiksell, 1962, pp. 32 – 68.

④ W. Z. Park, *Shamanism in Western North America—A Study in Cultural Relationships*, New York: Cooper Square Publishers, Inc., 1975.

⑤ W. Z. Park, "Paviatso Shamanism", In *American Anthropologist*, *New Series*, Vol. 36, No. 1, 1934, pp. 98 – 113.

⑥ Frederick Johnson, "Notes on Micmac Shamanism", In *Primitive Man*, Vol. 16, No. 3/4, 1943, pp. 53 – 80.

⑦ Andrei A. Znamenski, *The Beauty of the Primitive—Shamanism and Western Imagination*, New York: Oxford University press, 2007, p. 70.

第一，萨满教的心理—生理研究取向。

20世纪20年代，露丝·本尼迪克特等人类学家在自己的著作中显示出对心理问题的关注（如对不同文化主导精神类型差异的研究），而且当时心理学、精神病学的发展也日渐强势，使其与人类学研究相结合似乎成为一种必然。心理学、精神病学研究方法被引入人类学，并体现在北美萨满教研究中，形成了一种新的研究态势——萨满教心理—生理学研究取向。莫里斯·E.奥普勒（Morris E. Opler）便采用心理学视角研究阿帕奇印第安人的文化与宗教，发表多篇论文论述阿帕奇人的宗教，内容涉及神圣的小丑、超自然力观念、妖术、死亡观念和佩优特仪式等。直接论及阿帕奇人萨满教的著作主要涵盖两方面主题，一是萨满教与现代精神病学之间的关系，《阿帕奇萨满与现代精神病学实践在功能性失调治疗方面对比》[1]；二是萨满教在神话中的创造性角色，《梅斯卡勒罗阿帕奇人神话中萨满教的创造性角色》[2]。在萨满的人格与精神特质这一问题上，他通过对大盆地犹他人萨满的考察，得出了"犹他人萨满是理性而沉稳的人"，反对萨满具有神经病特质这样的观点。[3]

法国学者乔治·德弗罗（George Devereux）也将人类学研究与精神病学方法相结合用于研究北美西南部尤马莫哈维印第安人的萨满教。[4] 他认可精神分析学对现实与梦境关系的结论（梦境与现实相互照应），认为莫哈维萨满是在现实生活中习得有关超自然的知识和技能，经过梦境体验的暗示与指导，这些知识和技能被赋予能力，从而发挥实际的效用。在《作为神经官能症患者的萨满》[5]（1961）一文中，他将萨满视为"精神错乱的人"，

---

[1] Morris E. Opler, "Some Points of Comparison and Contrast between the Treatment of Functional Disorders by Apache Shamans and Modern Psychiatric practice", In *American Journal of Psychiatry*, 92, 1936, pp. 1371–1387.

[2] Morris E. Opler, "The Creative Role of Shamanism in Mescalero Apache Mythology", In *The Journal of American Folklore*, Vol. 59, No. 233, 1946, pp. 268–281.

[3] Marvin K. Opler, "Dream Analysis in Ute Indian Therapy", In Marvin K. Opler's *Culture and Mental Health*, New York: Macmillan, 1959.

[4] George Devereux, "Dream Learning and Individual Ritual Differences", In *American Anthropologist*, New Series, Vol. 59, No. 6, 1957, pp. 1036–1045.

[5] George Devereux, "Shamans as Neurotics", In *American Anthropologist*, New Series, Vol. 63, No. 5, Part 1, 1961, pp. 1088–1090.

患有严重的神经官能症，甚至是精神病患者。在有关萨满人格与精神状态的讨论中，汉布利（W. D. Hambly）提出巫医患有"恐惧神经官能症"和"焦虑性歇斯底里"，认为黑脚族印第安人巫医的特殊装扮是"哑剧表演"，目的是"为了减缓表演者神经官能症情绪"[①]；美国精神病学家朱利安·西尔弗曼（Julian Silverman）于1967年发表《萨满与严重的精神分裂症》[②]，指出"萨满与严重的精神分裂症患者之间并没有显著区别"，同时对萨满在其自身文化环境中所发挥的积极作用予以肯定。

由布莱斯·博耶（L. Bryce Boyer）、露丝·M. 博耶（Ruth M. Boyer）和海瑞·W. 贝斯哈特（Harry W. Basehart）组成的，针对梅斯卡勒罗印第安人萨满教研究的综合研究组于1968年美国人类学联合会年会上发表《梅斯卡勒罗印第安人保留地中阿帕奇人的萨满教和佩优特仙人掌的使用情况》[③]一文，同样综合人类学与精神病学的研究方法，对北美梅斯卡勒罗印第安人保留地中阿帕奇人的萨满教传统（巫师—萨满、萨满教观念与仪式）进行介绍，并集中探讨特定历史时段内，致幻剂（佩优特仙人掌）在这一群体的萨满教仪式中的使用情况及其最终被排斥于公认的萨满教实践之外的原因。通过对真、假萨满，老年阿帕奇人的测试与比较，作者认为萨满并没有表现出更为强烈的歇斯底里迹象，只是更加热衷于古怪事物，表现出卓越的创造力和高度的现实测验（reality testing）潜能，甚至比其他社会成员更为健康；之后，理查德·诺尔（Richard Noll）以《精神错乱诊断与统计指南》为判断依据，将萨满教和精神分裂症都作为改变的意识状态来考察，经过比较之后得出结论，认为二者之间存在显著差异[④]，在肯定布莱斯·博耶等人结论的同时对人类学文献中萨满教"精神分裂隐喻"立场予以否定。

[①] W. D. Hambly, *Origins of Education among Primitive Peoples*, London: Macmillan, 1926, p. 219.

[②] Julian Silverman, "Shamans and Acute Schizophrenia", In *American Anthropologist*, New Series, Vol. 69, No. 1, 1967, pp. 21 – 31.

[③] L. Bryce Boyer、Ruth M. Boyer & Harry W. Basehart, "Shamanism and Peyote Use among the Apaches of the Mescalero Indian Reservation", In Michael J. Harner's *Hallucinogens and Shamanism*, New York: Oxford University Press, 1968, pp. 53 – 66.

[④] Richard Noll, "Shamanism and Schizophrenia: A State – Specific Approach to the 'Schizophrenia Metaphor' of Shamanic States", In *American Ethnologist*, Vol. 10, No. 3, 1983, pp. 443 – 459.

绪　论

第二，萨满教现象学（包含宗教史学与比较宗教学）研究取向。

20世纪50年代，著名的宗教史学家伊利亚德（Mircea Eliade）将现象学方法应用于萨满教研究，代表作《萨满教——古老的入迷技术》①于1951年出版，在某种程度上改变了世界萨满教研究的面貌，而对于人类学传统浓厚的北美印第安人萨满教研究来说，更是如此。作为宗教史学家，他收集了大量广泛散布于世界各地的宗教资料（包括北美洲萨满教资料），以解释萨满教的宗教意义——作为一种入迷（ecstasy）技术的萨满教，开广义萨满教研究之先河，在北美萨满教与旧大陆萨满教的关系方面更加强调二者的相似性，所以伊利亚德的宗教现象学实际上是融历史、比较与现象学为一体的研究方法。尽管其萨满教研究因缺少第一手资料而受到一些人类学家的质疑，但正如艾克·哈尔特克兰兹所认为的那样，相较于以理解特定历史与文化中的社会实践为目的的人类学来说，现象学的方法可能更适用于萨满教研究，也更有利于萨满教学说的创建。搁置这两种研究取向之间的矛盾不谈（虽然二者之间的矛盾仍旧存在），仅就萨满教研究而言，伊利亚德的研究理念和研究方法确实为北美萨满教研究注入了新鲜的血液，影响并启发了无数对萨满教感兴趣的人类学家和宗教学家进一步地研究。

继伊利亚德之后，瑞典著名宗教史学家艾克·哈尔特克兰兹开始启动美洲本土萨满教的比较宗教学或"历史的宗教现象学"研究。与伊利亚德不同，他不仅注重历史资料，同时还借鉴人类学田野作业方法进行北美印第安人萨满教研究。艾克·哈尔特克兰兹对这一领域一直保持浓厚兴趣，在从事相关研究50多年的时间里笔耕不辍，发表大量文章并出版多部学术专著，如《北美俄耳甫斯传统——对比较宗教学的贡献》②（1957）和对佩优特宗教所做的历史宗教学研究《佩优特的诱惑——北美佩优特宗教传播

---

① Mircea Eliad, *Shamanism: Archaic Techniques of Ecstasy*, Princeton: Princeton University Press, 1964.
② Ake Hultkrantz, "The North American Indian Orpheus Tradition: A Contribution to Comparative Religion", In *Statens etnografiska Museum Monograph Series*, Publ. No. 2, Stockholm: Statens etnografiska Museum, 1957.

15

的基本情况调查》①（1997）；基于实地调查而形成的有关肖肖尼和阿拉帕霍印第安人宗教信仰的论文《风河肖肖尼人的灵魂观念》②（1951）、《精灵小屋——一场北美印第安人的萨满教降神会》③（1962）、《黄手——东部肖肖尼人的酋长与巫医》④（1968）等；还有一些著作和文章涉及北美印第安人宗教概论、研究史及对萨满教一般问题的理论思考，如专著《美洲印第安人宗教》⑤（1967）、论文《北美印第安人宗教研究：回顾、现状和未来》⑥（1965）、《北美印第安人宗教研究史概观 I–IV》⑦（1966~1967）以及《萨满教的一种定义》⑧（1974）等。

　　从方法论上来看，尽管他也尝试采用人类学、宗教—生态学等方法来完善萨满教研究，且这些方法对现今萨满教研究仍具有重要意义，但无疑比较宗教学或"历史的宗教现象学"一直是艾克·哈尔特克兰兹萨满教研究的主要方法，并以此为出发点对北美萨满界定（包括萨满与巫医的关系）、萨满教类型及其主要特征等问题进行深入探讨：在1957年发表的论文中，他表达了北美俄耳甫斯传统具有萨满特征的观点，并将萨满描述为"狩猎社会的奇迹缔造者，是医生，也是人与超自然能力之间的中介"，认

---

① Ake Hultkrantz, *The Attraction of Peyote: An Inquiry into the Basic Conditions for the Diffusion of the Peyote Religion in North American*, Stockholm: Almqvist & Wiksell International, 1997.
② Ake Hultkrantz, "The Concept of the Soul held by the Wind River Shoshone", In *Ethnos*. Nos. 1–2, 1951, pp. 18–44.
③ Ake Hultkrantz, "Spirit Lodge, a North American Shamanistic Séance", In Carl-Martin Edsman's *Studies in Shamanism*, Stockholm: Almqvist and Wiksell, 1962, pp. 32–68.
④ Ake Hultkrantz, "Yellow Hand, Chief and Medicine-Man among the Eastern Shoshoni", In Stuttgart-München's *Verhandlungen des XXXVIII, bis 18. August, Internationalen Amerikanistenkongresses*, 1968.
⑤ Ake Hultkrantz, *The Religions of the American Indians*, Berkeley and Los Angeles, California: University of California Press, 1980.
⑥ Ake Hultkrantz, "The Study of North America Indian Religion: Retrospect、Present Trends and Future Tasks", *In Temenos*, Vol. 1, 1965, pp. 87–121.
⑦ Ake Hultkrantz, "North Aerican Indian Religion in the History of Research: A General Survey Part I", In *History of Religions*, Vol. 6, No. 2, 1966, pp. 91–107; "Part II", In *History of Religions*, Vol. 6, No. 3, 1967, pp. 183–207; "Part III", In *History of Religions*, Vol. 7, No. 1, 1967, pp. 13–34; "Part IV", In *History of Religions*, Vol. 7, No. 2, 1967, pp. 112–148.
⑧ Ake Hultkrantz, "A Definition of Shamanism", In *Temenos*, Vol. 9, 1974, pp. 25–37.

为北美印第安人萨满教植根于狩猎社会而且萨满教思想体系在宗教观念的起源、高级神信仰等方面发挥着重要作用。① 他也曾强调萨满的社会功能,在《萨满教的一种定义》中将其描述为"一位社会公职人员,在守护灵的帮助下,代表全体成员,通过进入入迷状态使人类与超自然世界和谐相处",萨满是"作为人类与(超自然)能力之间的中介"而存在的。②

在《美洲印第安人宗教》一书中,他对巫医和萨满进行了区分,认为巫医是"产生幻象的人"(visionary),以轻度昏迷(light trance)和独特的透视能力为特征,而萨满能够"进入入迷状态(ecstatic),与精灵交流或在深度昏迷中离开自己的身体(有时还会被自己的守护灵附体)",并指出与西伯利亚相比美洲萨满入迷的情况"在总体上不是那么常见"。③ 因此,他建议应对"萨满"这一术语进行限定,特指"那些专注于萨满个人及其表演的观念和仪式"④,并反对用萨满教来指代整个北美地区宗教模式。但由于长久以来在有关北美土著民族的人类学研究中并没有对"萨满"与"巫医"进行严格界定和区分,尚未形成专门术语指称以巫医为中心的信仰与实践综合体,在说明北美有关萨满与巫医的信仰和实践行为时,他仍需使用"萨满教"或"萨满教丛"的概念。

1962年的萨满教研讨会上,他描述了自己亲身经历的一场北美阿拉帕霍印第安人萨满教降神会,并归纳出北美萨满教的两种主要类型:一种被称为"一般萨满教"(general shamanism),"以存在大量变体和低强度的表现形式为特征";另一种较为有限,称为"北极萨满教"(Arctic shamanism),"以统一性(少有变体)和强烈的表现形式为特征"。他还强调北极萨满教是在一般萨满教的基础上发展起来的,在一般萨满教中,"入

---

① Ake Hultkrantz, "The North American Orpheus Tradition: A Contribution to Comparative Religion", In *Statens etnografiska Museum Monograph Series. Publ. No.* 2, Stockholm: Statens etnografiska Museum, 1957, p. 236.

② Ake Hultkrantz, "A Definition of Shamanism", In *Temenos*, Vol. 9, 1974, p. 34.

③ Ake Hultkrantz, *The Religions of the American Indians*, Berkeley and Los Angeles, California: University of California Press, 1980, p. 91.

④ Ake Hultkrantz, *The Religions of the American Indians*, Berkeley and Los Angeles, California: University of California Press, 1980, pp. 85 - 86.

迷并非作为不变的主要因素",而在北极萨满教中"昏迷是萨满教程序不可缺少的一个组成部分"等。从这个意义上来说,对北美巫医与萨满的划分其实是从类型学角度对北美萨满进行分类,而并非完全割裂二者之间的联系。

纵观艾克·哈尔特克兰兹有关北美萨满教的论述,尽管昏迷或入迷一直被视为萨满教的核心特征(除了"一般萨满教"),对他来说,作为萨满实践不可缺少的一部分,入迷或昏迷的意义在于萨满借此灵魂飞升他界或召唤守护灵从而完成人神中介的使命。但从其对伊利亚德有关"萨满"概念的拓展、将萨满教解释为"一种宗教—巫术文化丛"[①] 以及对北美萨满教的类型划分等方面来看,都显示出他试图将萨满、巫医及与其相关的信仰和实践通通纳入北美萨满教体系当中并赋予这种研究以合法性的倾向。艾克·哈尔特克兰兹有关上述问题的论述至今仍作为北美萨满教研究中对研究对象、研究范围等问题进行界定的重要参考。综上所述,艾克·哈尔特克兰兹以其对萨满教诸多问题的独到见解和理论创新而对北美萨满教研究产生深远影响,在北美萨满教研究史上占有举足轻重的地位。

第三,萨满教考古学研究取向。

从考古学方面来看,对北美史前社会或古代社会萨满教研究在很大程度上依赖于考古学提供的线索和解释,而这一领域中的萨满教研究也存在极大争议,问题在于萨满教能否作为理解古代岩画的一般解释性模型。20世纪70年代末,一些考古学家将神经心理学的研究成果(个体意识状态改变时精神意象所呈现出的规律性)引入考古学,聚焦于人类幻觉特质与岩画图像之间的相互关系。戴维·刘易斯·威廉姆斯(David Lewis Williams)和托马斯·道森(Thomas A. Dowson)基于人类生理—心理的普遍性,综合医学临床报告与跨文化观察结果,建立神经心理学模型以测试图像是不是对幻觉体验的描绘,并将这一模型应用于萨满教的跨文化研究当中。他们承认昏迷是萨满教的显

---

① Ake Hultkrantz, "Shamanism: A Religious Phenomenon?", In *Gary Doore's Shaman's Path: Healing, Personal Growth and Empowerment*, Boston: Shambhala, 1988, p.36.

著特征，并认为原始的狩猎—采集民族有用超自然力来治疗疾病、控制天气等方面的需要，这种超自然力的获得又需要凭借昏迷状态来实现。而神经心理学模型恰恰旨在证明岩画与这种意识改变状态之间的关系，从而赋予岩画生成与使用的萨满教解释以合法性，即岩画是萨满教的象征，岩画的生成、使用与萨满教实践之间存在必然联系。[①] 但在威廉姆斯的早期著作中还没有使用"萨满"一词，之后"萨满"才代替"巫医"成为其考古学研究的重要概念，促成这一转变的是人类学考古学家惠特利（Whitley）。[②]

惠特利是将萨满教作为理解岩画的解释性模型的积极拥护者，并于20世纪90年代撰写大量文章，结合神经心理学模型和北美印第安人民族志资料对北美极西地带（美国加州、大盆地及哥伦比亚高原地区）的岩画进行萨满教解释，成为北美萨满教考古学研究的领军人物。他认为岩画的首要功能是对幻觉意象的视觉记录，加州中南部和大盆地地区的岩画专门由萨满绘制，萨满在幻象寻求结束时用制作岩画来描绘其意识状态转变过程中的独特体验。[③] 岩画在这里发挥着"备忘录"的功能，不仅可以激发萨满进入昏迷状态，同时也避免因遗忘这种体验而丧失与超自然世界接触的能力，甚至引发一些潜在的危险。在南加州的青春期仪式中也有制作岩画的环节，少男少女们用岩画来记录自己的助手灵（help spirits）和通过昏迷体验而获得的能力。[④] 因此，在惠特利看来，不管制作或使用这些岩画的人是不是萨满，它们都具有萨满教色彩，判定依据仍是将昏迷作为萨满教的重要特征。

然而，安格斯·R. 昆兰（Angus R. Quinlan）等学者对这种研究予以批判，认为其并不适用于史前岩画研究。在《被掩盖的真相：加州及

---

① David Lewis Williams, Thomas A. Dowson, et al. "The Signs of All Times: Entoptic Phenomena in Upper Paleolithic Art", In *Current Anthropology* 29 (2), 1988, pp. 201 – 245.
② Margarita Díaz - Andreu, "Recent Studies in Rock Art", In *American Journal of Archaeology*, Vol. 107, No. 1, 2003, pp. 107 – 110.
③ Angus R. Quinlan, "Smoke and Mirrors: Rock Art and Shamanism in California and the Great Basin", In H. P. Francfort and R. N. Hamayon's *The Concept of Shamanism: Uses and Abuses*, Budapest: Akadémiai Kiadó, 2001, pp. 189 – 191.
④ D. S. Whitley, "Shamanism and Rock Art in Far Western North America", In *Cambridge Archaeological Journal* 2, 1992, pp. 89 – 113.

大盆地地区的萨满教与岩画》[①] 一文中，昆兰对惠特利的研究进行了集中而全面的批判，认为惠特利的诸多著作虽然试图借助民族志资料以确保萨满教模型解释的合理性，但实际上存在对民族志记录的断章取义与误读。相对于布莱克本（Blackburn）、赫奇斯（Hedges）等人采用神经心理学模型对北美岩画的萨满教解释，惠特利的研究方法被称为"强意义的萨满教方法"，过度依赖民族志，对于缺乏具体民族志支持的理论不具太大包容性，而一旦对民族志这一信息来源的解读出现偏差便会动摇其观点。昆兰也不赞同惠特利过分强调萨满教解释的做法，并对萨满教模型的普遍适用性有疑问，不提倡用萨满教传统来解释北美岩画的生成与应用。目前，有关这一问题的争论仍在继续，但毋庸置疑的是，北美岩画艺术与萨满教联系紧密，对重构这一地区的萨满教历史有着重要意义。

4. 土著民族文化复兴与北美萨满教研究

此外，全球化背景下土著民族的文化复兴运动在北美印第安人群体中得到积极响应，以争取生存权利、反对种族歧视和珍视文化传统为主要内容的泛印第安主义运动蓬勃发展起来。作为北美印第安人文化渊源及其重要组成部分的萨满教观念与实践于其中发挥着重要作用。20世纪50年代中期至60年代末，随着世界范围内的去殖民化（decolonization）和印第安文化复兴运动的高涨，西方世界对北美萨满及其实践的看法也发生了根本性转变，萨满由"疯狂的巫医"转变为印第安人的智者与心理医生[②]，之前被强令禁止的萨满医疗与仪式，如蒸汗小屋（Sweat Lodge）、太阳舞仪式（Sun Dance）等，不仅在印第安人群体中得以恢复，而且萨满医疗的某些方面还得到西方社会的认可，甚至备受推崇。因此，部分学者将目光转向萨满教仪式与萨满传统医疗等复兴现象，以期对萨满教价值进行重新审视与评估。伊列克（Wolfgang Jilek）的《本土复兴——北美印第安人土著医疗仪式的生

---

① Angus R. Quinlan, "Smoke and Mirrors: Rock Art and Shamanism in California and the Great Basin", In HP Francfort and RN Hamayon's *The Concept of Shamanism: Uses and Abuses*, Budapest: Akadémiai Kiadó, 2001, pp. 189 – 205.

② Wolfgang Jilek, "From Crazy Witch Doctor to Auxiliary Psychotherapist—the Changing Image of the Medicine Man", In *Psychiatria Clinica*, 4, 1971, p. 200.

存与复活》① 及其《萨满舞在北美印第安人群体中的复兴》② 是这方面较具代表性的文章。

在这一浪潮的推动下,北美萨满教研究在文集编辑、文本搜集与整理、百科全书编撰等方面也取得了不俗的成绩:1975 年,有关美洲印第安人宗教与哲学研究文集《来自美洲大地的教诲》③ 出版问世,该文集共收录 15 篇文章,内容涉及 19 世纪末至 20 世纪 70 年代北美萨满教信仰的诸多方面,如苏族巫医—萨满成长史自述、吸食烟草与佩优特的习俗、平原印第安人的幻象寻求与幽灵舞、因纽特萨满的海底旅行等,不仅为北美萨满教研究提供了民族志支持,同时也有利于我们把握不同时代北美萨满教研究的特点。

1983 年由约翰·比尔霍斯特(John Bierhorst)编辑的美洲印第安人"诗歌"文集《神圣之路——美洲印第安人的咒语、祷词与神歌》④ 在美国出版,该文集对印第安人"诗歌"的多种形式及其在预防疾病、驱鬼、吸引异性、应对人生危机等方面所发挥的作用进行了介绍,其中包括专属于萨满或萨满用于固定场合的"诗歌"。这些文本对我们理解印第安人文化表象背后的精神信仰尤为重要,是萨满教研究不可或缺的珍贵资料。类似的著作还包括 1984 年出版的《我们的祖先 Haa Shuká——特林吉特印第安人的口头叙事》⑤ 和 1995 年出版的《德纳印第安人的故事》⑥。

1953 年,约瑟夫·埃佩斯·布朗(Joseph Epes Brown)根据自己的田野访谈记录整理成《神圣的烟斗——黑麋鹿对奥格拉拉苏族人七个宗教仪式

---

① Wolfgang Jilek, "Native Renaissance: The Survival and Revival of Indigenous Therapeutic Ceremonials among North American Indians", In *Transcultural Psychiatric Research*, Vol. XV, 1978, pp. 117 – 146.
② Wolfgang Jilek, "The Renaissance of Shamanic Dance in Indian Populations of North America", In *Diogenes*, No. 158, 1992, pp. 87 – 100.
③ Dennis Tedlock and Barbara Tedlock (eds.), *Teachings from American Earth*, New York: Liveright Publishing Corporation, 1975.
④ John Bierhorst (ed.), *The Sacred Path: Spells, Prayers and Power Songs of the American Indians*, New York: Quill, 1983.
⑤ Nora Marks Dauenhauer and Richard Dauenhauer (eds.), *Haa Shuká, Our Ancestors: Tlingit Oral Narratives*, Seattle: University of Washington Press, 1984.
⑥ Frederica de Laguna (ed.), *Tales From the Dena*, Seattle: University of Washington Press, 1995.

的解释》①一书，此书于1989年再版。访谈主要对象是一位奥格拉拉苏族圣人（holy man）——黑麋鹿（Black Elk, 1863-1950），这本书主要记录他对神圣的烟斗及七种神圣仪式历史与含义的详尽描述。同样对神圣的烟斗感兴趣的还有约翰（John Redtail Freesoul），他于1987年发表文章《美洲本土祈祷烟斗——仪式对象与自我实现的工具》。②

1996年，熊心（Bear Heart）与莫莉·拉金（Molly Larkin）联合发表文章《追随师傅的脚步——师从小海狸和年长的先知》③，描述了克里克族传统医疗者熊心从6岁起接受萨满医疗训练的基本过程，熊心曾先后跟随巫医小海狸与年长的先知学习土著医疗，培训内容包括唱颂神歌、熟悉草药及生理、心理测试等。

20世纪末，北美萨满教百科全书的编纂工作也取得了显著成绩。1998年，威廉·S. 莱昂（William S. Lyon）的两部百科全书——《美洲本土医疗百科全书》④和《美洲本土萨满教百科全书——北美的神圣仪式》⑤先后由ABC-CLIO出版发行。第一部百科全书聚焦于医疗这一萨满的主要职能，首次对美洲土著医疗能力进行全面的人类学介绍；第二部百科全书是第一部的延续，以北美印第安人的仪式为重心。作者力图通过这两部著作覆盖北美土著萨满教的全部内容，是北美萨满教研究史上的又一里程碑。

（二）国内相关研究

有关北美印第安人的萨满教或宗教研究是中国学者涉足甚浅的一个领

---

① Joseph Epes Brown (rec & ed.), *The Sacred Pipe: Black Elk's Account of the Seven Rites of the Oglala Sioux*, London: University of Oklahoma Press, 1989.
② John Redtail Freesoul, "The Native American Prayer Pipe: Ceremonial Object and Tool of Self-Realization", In Shirley Nicholson's *Shamanism: An Expanded View of Reality*, Wheaton: The Theosophical Publishing House, 1987, pp. 204-210.
③ Bear Heart and Molly Larkin, "In the Footsteps of My Teachers: Lessons with Little Beaver and Old Seer", In *Shaman's Drum*, No 41, 1996, pp. 19-23.
④ William S. Lyon, *Encyclopedia of Native American Healing*, California: ABC-CLIO, Inc., 1998.
⑤ William S. Lyon, *Encyclopedia of Native American Shamanism: Sacred Ceremonies of North America*, California: ABC-CLIO, Inc., 1998.

域。较之于中国学者对中国北方诸民族以及与其地理位置较为相近的东北亚其他民族的萨满教研究，不论从广度还是深度，抑或从相关学术专著和译著、学术论文和译文，甚至从萨满神歌和神本的采录资料的数量与质量等方面来看，对北美印第安人萨满教的关注显然是不够的。虽然，中国学者也早早便将目光投射到遥远的异族——北美洲的印第安人群体，并渴望对其进行全方位的了解，但在很长的历史时期内，鲜有中国学者致力于北美印第安人萨满教或宗教的系统研究，我们只能从为数不多的民族志资料、译著、学术论文等方面窥其一斑。

中国社会科学院世界宗教研究所郑天星研究员在《国外萨满教研究概述》一文中略微提及瑞典、美国等国学者对北美萨满教所做的研究。[①]

中国社会科学院民族学与人类学研究所研究员、我国老一辈社会人类学家阮西湖，在1982年亲赴加拿大进行实地调查并拥有大量资料的基础上撰写了《加拿大民族志》一书，该书的出版对中国学者海外民族志的书写具有重要意义，同时也将中国学者带入了神秘的北美印第安世界。该书秉承早期人类学研究传统，对加拿大境内印第安人的社会生活进行了全面而详尽的描述，包括语言、生计方式、社会组织、音乐、舞蹈和宗教信仰等，并明确指出萨满教是印第安人信仰的原始宗教；此外，还针对不同的印第安人群体自身的萨满教特点，有所侧重地描述了守护神信仰、精灵信仰、灵魂观和萨满教仪式等；但作者并没有将居于北极地区的因纽特人划归于印第安人，而是将其视为一个特殊而独立的群体，对其萨满教信仰也只是粗略提及，并不详尽。[②]

在朱伦与马莉的《印第安世界》一书中，虽未明确提及萨满教，但对北美"巫师"及其行为的一系列描述，如通过服用麻醉剂或大量吸食烟草，使自己处于"神魂颠倒的状态"来施展法术、想成为"巫师"的人必须要与精灵世界取得联系并经过治病等特殊的培训等，都会使人联想到萨满"入迷"的实践与技术、萨满医疗及召唤精灵等一些萨满教的基本特征。[③]

---

① 郑天星：《国外萨满教研究概述》，《世界宗教资料》1983年第3期。
② 阮西湖：《加拿大民族志》，中国社会科学出版社，1986。
③ 朱伦、马莉：《印第安世界》，广西人民出版社，1992。

洪学敏、张振洲合著的《美洲印第安宗教与文化》，第二章介绍了美洲印第安人的宗教与文化，萨满被认为广泛存在于西北印第安人群体当中，相对而言该书忽视了北美其他印第安部落的萨满教传统，该书的最后一章对北美宗教复兴运动进行了简要介绍。[1]

类似著作还包括刘明翰、张志宏的《美洲印第安人史略》[2]，高小刚的《图腾柱下——北美印第安文化漫记》[3]，高福进的《太阳崇拜与太阳神话—— 一种原始文化的世界性透视》[4] 和李玉君编著的《印第安人》[5] 等。

相关的学术译著有《乌鸦印第安人》[6]、《共存与竞争——北美西北平原人类与环境的历史》[7]、《印第安人的诵歌》[8] 等。需要特别提及的是《印第安人的诵歌》这本书。全书可粗略分为两部分：书的前半部分由直接探讨美亚文化关联的几篇译文组成，而古老的萨满教传统无疑成为多位学者论证二者之间关系最重要的论据之一；书的后半部分源自作者乔健的博士学位论文中有关北美西南文化区拿瓦侯印第安人的内容，主要论述了拿瓦侯社会礼仪传统（ceremonial tradition）的传承与延续性问题。作者通过田野调查所获取的丰富而细腻的一手资料，成为我们理解拿瓦侯印第安人萨满教传统及其变迁的重要资料来源。

论文集方面，《萨满文化研究信息与情报选辑》收录了多篇介绍世界不同地区萨满教的译文、历届国际萨满研究学会会议报告及其他相关学术会议情况的文章。[9] 文集中共两处涉及北美印第安人萨满教的内容：一是郭宏珍译、美国学者萨姆·D. 吉尔所著的《北美洲的萨满教》一文。文中简要

---

[1] 洪学敏、张振洲：《美洲印第安宗教与文化》，中央民族大学出版社，1999。
[2] 刘明翰、张志宏：《美洲印第安人史略》，三联书店，1982。
[3] 高小刚：《图腾柱下——北美印第安文化漫记》，三联书店，1997。
[4] 高福进：《太阳崇拜与太阳神话—— 一种原始文化的世界性透视》，上海人民出版社，2002。
[5] 李玉君编著《印第安人》，东方出版社，2008。
[6] 〔美〕罗伯特·亨利·路威：《乌鸦印第安人》，冉凡等译，民族出版社，2009。
[7] 〔加〕西奥多·宾尼玛：《共存与竞争——北美西北平原人类与环境的历史》，付成双等译，天津教育出版社，2006。
[8] 乔健编著《印第安人的诵歌》，张叔宁译，广西师范大学出版社，2004。
[9] 孟慧英、孙运来、兰婷主编《萨满文化研究信息与情报选辑》，吉林人民出版社，2009。

概括了北美萨满教的一般特征、常见于北美地区的萨满功能以及不同文化区内萨满教的特殊性等问题，并明确指出"北美洲萨满教的中心要素是精灵力量——它的性质（nature）、获得（acquisition）、接受（accession）、使用（use）和丧失（loss）"。文章虽然篇幅短小，但思路清晰且内容相对全面，很具启发性。二是孙运来和兰婷对长春大学萨满文化博物馆开馆典礼暨萨满文化座谈会相关情况的介绍。与会者除了中国学者外，还有来自美国印第安人乔克托部落的萨满——苏珊女士，以及将她介绍到中国的美籍华裔学者史昆。会议结束时，苏珊萨满还进行了"现场表演"。①

国内学者中较早对北美新萨满教或都市萨满教（它被认为是对美洲印第安人萨满教传统的一种回归与演变形式）予以关注的是中国社会科学院民族学与人类学研究所的孟慧英研究员，其文《美国的新萨满教》对兴起于20世纪60年代美国的新萨满教及其倡导者麦克·哈涅（即上文提及的迈克尔·哈纳）进行了介绍，并认为这其实是对美洲古老萨满文化经验和方法的一种借鉴，通过萨满培训和萨满体验帮助人们回到人类最原初、最本真的精神状态，从而使深陷精神困惑中的当代西方人实现自救。② 国际萨满学会主席米哈伊·霍帕尔（Mihaly Hoppal）认同新萨满教在当代萨满教研究中的独特地位，并将其与传统萨满教一同视为现存活态萨满教的两种类型。

我国萨满教学者郭淑云的多篇文章，如《致幻药物与萨满通神体验》、《国外萨满生理和心理问题研究述评》等都体现了对萨满教生理—心理研究取向的兴趣，其中包括用北美印第安人的曼陀罗（一种致幻剂）崇拜及服用情况来说明萨满在仪式上是如何借助致幻剂达到与神灵的交际，也不乏美国和加拿大学者在本土萨满教（包括新萨满教）调查和研究基础上的理论开拓与方法创新。③ 由郭淑云和沈占春主编的《域外萨满学文集》，虽缺

---

① 通过访谈，笔者发现，苏珊萨满并不同意"表演"一说，她在长春大学所做的所谓"表演"实际上是为中国萨满教所举行的祈福仪式。
② 孟慧英：《美国的新萨满教》，《人类学与民俗研究》第2期，1994年7月。
③ 郭淑云：《致幻药物与萨满通神体验》，《西域研究》2006年第3期；郭淑云：《国外萨满生理和心理问题研究述评》，《民族研究》2007年第4期。

少对北美印第安人萨满教进行专门论述的译文，但却不乏对相关材料的引用与介绍。①

1993年7月在匈牙利召开了国际萨满教研究会第二届学术研讨会，与会的萨满文化研究者来自世界各地，在具体划分的16个议题当中，有6个是针对特定地域的萨满文化研究来设定的，包括"'欧亚'大陆的萨满教"、"中国萨满教"、"朝鲜—日本萨满教"、"远东萨满教"、"北欧萨满教"和"西伯利亚萨满教"，而"北美萨满教"研究议题的缺失，对于萨满文化历史悠久、萨满教要素蕴藏丰富、表现形式复杂多样的北美地区来说无疑是一种遗憾，这也从一个侧面反映出目前对北美印第安人萨满教的系统研究亦不多见。

2004年5月，在渥太华大学召开的"北亚萨满教艺术及传统"国际研讨会，是中国和加拿大两国学者关于萨满文化研究的首次交流。会上加拿大学者提交的论文有很大一部分是探讨北美印第安人萨满教及其相关内容的，主要涉及的方面有北美印第安人的萨满音乐、舞蹈、创世神话、萨满治病仪式、萨满梦、新萨满教在北美的传播、行为艺术与萨满教等，展示了加拿大本土学者关于北美印第安人萨满教的研究成果。会议主办方为了使中国学者更深刻地了解北美印第安人的萨满文化，还特意请来一位印第安部落的萨满举行了一次以祈福为主要内容的萨满仪式。会议空暇，中国学者还应邀参观了位于渥太华市的文明博物馆（印第安文化博物馆），印第安人的萨满文化是其展出的重要内容。此次会议虽然将"中国萨满教"作为研讨对象，但也为中国学者提供了一次了解北美印第安人萨满教研究状况的宝贵机会，为北美印第安人和中国北方通古斯民族萨满教的比较研究奠定了基础。

三 研究方法

本书在国内外学者相关研究的基础上，受吕大吉先生的"宗教四要素"

---

① 郭淑云、沈占春主编《域外萨满学文集》，学苑出版社，2010。

理念的启发，结合北美印第安人萨满教的实际情况及所掌握的资料，着重对北美印第安人的萨满教观念和萨满体验进行系统研究，并兼顾与其萨满教相关的仪式和组织形式。立足于文化相对论，秉承宗教人类学的比较传统，结合笔者在中国北方少数民族萨满教语境下对来自北美的乔克托女萨满——苏珊·萝丝·格里马蒂尔（Susan Ross Grimaldi）的深入访谈、仪式观摩和中美萨满教文化交流的直观经验感受，在对北美萨满教进行总体把握的基础上将不同印第安人群体中的萨满教类型进行横向比较，思考北美印第安人萨满教独特类型及萨满文化的多样性问题。作为国内首次对北美印第安人萨满教的系统研究，本书在大量翻译外文资料的基础上，对所获得的一手、二手资料进行重新整合，力图呈现北美印第安人萨满教的全貌，并从中国萨满教学术研究背景出发对其重新进行分析与诠释。

第一章
北美印第安人及其文化生境

生境一般指特定民族或族群的生存环境，由自然生境和社会生境两个部分组成，二者互为依存。特定空间中所有的自然特性所构成的生存环境被视为该民族的自然生境；而社会生境则植根于特定民族的文化之中，不仅涉及该文化内部的诸多要素，而且还包括与其他民族或族群共存的方式等范畴。[①] 因此，要探讨北美印第安人的宗教生活与文化，首先要对其赖以生存的生境有所了解。

相较于单一民族或族群来说，对群体众多、分布广泛且历史背景错综复杂的北美印第安人所依托的生境进行概述显然要困难得多。因此，本书摒弃传统民族志书写中对自然生境与社会生境分别加以论述的做法，将自然生境融入北美印第安人独特的社会历史发展进程之中，从更广泛的意义上对北美印第安人的文化生境加以把握。

第一节　北美印第安人及其原初的社会生活形态

北美印第安人的文化生态构成复杂，体现在族群构成与分布、经济类

---

① 杨庭硕、罗康隆、潘盛之：《民族、文化与生境》，贵州人民出版社，1992，第77页。

型、社会组织方式和错综复杂的历史背景等多方面,因此要对北美印第安人的萨满文化进行系统研究,首先要从其原初的社会生活形态入手,探寻传统本土文化的发生机制。当然,"原初"一词并非绝对意义上对其社会生活源头的追溯,而是特指北美印第安人在与殖民者相遇之前或接触之初所呈现出的基本社会面貌。

一 北美印第安人及其主要群体

从地理位置上看,北美洲涵盖了整个美洲大陆的北部区域及其周边岛屿,大陆东濒大西洋,以圣查尔斯角为起点,西至太平洋沿岸的威尔士王子角,从最南端的马里亚托角,向北一直延伸至布西亚半岛的穆奇森角,经纬跨度大,幅员辽阔,总面积达2422.8万平方公里。

从文化研究的角度来看,对北美地区的界定略有不同,一般以墨西哥北部边境线或格兰德河(美国与墨西哥之间的界河)为界,泛指墨西哥以北的广大地区。有时出于研究需要,如在"大西南文化区"[①] 的概念中也会适当扩展其涵盖范围至墨西哥西北部。本书所涉及的北美地区,若非特殊说明,则一概采用学术界对北美范围的一般限定,主要国家包括美国、加拿大以及虽内政独立,但在外交、国防与财政等相关事务方面仍由丹麦管辖的格陵兰。北美印第安人便是对北美大陆这一区域内所有印第安人群体的总称。

众所周知,历史上"印第安人"一词的使用源于1492年航海家哥伦布在探寻通往亚洲的海上航道时,凭主观臆断误将其登陆的北美洲岛屿当成亚洲印度附近岛屿,美洲原住民便自然被冠以与印度人同样的称谓"Indian"。当人们真正发现美洲是一片新大陆而并非印度时,这一名称已长期广泛应用于法律、政治、宗教等领域而得以普及和沿用,尽管美洲原住民群体自始至终对这个名称也不是非常认可。为避免混淆,外界在指称美洲印

---

① 有关"文化区"的概念及其划分将在下文中详细介绍。"大西南文化区"(Greater Southwest)跨越美、墨边界线,囊括了位于墨西哥西北部的巴哈加利福尼亚州(Baja California)和马德雷山脉(Sierra Madre)地区。

第安人时，一般需对"Indian"一词加以限定，如"Red Indians"、"American Indians"或直接缩写为"Amerindians"。在相关民族志资料当中，北美印第安人群体一般被统称为"North American Indians"，加拿大称其境内的美洲原住民为"土著民族"（Aboriginal Peoples）或出于政治原因而称为"第一民族"（First Nations），美国则较为习惯采用"本土美洲人"（Native Americans）的说法。

有关美洲印第安人的来源、人种及其到达美洲大陆的时间等问题，自欧洲殖民者发现新大陆之初便存在各种各样的猜想，至今仍争议不断。随着科学的发展和多学科学者们的共同努力，对上述问题的解答也处于不断更新的状态之中。与早期某些毫无科学依据的主观判断不同，自19世纪70年代开始，随着古生物学、考古学、体质人类学、民族学、民俗学、语言学以及植物学和心理学等学科的发展，学术界对上述问题取得了较为科学且一致的观点。

印第安人并非发源于美洲的原住民群体，至今在美洲大陆尚未找到人类直系祖先猿人的化石或任何属于人类近亲的猿类。据推断，最早的印第安人（一般认为是居于中国北方和亚洲东北部的蒙古人或前蒙古人），是在大约3万年前，跟随驯鹿、猛犸象等其所追狩的大型猎物踪迹，沿白令海和楚科奇海之间的大陆桥，从欧亚大陆登陆北美洲的阿拉斯加。此后，历史上还至少发生过两次较大的亚美移民潮，一次发生于一万四千年至一万两千年前，此次移民潮形成了北美印第安人的主要群体——纳得内人（Na-Dene），即现今操阿萨巴斯卡语（Athabascan）的北美印第安人；另一次约为九千年前，此次移民潮形成了北美最北部的阿留申—因纽特人群体[1]，即在很多文献资料中常被提及的因纽特人。

据保守估计，在欧洲殖民者到来之前，北美已存在至少400多个印第安人部落、数以千计的语言种类和相对独立的文化群体。鉴于北美地域的广阔性，印第安人群体构成的复杂性、流动性和分散性，语言及文化习俗的多样性以及历史上民族志记录本身所呈现出的地域性特点等，在介绍北美

---

[1] Mariko Namba Walter and Eva Jane Neumann Fridman (eds.), *Shamanism: An Encyclopedia of World Beliefs, Practices, and Culture*, California: ABC-CLIO, Inc, 2004, p. 275.

原生性文化的通论性著作中，通常使用艾尔弗雷德·克鲁伯（Alfred Kroeber）所提出的"文化区"这一概念，从地理区域上划分不同的印第安人群体。尽管文化地理学及"文化区"这一概念局限性明显，但为研究方便，本书行文中仍将借用这一划分体系。依据相似的自然生态环境、具体的生计方式、物质工艺、社会和政治组织形式等，按地理方位由北向南的次序，将北美印第安人群体划分为北极、亚北极、西北沿海、平原和大草原、高原、东北林地、大盆地、加州、东南、西南印第安人。①

各文化区内的印第安人并非单一群体，而是对分属不同语族（系）、部落、游群印第安人群体的泛称。即使是同一语族（系）的印第安人也可能由于诸多历史原因而分布于不同的文化区当中，因此，在研究中我们不可能顾及各文化区中所有印第安人群体。研究中，我们秉持尊重文化的多样性以及选择的均衡性这一原则，结合已掌握的民族志资料和相关学者的研究成果，尽量挑选特定文化区中较具有代表性的族群作为主要研究对象。

研究中所涉及的印第安人群体及其地理范围大致如下：

北极文化区内的阿留申—因纽特人群体，主要分布于西起西伯利亚，东至格陵兰岛，南以冻土带为界，囊括了美国阿拉斯加和加拿大大部分岛屿、沿海地区，以及格林兰濒巴芬湾的狭长沿海地带。具体包括西部的阿留申人（Unangan）、楚加奇人（Chugach）、尤皮克人（Yupik），中部的内特希利克人（Netsilik）、伊格留利克人（Iglulik）和驯鹿因纽特人（Caribou Inuit）等族群。

亚北极文化区内的印第安人主要由西部的阿萨巴斯卡人（Athabascans）和东部的阿尔冈昆人（Algonquians）两大群体组成，丘吉尔河成为二者的天然边界。整个亚北极文化区横跨整个北美大陆，从太平洋沿海的科克湾到大西洋沿海的圣劳伦斯湾，并向东延伸至纽芬兰岛，北部环绕大半个哈德逊湾，南部触及苏必利尔湖的上游沿岸，整体范围覆盖现今美国阿拉斯加的大部分内陆腹地以及加拿大多个省份和地区（包括魁北克省、纽芬兰

---

① Michael Johnson, *The Native Tribes of North America—An Illustrated Encyclopedia*, London: Compendium Publishing, 1999, p. 16.

省、安大略湖北部、马尼托巴湖、萨斯喀彻温省、艾伯塔省、英属哥伦比亚的北部内陆、育空地区、努纳武特地区和西北地区）。主要族群包括西部属阿萨巴斯卡语族（系）的（紧挨北极文化区，且在文化上与因纽特人相互影响）的因加利克人（Ingalik）、塔奈那人（Tanaina）、塔纳诺人（Tanana）、纳贝斯纳人（Nabesna），居于大熊湖和大奴湖附近地区的野兔人（Hare or Kawchottine）、海狸人（Beaver or Tsattine）、奇帕维安人（Chipewyan）以及属阿尔冈昆语族的克里人（Cree）、蒙塔格纳斯人（Montagnais）、纳斯卡皮人（Naskapi）等。

西北沿海印第安人分布于北起美国阿拉斯加东南部，南至今美国加州北部边界的一条狭长沿海地带，包括加拿大英属哥伦比亚、美国华盛顿和俄勒冈州西部地区。主要族群包括北部的特林吉特人（Tlingit）、海达人（Haida）、钦西安人（Tsimshian），中部的夸扣特尔人（Kwakiutl）、贝拉库拉人（Bella Coola）、努特加人（Nootka），南部部落群聚的沿海萨利希人（Coast Salishans）等。[1]

在所有北美印第安人中，平原和大草原的印第安人（简称平原印第安人）一直深受国际学术界关注，也因此最广为人知。他们分布于落基山脉以东，直至密西西比河谷，北达加拿大中部，南至美国得克萨斯州南部的广大平原和大草原上。主要包括北部的萨西人（Sarcee）、黑脚人（Blackfeet）、格劳斯文彻人（Gros Ventre）、艾辛尼波因尼人（Assiniboine），中部的乌鸦人（Crow）、希达察人（Hidatsa）、曼丹人（Mandan）、苏人（Sioux，也称拉科他人"Lakota"或达科他人"Dakota"）、夏延人（Cheyenne）、彭加人（Ponca）、奥马哈人（Omaha）、波尼人（Pawnee）、奥托人（Ote）、阿拉帕霍人（Arapaho），南部的基奥瓦人（Kiowa）和奥色治人（Osage）等族群。其中有些族群，如阿拉帕霍人、夏延人、格劳斯文彻人、乌鸦人和苏人等，大多由于干旱、欧美人口扩张或追逐野牛群等原因而较晚迁入平原地区。

---

[1] 马晓京：《加拿大西北沿岸印第安人图腾柱文化象征意义阐释》，中央民族大学博士毕业论文，2007，第16页。

第一章　北美印第安人及其文化生境

　　高原印第安人指居于现美国华盛顿东部、俄勒冈州东北部和中部、英属哥伦比亚东南部、爱达荷州北部、蒙大拿州西部以及加州北部小部分地区的印第安人群体。主要包括特奈诺人（Tenino）、克拉马斯人（Klamath）、莫多克人（Modoc）、库特内人（Kutenai）以及诸多萨利希语族群体。这一高原区域西倚喀斯喀特山脉、东靠落基山脉、南抵大盆地沙漠地区、北临弗雷泽河上游森林和山丘地带。

　　东北林地印第安人是大西洋东北沿海地带及五大湖（Great Lakes）、南部河谷及其附近地区的印第安人的总称，其分布区域从大西洋东北沿海地区，越过阿巴拉契亚山西至密西西比河谷，从北部的五大湖和圣劳伦斯海上航道（St. Lawrence Seaway）向南直到坎伯兰河谷（Cumberland River Valley）和西南部的俄亥俄河谷（Ohio River Valley），以及东南部切萨皮克湾（Chesapeake Bay）和泰德沃特地区（Tidewater region），几乎涵盖美国整个东北地区以及加拿大东部部分地区。主要包括沿海的米克马克人（Micmac）、佩诺布斯科特人（Penobscot）、特拉华人（Delaware 或 Lenni Lenape）、波瓦坦人（Powhatan）以及沿海的平原阿尔冈昆人（Coastal Plain Algonquians）和平原易洛魁人（Coastal Plain Iroquoians），五大湖地区的阿尔冈昆人（Algonkin）、渥太华人（Ottawa）、梅诺米尼人（Menominee）、休伦人（Huron）、奥吉布瓦人（Ojibwa，南部奥吉布瓦人又称为齐佩瓦人"Chippewa"），西部的温尼贝戈人（Winnebago）、狐狸印第安人（Fox），南部的伊利诺斯人（Illinois）、肖尼人（Shawnee）和易洛魁人（Iroquois）[①]等族群。

　　大盆地文化区主要位于一片广大的沙漠盆地之中，周围几乎被高地环绕，只有西南角是广阔的沙漠地带，东倚落基山脉、西靠内华达山脉、南北分别与科罗拉多高原和哥伦比亚高原相邻，形成大盆地与外界隔离的天然屏障。

[①] 在与欧洲殖民者深入接触以前，一些同操易洛魁语并在文化上有着共同起源的印第安人部落组成了易洛魁联盟（Iroquois League），又名"和平与（能）力的联盟"（League of Peace and Power）。考古学家和人类学家一般认为这一联盟可能形成于1450~1600年，开始主要由摩霍克（Mohawk）、奥奈达（Oneida）、奥内达加（Onondaga）、卡尤加（Cayuga）和塞内卡（Seneca）五个民族构成。1722年，塔斯卡洛拉人（Tuscarora）也加入到联盟当中，其成员扩充为六个民族。

范围包括今美国境内犹他州和内华达州的大部分地区，以及科罗拉多州、怀俄明州、爱达荷州、俄勒冈州和加州部分地区。主要族群有肖肖尼人（Shoshone）、犹特人（Ute）和派尤特人（Paiute）等，其中派尤特人又分为北派尤特人和南派尤特人，北派尤特人又被称作帕维欧佐人（Paviotso）。

加州印第安人是对现加州大部分地区内，沿两条主要谷系，萨克拉曼多河（Sacramento River）和圣华金河（San Joaquin River）流域而居的印第安人的总称。主要族群包括尤洛克人（Yurok）、艾可玛维人（Achomawi）、维尤特（Wiyot）、温顿人（Wintun，其次级群体包括帕特文人"Patwin"和温图人"Wintu"）、迈杜人（Maidu）、波莫人（Pomo）、米沃克人（Miwok）、初马士人（Chumash）、萨斯塔人（Shasta）和尤科特人（Yokuts）等。

东南印第安人全部分布于美国境内，从大西洋沿岸西达阿肯色州和密西西比河，从墨西哥湾北至田纳西州和波托马可河流域附近，范围覆盖整个路易斯安那州、亚拉巴马州、佐治亚州、南卡罗来纳州和佛罗里达州；密西西比州、田纳西州、北卡罗来纳州和弗吉尼亚州的大部分地区；得克萨斯州、俄克拉荷马州、阿肯色州、伊利诺伊州、肯塔基州、弗吉尼亚州西部和马里兰部分地区。主要族群有喀多人（Caddo）、切罗基人（Cherokee）、乔克托人（Choctaw）、克里克人（Creek）、塞米诺尔人（Seminole）、契卡索人（Chickasaw）、纳齐兹人（Natchez）和尤奇人（Yuchi）等。

西南印第安人是对今美国亚利桑那州（除西北角）、新墨西哥州（除东部和西北小部分地区）、得克萨斯州西南部近墨西哥边界的部分、犹他州和科罗拉多州南部及加州东南小部分地区内印第安人群体的总称。主要族群包括莫哈维人（Mojave 或 Mohave）、尤马人（Yuma）、比马人（Pima）、巴巴哥人（Papago）、阿帕奇人（Apache）、拿瓦侯人（Navajo 或 Navaho）、特瓦人（Tewa）、祖尼人（Zuni）、霍皮人（Hopi）以及北部高地的普韦布洛人（Pueblo）等。

二　北美印第安人原初的社会生活形态

与世界上大多数原住民群体相似，北美印第安人并没有关于自己历史的文字记录，相关的文字记载最早始于15世纪末，即殖民统治之初欧洲殖民者对"原始"异族社会生活场景的描述与记录，尽管存有偏见且资料有限，却也为我们了解殖民统治之前北美印第安人的社会生活形态提供了宝贵的线索。当然，重构或推断这段漫长的历史仅凭两种文化相遇之初的文化印象是远远不够的，还需要借助北美印第安人世代承袭的口头叙事传统，以及考古学、古生物学、人类学、民族学、民俗学和语言学等多学科知识的积累与发展。

相关研究表明，在欧洲殖民者发现新大陆之前，居住于北美的印第安人至少已达150万人。这些从欧亚大陆分批迁徙至此的狩猎群体已经遍及北美各处，从北极地区到南部墨西哥湾，从西部沿海到东部的大湖地区，随处可见其身影。最初踏上北美大陆的印第安人群体仍保留着其亚洲先民的诸多文化特征，狩猎是他们主要的生计方式，特别是将猎捕大型动物作为其食物的主要来源；社会组织以游群为单位；在宗教上信奉古老的萨满教等。

在逐渐适应了北美大陆上不同的自然生态环境之后，极地、高原、平原、林地、沿海、河谷和盆地等都成为印第安人可依托生存的家园。氏族成为社会构成的基本单位，胞族由氏族组成，几个胞族又可联合为部落，几乎每个部落都有专属于自己的领地和方言，政治组织以较为民主的部落或群体会议为主。在与欧洲殖民者接触之初，北美印第安人的社会组织形式一般处于氏族公社的不同发展阶段，东部地区仍停留在母系氏族阶段，而西部地区已经进入父系氏族阶段。随着自然环境的改善、人与自然的长期互动以及不同部落之间的历史交往，北美印第安人在传统狩猎文化的基础上发展出多种互为补充的生计方式，逐渐形成了数以百计在文化上既相互关联又各具特色的民族或部落。

拥有几千年历史的北极和亚北极文化区很好地继承并保留了传统的狩猎文化特征。北极文化区的因纽特人充分利用海、陆两部分资源而进行季节性迁徙和狩猎，夏季于内陆追捕驯鹿，秋冬季节返回沿海，在狭长的裂缝或冰窟窿中捕鱼和大型海洋哺乳动物，驯鹿、海豹、鲸鱼、海象等构成其食物和生活用品的主要来源。其房屋建造同样体现出季节性特点，冬季在冰层上建造圆形的冰屋,或在陆地上用草皮、木头和鲸骨建造半地下棚屋;夏季则多居于用海豹或驯鹿皮建造的帐篷中。亚北极文化区中的印第安人大多为流动的狩猎游群,没有农业,很多游群跟随驯鹿季节性往复于冻土带和针叶林带之间,居于临时搭建的圆锥形帐篷之中。除驯鹿、麋鹿、麝香牛、鹿和野牛等大型动物外,小型猎物如海狸、水貂、野兔、水獭和豪猪等也是其狩猎的对象。

这两个文化区内的印第安人尽管在自然生境方面略有不同,但他们都非常珍视其赖以为生的动物资源,充分利用动物身体的每一部分,从不浪费,动物皮用来搭建帐篷、制作衣物和仪式器具,动物脂肪可食用也可作为烹饪燃料,动物羽毛可以制成头饰等各种饰品,动物的牙和角可以制作成各式各样的工具。对动物的尊重与依赖也直接体现在其宗教文化当中,如各种动物仪礼和对超自然的兽主崇拜。同时,人们也相信身处其中的世界是一个充满超自然存在的神秘世界,存在各种类型的精灵,包括动物精灵、自然精灵和祖先神灵,并且非常重视它们与人类之间的关系。萨满在宗教生活中仍发挥着核心作用,特别是在疾病治疗和获得超自然能力方面,能够为其社会成员提供各种帮助。这些文化特征直至19世纪初仍未发生根本性转变,被视为"欧亚大陆狩猎文化的继续和延伸"[1]。

西北沿海文化区是渔猎文化的典型代表,呈现出与原初的狩猎文化不同的模式。这里西濒太平洋,海洋资源非常丰富,鱼类、贝类品类齐全,尤以鲑鱼最为著名。鲑鱼以其紧密的肉质和季节性洄游的特点成为当地印第安人的主要食物来源之一,美国人类学家 Clark Wissler 甚至借鲑鱼之名将西北沿海称为"鲑鱼区"[2]。海洋虽然是西北沿海印第安人生活所依靠的重心,这里的印第安人也大多为渔民,但其生计方式并不单一,良好的气候条件和东部绵延的山脉有利于树木的生长,丰富的森林资源为这里的印第

---

[1] Ake Hultkrantz, *Shamanic Healing and Ritual Drama—Health and Medicine in Native North American Religious Traditions*, New York: The Crossroad Publishing Company, 1992, p.10.

[2] 马晓京:《加拿大西北沿岸印第安人图腾柱文化象征意义阐释》,中央民族大学博士毕业论文,2007,第18页。

安人提供了种类齐全的野生浆果以及麋鹿、山羊、熊、鹿、水獭、貂、鼬鼠、海狸等可供捕猎的动物，狩猎和采集成为其辅助性的生计方式。另外，品种繁多的树木也为当地以木制器具为特色的文化提供了原材料，人们利用木材制造房屋、独木舟和各种各样的生活用品，雕刻面具、沙锤和鼓等宗教仪式用品；树皮和树根可以纺成麻绳、编织渔网和采集用的篮筐，甚至可以用雪松皮制成衣物等。虽然自然生态条件良好，但除了种植烟草外，这里基本没有农业发展的痕迹。

西北沿海地区已形成冬季永久性的居住村落和较为稳定的社会组织，多个核心家庭组成的大家庭，居于木质结构的房屋中，进而形成村落。其社会组织的一个本质特征是世袭的社会等级制度，分为上层的贵族、中层的平民和下层的奴隶。贵族一般采取世袭制，是基本的权力阶层，负责公共财产并组织宗教仪式等活动，酋长由贵族阶层中最富有和最有权势的人担任。[①] 宗教仪式生活发达是西北沿海文化区的另一重要文化特征，几乎所有的重要仪式都在冬季举行。萨满是部落的宗教专家，通常具有神秘的能力，可以使神灵成为自己的助手，但普通人也可以通过各种方式受到神灵的青睐，获得特殊能力或好运。除此之外，冬季秘密团体（secret societies）[②] 也在宗教生活中发挥重要作用。

西北沿海地区南部背靠高原文化区，这一地区的印第安人同样以狩猎、渔猎和采集为生，没有农业。区域内干旱而多岩的高原植被稀少，因此猎物不多，只有在森林的边缘地带才能找到一些麋鹿、鹿、山羊和熊，在干旱的平原上还可以猎获羚羊和大耳野兔。境内河流、溪水为他们提供了大量鱼类，包括从海洋游到河流上游产卵的鲑鱼。河谷附近则生长着各种浆果，如黑莓和越橘等。尽管他们与沿海地区诸部落较为相似，但总体来说

[①] 马晓京：《加拿大西北沿岸印第安人图腾柱文化象征意义阐释》，中央民族大学博士毕业论文，2007，第19~20页。

[②] 对于西北沿海印第安人来说，夏季是世俗的季节，是人们从事渔猎等经济活动的季节，氏族制度在这时发挥着重要作用；而冬季是秘密的、神圣的，各种各样的神灵来到人间的季节，世俗生活被搁置一旁，整个社会由秘密团体控制。据研究，秘密团体源自夸扣特尔人，然后在整个沿海地区印第安人中传播开来，其出现与当地普遍流行的守护神观念有关。

还是代表着与沿海地区相区别的内陆狩猎文化①，以个人精灵（personal spirits）或守护灵信仰和冬季舞蹈而著称，萨满教传统更多地体现在疾病治疗方面。

太平洋沿岸继续向南便是加州文化区。加州印第安人一般以村落为单位居于木质或用树皮搭建的房屋中，村落中心为半地下式的土屋，主要用于集体性的仪式。虽地域狭长、面积狭小，但这一地区自然生态环境多样，包括滨海、河湖、谷地、沙漠以至山麓，语言种类繁多且与周边文化互动频繁，呈现出多样性的文化特征。渔猎文化传统在加州北部印第安人生活中仍发挥重要作用，呈现出与西北沿海文化区较为相似的文化特性。气候条件良好的加州中部地区曾布满高大的橡树林，因此这里的印第安人主要以采集橡树果实、水果、浆果和野生植物种子为生，同时辅以狩猎和渔猎，可谓"精通各种生存之道"②。加州东部多为沙漠盆地民族的部落分支，南部则与西南文化区联系紧密。另外，整个加州地区历史上还以盛产烟草和曼陀罗等可催生幻象的植物而著称，既有野生的，也有人工培植的。

加州印第安人保留了很多狩猎文化要素和习俗，并结合其自然生态特点与多元文化的影响发展出一系列独具特色的宗教特征：以祖先灵魂崇拜为中心的库克苏（Kuksu）宗教团体、烟草和致幻剂曼陀罗在宗教生活中被视为"圣物"、与库克苏崇拜和致幻剂相结合的青春期加入仪式以及"建立在自发召唤（spontaneous calling）基础上的萨满教"③等。

从加州向东，是沙漠和半沙漠为主的大盆地地区。最初，这里的气候条件相对较好，降水也更充沛，大盆地印第安人仍坚持着古老的狩猎传统，以猎捕大角羊、松鼠、兔子等小型动物为生，偶尔还会猎获羚羊、鹿和野牛等动物。随着环境的恶化以及动物资源的越发稀缺，他们不得不放弃原本的狩猎行为，转而依靠有限的植物，如松果和橡果、野生植物和种子、

---

① Ake Hultkrantz, *Shamanic Healing and Ritual Drama—Health and Medicine in Native North American Religious Traditions*, New York: The Crossroad Publishing Company, 1992, p.10.

② Ake Hultkrantz, *Shamanic Healing and Ritual Drama—Health and Medicine in Native North American Religious Traditions*, New York: The Crossroad Publishing Company, 1992, p.10.

③ Ake Hultkrantz, *Shamanic Healing and Ritual Drama—Health and Medicine in Native North American Religious Traditions*, New York: The Crossroad Publishing Company, 1992, p.11.

浆果和植物根部等维持生计，甚至连囊地鼠、蚂蚱、蜥蜴和蛇等也成为其食物的来源。自然生态条件相对较差的大盆地并非人类生存的首选，因此人口较少，但栖居于此的印第安人却保留着浓厚的萨满教传统，特别强调萨满在疾病治疗和帮助获取猎物方面的作用，以及在获取超自然能力方面"不自觉"的幻象体验。

大约4000年前，在北美东部和西南部地区出现了与狩猎文化相区别的农耕文化，使得这些地区原本以狩猎或采集、渔猎为生的印第安人的生活方式发生了巨大转变。以种植玉米、南瓜等农作物的农业或成为其主要的生计方式，或与传统的狩猎文化模式并存于同一群体当中。随着生计方式的改变，这些印第安人在居住方式和社会组织形式方面也相应做出调整，出现了大量土丘建筑与纪念性建筑，以大型村落为单位开始了较为稳定的定居和聚居生活。宗教文化亦有所发展，原本以猎物为中心的仪式逐渐转变为以植物为中心。宗教组织也更为复杂，尽管仍存在萨满，但祭司已经逐步取代萨满的地位并与世系部落首领联合掌控宗教生活的大部分内容。随着等级制度和祭司制度在北美影响的深入，原本个体通过灵感获取能力的方式也逐渐弱化，出现了被以祭司为代表的统治集团所垄断的倾向，且被宗教学家视为"一场伟大的革命"[1]。

历史上，西南文化区主要由源于中美洲的农耕文明和较晚来到这里的北部狩猎文化两部分构成。干燥少雨的气候特征使整个区域的猎物及可供食用的植物资源稀少，原本的狩猎—采集生活难以为继，加之来自中美洲农耕文明的影响，使普韦布洛印第安人、祖尼人、霍皮人和特瓦人等成为西南文化区农耕文明的典型代表，有着明显的集体主义取向（有别于狩猎文化中的个体主义取向）。他们在农业上已能精耕细作，手工制作精美的彩色陶器，用石头和泥坯建造五六层楼高的大型房屋，修建土丘神庙和圆形的地下集体活动场所基瓦（kiva），用以祭祀祖先、神灵和举行仪式。普韦布洛印第安人的村庄规模比较大，少则可容纳数百人，多则上千人。他们

---

[1] Ake Hultkrantz, *Shamanic Healing and Ritual Drama—Health and Medicine in Native North American Religious Traditions*, New York: The Crossroad Publishing Company, 1992, p. 12.

拥有在神圣神话传统基础上精细而复杂的仪式，人们着盛装模仿祖先神灵卡齐纳或动物精灵，按照事先精确彩排的步骤跳舞，动作协调一致，以祈求降雨、阳光和庄稼丰产。大约于600年前迁居至此的北方狩猎民族，主要是拿瓦侯人和阿帕奇人，虽仍部分保留传统的狩猎—采集习俗，但已经学会如何耕种且大多适应了定居生活。

东南文化区和东北文化区内的印第安人也普遍受到中美洲农耕文明的影响，被视为残存的密西西比文化[①]的两个分支。尽管与欧洲殖民者接触之时，这种文化基本上已经消失殆尽，但第一位造访密西西比河流域的西班牙探险家赫南多·迪·索托（Hernando de Soto）还是在东南部的克里克人、切罗基人、纳奇兹人和东北部林地的易洛魁人那里看到了密西西比文化的缩影[②]。

东南文化区曾经是一片几乎没有受到任何破坏的森林，从大西洋沿岸一直延伸到密西西比河，生态环境优越，动植物资源丰富，给内陆以农业为主的生计方式以补充。东南印第安人的村落大多沿河流而建，开放的广场位于村落中间，首领或贵族一般住在离会议或仪式场所较近的地方。太阳崇拜、祭司制度、围绕谷物生长而展开的大型仪式活动、有关疾病和特定医疗的理论与实践等都体现了东南印第安人更为复杂的社会和仪式环境，而这正与密西西比文化起源的推断相呼应。

东北林地文化区内山峰林立、森林广布、河湖众多，大部分区域温暖湿润，四季分明。绵延不绝的森林是其主要生态特征，森林和树木曾是东北林地印第安人赖以生存的根本。对他们来说，树木是其生产、生活的主要材料，可以建造房屋、制造工具、充当燃料。狩猎是其重要的生计方式，以猎鹿为主，辅以采集和渔猎。除东北部边缘地带外，东北林地的农业都得到了不同程度的发展，特别是河谷地区，土地肥沃，适宜耕种，很多印

---

① 北美东部密西西比河中下游森林地区的新石器时代文化，亦被称为"庙宇土丘文化"。该文化因吸收中美洲文化的一些因素而形成，以中美类型的集约型农业、品质较高的陶器、用栅栏围起的防御性村落、庙宇土丘和等级制度等为基本特征。这一文化源于公元700年前，至欧洲殖民入侵时期基本消亡。

② Michael Johnson, *The Native Tribes of North America—An Illustrated Encyclopedia*, London: Compendium Publishing, 1999, p. 21.

第安人在水源附近建造了永久性村落和耕地，他们主要种植玉米、豆类和南瓜。东北林地印第安人称这三种主要的农作物为"三姐妹"，并认为这是造物主给予他们的恩赐。易洛魁人是该地区较典型的农耕群体，在为欧洲殖民者认识之初，其社会结构呈现出古老的母系特征：女人拥有房屋、耕地等财产和世袭的领导权，即使婚后也不与丈夫分享；子女归女方氏族抚养，由女方的男性亲属来教导；氏族首领虽为男性，但女性在任命继任者或废除首领资格等方面仍握有大权。虽然农业发展水平明显不及东南文化区内的印第安人，但农耕文明仍在很大程度上影响了当地的文化，易洛魁人相信是神灵造就了四季的变换，他们的主要节日也与农事相关，且农耕仪式中隐约可见狩猎文化因子。

另一个受农耕文明影响比较明显的群体是平原印第安人。历史上的平原印第安人可以粗略地分为两部分：以猎捕野牛为生的游牧部落和进行季节性狩猎与农耕的半定居部落。波尼人及其同属喀多语族的印第安人是后者的典型代表，无论在文化上还是宗教方面，他们都将北美的两种主要传统——狩猎和农耕传统，很好地结合在一起。考古学相关研究表明，自13世纪中叶开始，波尼人便以季节性狩猎与较为稳定的村落生活相结合的方式生活在平原地区。[1] 这里少山峰、树木，东部是以高草地著称的大草原，西部则为低矮牧草遍地的高地平原。整个区域曾经是野牛和其他动物的家园，波尼人季节性的狩猎活动也以猎捕野牛为主。他们居住的半地下土屋中，正屋西侧悬挂着的野牛颅骨被视为圣物。在农耕方面，波尼人妇女被誉为"技艺精湛的园艺家"和厨师，她们能培植和加工十种玉米、七种南瓜和八种豆类。除沿河流种植硬质玉米和粉质玉米以供食用外，她们还种植一种古老的被称为"神圣玉米"（Holy Corn）的玉米品种。夏季的种植仪式上，祭司从法物袋中取出玉米种子，先于其他农作物进行种植。到了丰收的季节，也要首先收获这种玉米，并在仪式中将其种子放入法物袋中，如此往复。与其他农作物相比，玉米显然被赋予了宗教特性。

---

[1] Gene Weltfish, *The Lost Universe: Pawnee Life and Culture*, Lincoln, NE: University of Nebraska Press, 1965, pp. 4 - 8.

以上便是北美印第安人不同群体在与欧洲殖民者进行深入接触之前所呈现出的社会生活的基本面貌。然而，这种原初的生活形态却在殖民统治之后发生了巨大变化。

第二节 殖民接触后的历史遭遇与命运

自15世纪末16世纪初始，北美印第安人各部落不仅要应付其自身生存的各种问题，如干旱、频繁的部落战争及古代文明的消亡，同时还要面对欧洲各国殖民者的入侵和逐渐深入的殖民统治。东北部的易洛魁人于15世纪末便开始接触后来发展成为竞争对手的法国、荷兰和英国殖民者，西南部的普韦布洛人和东南部的克里克人也于16世纪初遭受到西班牙殖民者不同程度的入侵。[①] 自相遇之初，欧洲殖民者便试图将北美印第安人自身的历史纳入欧洲对整个世界历史的想象与建构之中。

一 殖民接触至保留地时期的厄运

以拓展生存空间和开化土著民族为主要目的的大范围移民和殖民统治给北美印第安人带来了前所未有的灾难。欧洲殖民者通过武力和欺诈手段巧取豪夺印第安人的土地，将他们逐出世代栖居的家园，很多印第安人部落被迫从沿海迁往生存环境相对较差的内陆。然而，白人的驱赶与杀戮对印第安人生命所造成的威胁远不及他们从欧洲带来的各种传染病。与具备一定免疫力的欧洲人不同，印第安人对麻疹、天花、肺炎、猩红热和霍乱等疾病几乎毫无抵抗能力，一旦流行，整个村落甚至整个部落的人都难以幸免。英国或法国的北美殖民地中第一次有记载的天花流行发生于17世纪30年代初马萨诸塞州的阿尔冈昆人中。[②] 仅17世纪末至18世纪初，北美印

[①] Bruce E. Johansen and Barry M. Pritzker (eds.), *Encyclopedia of American Indian History*, California: ABC-CLIO, Inc., 2008, p. 14.

[②] 〔美〕艾尔弗雷德·W. 克罗斯比：《生态扩张主义：欧洲900年到1900年的生态扩张》，许友民等译，辽宁教育出版社，2001，第206页。

第安人人口便从原本的 1200 万人降至 50 万人。① 但各类流行病并没有就此得到遏制，仍不断有印第安人部落遭受此类疾病的侵袭：1738 年于切罗基人中爆发的流行病使其人口减少了一半②；1780 年，西北地区 90% 的奇帕维安人死于天花；1818~1820 年，百日咳和麻疹横扫克里人部落，其人口减少了 1/3③；1840 年，75% 的拉科他人、艾辛尼波因尼人死于天花；1835~1860 年密苏里河以西地区天花四度流行，曼丹人由 1600 人减至 100 人，黑脚人人口也缩减一半，由 4800 人减至 2400 人。④

肆虐横行的流行病不仅使北美印第安人人口锐减，而且还破坏了其原初较为稳定的社会秩序与生存基础。萨满或巫医作为部落的宗教专家和精神领袖，曾在社会中发挥重要作用，疾病治疗是其最重要的功能之一，这对于重视现世生活的印第安人来说无疑是其精神的重要支撑。然而，此类疾病的扩散及其造成大量印第安人死亡的事实使他们对部落宗教专家逐渐失去信心。宗教基础的动摇与社会秩序的破坏势必会影响其传统的与疾病、健康和医疗相关的一系列观念与实践，甚至更广泛的社会与政治生活。传统精神力量的减弱在某种程度上为各地基督宗教传教士带有明显"妖魔化"印第安人传统宗教信仰的传教活动做了铺垫，且使其文化同化政策取得了一定的成效。在法属殖民地，天主教传教士一直试图说服印第安人承认他们并没有宗教，并规劝其信仰基督宗教。很多在流行病中幸存下来的印第安人面对土著人口的锐减及在战争中的节节失利转而信仰基督宗教，但这种信仰仍具有鲜明的本土色彩，往往是人们将基督宗教纳入本土宗教传统之中加以理解和解释，并非对欧洲基督宗教信仰的简单照搬和植入。

此外，不断扩张的皮毛贸易、交通工具和物质器具的引进以及保留地

---

① Ake Hultkrantz, *Shamanic Healing and Ritual Drama—Health and Medicine in Native North American Religious Traditions*, New York: The Crossroad Publishing Company, 1992, p.13.
② 李剑鸣：《美国印第安人保留地制度的形成与作用》，《历史研究》1993 年第 2 期，第 163 页。
③ 付成双：《试论毛皮贸易对北美印第安人的生态影响》，《世界历史》2006 年第 3 期，第 10 页。
④ 李剑鸣：《美国印第安人保留地制度的形成与作用》，《历史研究》1993 年第 2 期，第 163 页。

制度的施行等也使北美印第安人在经济、政治、文化等社会生活的各个方面发生了翻天覆地的变化。

皮毛贸易构成了世界范围内殖民扩张与统治的重要内容,因此在北美早期的殖民扩张中,当殖民者发现当地拥有大量皮毛资源及其背后巨大的经济利益时,便通过开设贸易公司、建立据点及与印第安人妇女通婚等方式逐步展开了从北美运输动物皮毛前往欧洲的贸易活动。1534 年,法国探险家卡蒂亚在加拿大的圣劳伦斯河探险的时候便用刀与当地的休伦人交换动物皮毛[1];1578 年,停靠在加拿大纽芬兰岛港口的欧洲渔船已多达 350 艘,船员们用铁制工具与印第安人交换动物皮毛。最初欧洲人对海狸和海獭皮比较感兴趣,至 19 世纪 70 年代,野牛皮的需求量逐渐上升。此后,鹿皮、熊皮、貂皮和臭鼬皮等也成为可交易的对象。[2] 随着皮毛贸易的扩张,为欧洲殖民者提供动物皮毛的印第安人捕兽者与中间商也从东部逐渐向西部内陆深入,直达西北沿海地区。当卷入皮毛贸易的北美印第安人将猎捕动物的行为由一种生计方式转变为一场场以贸易交换为目的的杀戮时,最直接的后果便是动物数量的锐减,至 19 世纪 40 年代由于北美各地海狸相继绝迹,猎捕海狸皮的行为不得不告一段落;1903 年,北美大平原上原本上千万头的野牛仅剩下 34 头。[3] 大量动物的灭绝严重破坏了北美的生态平衡,切断了印第安人的食物来源,使其越发依赖白人的物质文化。与此同时,皮毛贸易也在很大程度上改变了印第安人传统的生态伦理,原本珍视动物资源、对动物怀有崇敬之情的伦理价值几乎被抛弃殆尽,严重破坏了印第安人与动物之间长久以来建立起来的灵性关系。

北美印第安人同欧洲殖民者进行皮毛贸易,最初只是为了换取一些铁器、小镜子和小珠子等日常生活用品,后来则发展为对枪支弹药、酒和马等商品的渴求。枪支弹药的引进加速了北美动物资源消耗的速度,同时也

---

[1] 付成双:《试论毛皮贸易对北美印第安人的生态影响》,《世界历史》2006 年第 3 期,第 5 页。

[2] Eric Jay Dolin, *Fur, Fortune and Empire: The Epic History of the Fur Trade in America*, New York: W. W. Norton & Company, 2010, p. xvi.

[3] Ray A. Billingtgon, *Westward Expansion, A History of the American Frontier*, New York: Macmillan Publishing Company, 1974, p. 579.

第一章　北美印第安人及其文化生境

改变了北美印第安人的传统作战方式，成为其用以维系同周围部落及白人关系的重要保障。但枪支的到来也加剧了部落相残的杀伤力，造成了大量印第安人的死亡。酒也是颇受北美印第安人青睐的一种商品，但有关美洲史的相关研究表明，酒给个人乃至整个部落带来的消极影响显然胜过积极方面：殖民者利用酒精的麻痹作用与印第安人进行不平等的皮毛贸易，酗酒引发的寻衅滋事破坏了部落成员或部落间的团结友好，削弱了印第安武士的战斗力，使其在与白人争取合理权益时处于弱势，并由此导致印第安人生育率降低及人口素质下降等。在与白人的交往中，北美印第安人自身也逐渐认识到酒的危害性。1753年10月3日，于宾夕法尼亚州卡莱尔举行的一次会议中，易洛魁人首领Scarrooyady代表联盟向该地地方长官和委员会表达了他们的不满情绪："你们的商人现在只带来酒和面粉，很少带来火药、铅和其他有价值的商品。酒毁了我们。所以祈求你们对商人进行规范，不要让他们带来如此大量的酒。我们从来没意识到交易换回的会是酒和面粉。希望这种情况能够被禁止，不要在印第安人的领地卖酒。如果印第安人想喝可以到白人居民那里自己去交换。酒商每次都带来三四十桶的酒放在我们面前，印第安人就开始喝……这些缺德的酒商，把印第安人灌醉之后便让他们卖掉自己身上的衣物（动物皮毛）。总之，如果这样继续下去，我们必然会毁灭。"[①] 酒精带给北美印第安人的消极影响并未仅止于此，而是从殖民时期一直延续到现代。

尽管欧洲殖民者给北美印第安人带来了无穷无尽的灾难，但也将马匹带入他们的生活之中，这对加拿大林地以南地区，特别是平原印第安人的文化产生了深远的影响。自16世纪中叶从西班牙人那里引进马匹之后，平原印第安人便由徒步捕捉的游牧者变成马背上的骑士，常年骑马驰骋于平原之上，狩猎效率大大提高，而在此之前整个部落的人都要参与到一年两次的季节性狩猎活动之中，通过驱赶野牛至山崖处或栅栏中以获取数量有限的野牛。马也取代狗成为平原印第安人最主要的运输工具，这不仅加快

---

① 参见http://www.ohiohistorycentral.org/entry.php?rec=1555&nm=Fur-Trade，下载日期：2011-10-17。

了部落迁移的速度，而且能在狩猎之后拖运回比以前更多的猎物。

马的引入不仅改变了平原印第安人的生活方式，对其宗教生活也产生了一定的影响。平原印第安人丰富的仪式生活一般以法物袋（medicine bundle）或仪式包（ritual bundle）为中心。法物袋内装有与仪式相关的各种收集来的圣物，用动物皮或布小心包裹起来，由个人或专门的家族掌管者保管。为方便携带以适应部落迁徙，以前的法物袋相对较小。当马成为主要运输工具时，随迁的包裹越来越大，法物袋内的仪式器具也越来越多，包括烟斗、舞杖、沙锤和头饰等。最大的法物袋长达1.5米，直径1米。另外，平原印第安人将其最为重视的太阳舞仪式安排在晚秋时节，可能也与马有关，因为这时的马草最为丰足。

平原印第安人对马匹的喜爱和生活上的依赖使马迅速成为贸易中最为宝贵的商品之一，并因争夺和盗窃马匹而引发了一系列部落战争。除引进马匹外，人类学家和宗教学家笔下所描绘的"丰富多彩的平原印第安人文化"之形成还取决于在殖民压迫下从东部和北部地区迁入平原的诸多印第安人部落以及枪支的引入、皮毛贸易和商品贸易的发展等因素。白人物质器物与交通工具融入多元性的平原本土文化之中，促成了平原印第安人文化的再次转型，使头戴鹰羽战冠的武士、骑马驰骋猎捕野牛、举行盛大的年度仪式——太阳舞仪式和传统的圆锥形帐篷[1]等成为至今仍深入人心的平原文化印象，很多欧美人甚至将平原印第安武士视为北美原住民的原型。

除此之外，欧洲文明对平原以外的地区也产生了不同程度的影响，如西南文化区内编织和畜牧等工艺和技术发展都得益于欧洲殖民者。但相较之下，殖民者及其统治所强加给北美印第安人的苦难远远超过了他们的"恩赐"，从而造成二者之间矛盾与冲突不断，而保留地制度的建立作为殖民统治的变相延伸无疑象征着北美印第安人厄运的继续，甚至意味着更深层的统治与压制。

---

[1] Ake Hultkrantz, *Shamanic Healing and Ritual Drama—Health and Medicine in Native North American Religious Traditions*, New York: The Crossroad Publishing Company, 1992, p. 13.

二 保留地时期传统信仰的传承与变更

19世纪初,欧洲殖民地爆发大饥荒,印第安人所拥有的肥沃土地成为殖民者争夺的新目标。通过"路易斯安那购地案",美国从法国手中购得大片法属殖民领地,随即向西跨越阿巴拉契亚山脉开始占领印第安人的农场和村庄,以缓解其在土地资源方面所承受的压力。被占领之地多为"五大文明部落"① 原本栖居的东南部地区,这些印第安人受欧洲文化影响很大,住在用泥砖建造的多层建筑中,创建种植园,发明书面语言,甚至兴建图书馆、印刷厂、医院和学校等,被欧洲殖民者视为摆脱了"野蛮状态"并逐步跨入"文明社会"。即便如此,他们还是被迫同美国政府进行土地交换,从东海岸迁至密西西比河以西的地区,东部地区则全部向白人开放。切罗基人的"血泪之路"见证了这段悲惨的历史:1838年至1839年冬天,切罗基人在美军的胁迫下,被迫踏上长达1600多公里的迁徙路程,因风雪、饥饿和疾病等原因其人口损失约1/4,而那些固守家园的切罗基人或被美国士兵杀死或不得不逃入深山之中。②

然而,继续西进的拓殖者和欧洲移民的不断涌入越发凸显了他们与印第安人在文化上的巨大差异和日益激烈的生存竞争,并因此引发了一系列种族冲突。为隔离和同化印第安人以及最大限度夺取他们的土地,19世纪50年代,美国政府率先实行保留地制度,从印第安人部落原本拥有的土地中划出一部分供其继续居住,其确定的边界范围有限,且多为贫瘠之地,印第安人不得随意离开,非印第安人也不允许擅自进入。保留地内的印第安人处于军队和联邦官员的控制与监督之下,被迫实行"美国化"的生活方式。③ 自此,印第安人开始了"被白种人(像圈牲口一样)拘禁起来"

---

① 具体指切罗基人、克里克人、乔克托人、契卡索人和塞米诺尔人等文明开化程度较高的五大部落。
② 〔德〕茨格内·蔡勒尔:《印第安人》,马立东译,湖北教育出版社,2009,第42~43页。
③ 李剑鸣:《美国印第安人保留地制度的形成与作用》,《历史研究》1993年第2期,第159页。

的历史。① 加拿大的保留地政策是以单边条约的形式展开的，英属哥伦比亚省更是坚持宣称印第安人并不享有这片土地的所有权，制定条约亦属多余。

保留地制度的实施及其广泛推行使越来越多的印第安人深刻认识到白人对土地的贪婪欲望以及印第安人所面临的劫难，特别是一些具有远见卓识的智者和部落首领，如苏族首领坐牛（Sitting Bull）认为白人充满占有欲，劫贫济富，用建筑物和废物来玷污大地母亲。他称白人为一股春天的洪流，一旦决堤而出，便把所有挡道的东西都冲毁。② 作为奥内达加人首领和18世纪40年代易洛魁联盟发言人的Canassatego曾说过："我们知道我们的土地变得更加有价值，白人以为我们不知道它们的价值，但我们知道这片土地是永恒的，而我们用它所换来的少量商品很快便会用完并消失。"尽管如此，19世纪末，随着生态环境的破坏、战争中的节节失利、原住民人口锐减以及对白人物质文化的依赖，大多数印第安人都已迁入保留地内。原本以狩猎采集和粗放型农业为生的印第安人习惯于在广袤土地上的迁徙生活，保留地则大大压缩了其活动范围，使他们不得不转以依靠联邦政府有限的配给和资金聊以度日。生存环境和角色地位的转变使很多印第安人变得无所适从，他们既不习惯定居的生活方式、政府提供的食物，也不满意白人社会所设定的角色期望——男子从事农业和牧业，女子从事服务业。当时大多数印第安人对保留地制度采取了消极被动的抵抗方式。对于年长者来说，追忆过去的美好生活似乎成为逃避现实最好的方法，而年轻一代的茫然和绝望则引发了酗酒、赌博、吸毒、自杀、卖淫等一系列社会问题。

为彻底摧毁印第安人的本土文化根基，美国和加拿大政府还采取了文化上的"种族灭绝"政策，不准印第安人保留其传统的风俗、仪式和宗教。美国和加拿大境内的印第安人保留地大多受到各种基督宗教教会不同程度的控制，教会一直将印第安人的传统信仰视为对基督宗教最大的威胁，并认为只有通过改信基督宗教，这些"落后的土著民族"才能得以救赎。对于固守本土传统信仰的印第安人，传教士有权扣押其食物和资金，如果他

---

① 19世纪晚期，美国作家哈姆林·加兰这样评价保留地中印第安人的生存境况。
② 李剑鸣：《美国印第安人保留地制度的形成与作用》，《历史研究》1993年第2期，第162页。

们发现在保留地内有人继续实践本土宗教活动,便找来警察或军队加以制止和镇压。一个臭名昭著的案例便是传教士在美国军队的支持下,闯入霍皮人的地下仪式场地,使正在举行的仪式被迫终止,祭坛上摆放的仪式器物全部被没收。若干年后这些器物被陈列于芝加哥的田野博物馆中。[1] 美国和加拿大政府甚至制定法律禁止印第安人从事传统的仪式和宗教活动,只要引起政府委派的印第安代理人、教会或教育系统官员的怀疑便会遭到镇压,参与者还要受到法律制裁。1871年,美国印第安人事务局长官宣布,出现在华盛顿地区的精灵舞(Spirit Dance)活动皆为非法行为[2];20世纪初,美国境内参加太阳舞仪式的印第安人也会遭受拘捕和监禁。[3] 在加拿大,法律禁止波多拉支(Potlatch)[4] 和塔玛纳沃兹(Tamanawas)[5] 舞蹈行为。1922年,45名夸扣特尔人因举行本土宗教仪式而被加拿大政府拘捕,并以"跳舞"、"演讲"和"分发礼品"等罪名被起诉,其仪式器具被没收,或被卖给收藏家或被赠予加拿大博物馆,最后有22人因集会跳舞而被送入监狱。

此外,很多印第安儿童被强制带离他们的父母和亲人,送到由教会控制的寄宿学校,每年只能与父母见一面。他们的头发被剪掉,传统服饰被烧毁,不允许说母语,否则便要遭到毒打,有时还会遭受性虐待。由于寄宿学校大多较为偏远,教学质量普遍不高,印第安儿童往往难以得到较好的教育,很多儿童还因饮食习惯上的差异、思念亲人和营养不良而生病,甚至死亡。因此,有些印第安人父母选择将自己的孩子藏匿起来,以传统方式抚养长大,拉科他人著名的巫医伦纳德·乌鸦·狗(Leonard Crow Dog)便有着这样的经历。为了让他继承印第安人的宗教传统以成为巫医,他的

---

[1] Jordan Paper, *Native North American Religious Tradition: Dancing for Life*, Westport: Greenwood Publishing Group, Inc., 2007, p. 48.
[2] Wolfgang G. Jilek. "The Renaissance of Shamanic Dance in Indian Populations of North America", In *Diogenes*, No. 158, Summer, 1992, p. 87.
[3] Jordan Paper, *Native North American Religious Tradition: Dancing for Life*, Westport: Greenwood Publishing Group, Inc., 2007, p. 3.
[4] 西北沿海印第安人的传统冬节——"夸富宴"。
[5] 西北沿海印第安人传统的守护神仪式。

父亲用鸟枪赶走了训导员，才使他没有被送入白人的寄宿学校，并在20世纪70年代成为拉科他人的精神领袖。

保留地政策虽然"成功"地将印第安人局限于特定生存空间之内，并为当时的美国和加拿大政府解决了很多棘手的社会问题，但其在文化上彻底同化印第安人的目标并没有达成。面对文化上的严酷压制，北美印第安人采取了多种不同的应对策略，以延续其文化传统。最初，很多印第安人选择将其传统宗教活动转入地下，深入平原、河谷和森林之中，以较为隐秘的方式继续其宗教和仪式活动。20世纪20年代，一位人类学家的考察经历也对这种情况进行了说明：在当地印第安人的陪同下，这位人类学家进入平原地区，途中他清楚听见附近山林中传来的击鼓声，当他向身边的本土向导询问这阵阵鼓声之含义时，这位印第安人向导坚决否认听到了鼓声。① 原因显而易见，只有假装听不到鼓声，才能保证秘密仪式的继续进行。甚至到20世纪下半叶，仍有很多印第安人群体鉴于历史原因对外保密其传统的宗教文化活动。

保留地制度建立后不久便出现了很多新的部落先知，其通过幻象获得的预言亦是针对保留地时期印第安人所面临的各种新危机应运而生的。预言的主要内容大多是呼吁印第安人团结起来，通过集体仪式行为使已故的印第安人复生、恢复印第安人传统生活方式以及宣告白人的最终灭亡，其中以幽灵舞（Ghost Dance）最为著名。幽灵舞源于太平洋西北沿岸的预言舞（Prophet Dance），逐渐发展为多部落共同参与的仪式活动，1890年冬苏族大暴动中达到顶峰，并最终以伤膝涧惨剧（Wounded Knee Creek）而告终。② 美军的残酷镇压使幽灵舞被迫转入地下秘密进行并得以保留至今。与此同时，我们也可以看到，在保留地制度下，不同地区、不同部落、宗教文化表现各异的印第安人在面临相似的历史遭遇时选择团结起来，共同应对新危机，原本相对独立的地区性或部落传统仪式逐渐突破地域和部落间的界限，

---

① Jordan Paper, *Native North American Religious Tradition: Dancing for Life*, Westport: Greenwood Publishing Group, Inc., 2007, p.23.
② Wolfgang G. Jilek, "The Renaissance of Shamanic Dance in Indian Populations of North America", In *Diogenes*, No.158, Summer, 1992, p.87.

以部落联合的形式实践神圣的本土仪式，表现出泛印第安主义的倾向。

文化压制所造成的另一个直接后果便是作为欧美宗教主流意识形态的基督宗教与北美传统宗教的融合，这既是一种历史的必然也是印第安人维护自身传统的有效方式之一。基督宗教与本土宗教的结合有诸多表现形式，如印第安人震颤者教会（Indian Shaker Church）和美国本土教会（Native American Church）。前者是由印第安人创建的一个基督宗教教派，融合了北美本土宗教传统、天主教和新教的信仰与实践，便携蜡烛、手摇铃和在胸前画十字等仪式器物与行为明显受到天主教影响，公开接受质问并对自己所犯错误加以承认和忏悔则体现了新教的特点，而摒弃圣经和其他成文的基督宗教经典、注重个体与神灵的直接交流体验、仪式中逆时针围绕场地运动及对精灵歌曲的自发重复等则明显带有本土宗教色彩；美国本土教会，又称为佩约特宗教（Peyote Religion），是源于美国且在印第安人中流传广泛的本土宗教形式，其突出特征是通过集体食用佩约特仙人掌达到与神灵交际的目的，很多佩约特信徒将耶稣视为本土文化英雄、灵性守护者，他们将耶稣与佩约特联系在一起加以膜拜，有的地方分会还将仪式举行的时间固定在周末，足以体现基督宗教对本土宗教形式的影响。甚至还有印第安人既固守本土宗教同时又信仰基督宗教，出现两种宗教传统并存的情况，以致在其死后，家人和教会成员要分别为其举行本土葬礼和基督宗教式的葬礼。[①]

作为将基督宗教教义融入本土传统"最具影响力"的范例，当属奥格拉拉苏族的圣人黑麋鹿。他自幼便受到苏族传统宗教的熏陶和影响，1904年被迫接受天主教洗礼之后仍秘密从事传统宗教实践活动并成为奥格拉拉苏族人的巫医和宗教领袖。他认为，在印第安人被迫信仰基督宗教的这样一个时代，若想保留传统宗教便要将二者融合在一起，而且这样做也是可行的，因为"苏族的宗教生活方式与基督教宗教会的基本相似，没有理由改变苏族人现在的生活。我们要学习基督宗教的一些方式和学说，

---

① Jordan Paper, *Native North American Religious Tradition: Dancing for Life*, Westport: Greenwood Publishing Group, Inc., 2007, pp. 49-50.

并将其与我们的宗教结合在一起，这样对二者都好"①。乔丹·佩珀尔（Jordan Paper）等学者认为，根据黑麋鹿口述材料整理而成的著作《神圣的烟斗——黑麋鹿对奥格拉拉苏族人七个宗教仪式的解释》中很多宗教要素与基督宗教存在对应关系，如文中的"白野牛犊少女"（White Bison Calf Woman）相当于基督宗教中的圣母玛利亚，而他所讲述的七个奥格拉拉苏族人的宗教仪式等同于天主教的七大圣事等。②黑麋鹿的宗教理念产生了广泛的影响，不仅被很多白人视为对北美印第安人宗教所作出的"唯一正确的解释"，而且也受到很多寻求自身宗教传统的年轻印第安人的追捧。

三 文化传统的复兴与重构

20世纪初，交往日益频繁的印第安人群体为追求共同的政治、经济、环境和文化利益，选择忽略部落文化和地域上的差异以及部落间的历史恩怨，强调作为整体的"泛印第安"文化和联盟。1911年，美国的印第安人群体成立了第一个全国性的政治组织——"美国印第安人社团"（Society of American Indians），旨在改善全美印第安人的教育和生活条件，并于1924年的"印第安人公民法案"（Indian Citizenship Act）中得到批准；1912年，美国境内的克里克人、乔克托人、切罗基人和契卡索人因共同反对美国政府的分配政策而联合起来，成立了"四母社团"（Four Mothers Society）；1934年，美国政府通过《印第安人重组法案》（Indian Reorganization Act）对其原本的同化和分配政策进行修改，内容涉及土地所有权和土地分配、扩大教育和就业机会、赋予印第安人以宗教自由等。泛印第安运动在某种程度上打破了印第安人群体中原本存在的诸多隔阂，如部落界限、居住地差别（保留地与城市）、身份悬殊、年龄差距，并逐渐形成一种社会思潮，由美国传播至美洲甚至世界范围内的原住民群体当中，推动了北美及世界原住民群体文化传统的全面复兴。因而，从某种意义上说，泛印第安运动本身

---

① Thomas E. Mails, *Fools Crow*, New York: Doubleday, 1979, p. 45.
② Jordan Paper, *Native North American Religious Tradition: Dancing for Life*, Westport: Greenwood Publishing Group, Inc., 2007, p. 50.

第一章 北美印第安人及其文化生境

可视为对北美本土文化进行重构的一次尝试，在最大限度整合各类资源并为印第安人所用。

在泛印第安主义和全球范围内去殖民化思潮与运动的推动下，20世纪50年代开始，北美的政治和文化大环境已有所好转，针对印第安人的宗教政策也逐渐放宽：1951年，加拿大的法律条文中撤销了有关禁止本土宗教实践的内容；1978年美国政府通过《美国印第安人宗教自由法案》(American Indian Religious Freedom Act)，内容包括允许印第安人进入其传统的宗教圣地、享有崇拜自由和举行传统仪式等权利，可以使用并拥有神圣器具等。

这些法令的废除以及新赋予印第安人的相对自由的宗教权利，使很多本土宗教实践由秘密的地下活动转为公开的仪式和信仰行为，而且北美印第安人也开始积极主动地捍卫自己的宗教文化抑或其"灵性"的生活方式。1952年，英属哥伦比亚的印第安人在法令撤销之后便于维多利亚公开举行波多拉支仪式；20世纪70年代，在西北沿海的很多印第安人保留地中已经可以看到为进行宗教活动而专门建造的大屋；与此同时，夸扣特尔人也已经通过法律手段从白人建造的博物馆中拿回之前被没收的很多仪式器物，并将其存放在他们自己的博物馆中；西北沿海的其他印第安人群体也相继效仿，积极争取自己的权益，希望早年被没收的仪式器物能够重新回到印第安人当中；在美国，70年代以后的太阳舞仪式在举行次数和参与人数方面都成倍增加。

北美印第安文化的复兴意味着原住民文化自觉意识的提高及其对传统的简单恢复。在漫长的社会历史发展过程中，印第安人旧有的生活方式已经被改变，在内外部因素的共同作用之下，其对传统的复兴也必然要被卷入一系列重构与"被发明"的历史进程之中。

从作为文化传承主体的北美印第安人自身来看，在传统复兴的浪潮中，长者（多为精神领袖）与青年一代似乎一直发挥着主力军的作用，与大多提倡社会同化的中年一代形成鲜明对比，很多年轻的印第安人不再信仰基督教转而开始其文化寻根的旅程，谙熟印第安人传统的长者成为他们咨询和学习的主要对象。拉科他人著名的巫医伦纳德·乌鸦·狗指导并帮助前

为向史密斯森博物馆表达敬意，来自美国各地的印第安人群体身穿民族服饰聚集华盛顿特区，举行游行 ［伊琳娜·安德鲁斯（Irina Andrews）摄］

来求教的年轻印第安人学习如何禁食、举行太阳舞仪式，以及重新引入幽灵舞仪式等。作为美国印第安人运动（AIM）创建人之一的艾迪·本顿（Eddie Benton）在加拿大多伦多创办了"第一民族学校"，不仅教授年轻印第安人本土文化，而且还将传统的宗教实践与理念还原到其日常生活当中。除伦纳德·乌鸦·狗和艾迪·本顿外，美国印第安人运动还吸引了众多传统主义的宗教领袖,这些年长的传统文化专家对年轻的印第安人影响很大,而且特别受大学校园和城市中的印第安年轻人青睐,年轻人聚集在一起寻求长者的指导,通过禁食以实现"真实的自我"也逐渐成为原住民文化中的一种潮流,遍及北美各地。在一些印第安人传统近乎消失的地区,如美国新英格兰东部地区和加拿大大西洋沿岸诸省,年轻的印第安人也充当着复兴"蒸汗小屋"和"神圣烟斗"等仪式的重要力量。

神圣的蒸汗小屋
(约翰·R. 劳伦斯 摄)

如果说自幼便受到传统文化熏陶的部落长者对复兴传统的热忱更多的是出于对过往美好生活的追忆以及对本土文化链条断裂的担忧,那么年轻一代的印第安人则更倾向于通过从年长的智者那里找寻失落的传统以寻回处于现实生存夹缝之中那个"迷失的自我"。但毋庸置疑的是,这些举动在客观上对传统的复兴还是起到了推波助澜的作用,特点是通过在某些已经明显带有现代特征的本土文化形态中重新注入传统文化因子,从而使其更具历史感和传统意味。以发源于平原地区的帕瓦仪式(Powwows)为例,仪式名称原意为"具有灵性能力的人们为着治疗的目的而聚集在一起所举行

卢姆比印第安人帕瓦仪式中，青年舞者所着服饰色彩艳丽，夺人眼球
（桑德拉·雷眼摄于北卡罗来纳州，彭布罗克，2007年）

印第安长者为帕瓦仪式上为一场女子舞蹈比赛做评审
（桑德拉·雷眼摄于北卡罗来纳州，彭布罗克，2007年）

第一章　北美印第安人及其文化生境

帕瓦仪式中，卢姆比人青年舞者身着羽毛服饰与他人斗舞
（桑德拉·雷眼摄于北卡罗来纳州，彭布罗克，2007年）

的仪式"[1]，带有明显的宗教性质，但白人曾因仪式中存在大量歌舞而一度将其视为纯粹世俗性的原住民集会，并用来指代所有的本土集会形式。在接受同化教育并使用英语之后，很多印第安人也接受了欧美社会对帕瓦仪式的重新解读（或许也是借由欧美社会的误读达到对传统宗教文化进行保护的目的）并逐渐将其发展成为以舞蹈竞技和丰厚的奖金为主要特征的现代形式，原住民和非原住民都可以参加。20世纪50年代以来，在印第安长者与年轻一辈的共同努力下，仪式的传统意义，主要是其宗教性再次被重提并得以强化，如仪式举行之前要用神圣的烟草净化仪式器具，仪式器具要以具有灵性的鹰羽装饰，仪式中的舞蹈被视为向神灵祈祷和献祭的一种方式，甚至连幻象要素与精灵小屋仪式等也被纳入仪式当中成为其重要组

---

[1] Jordan Paper, *Native North American Religious Tradition: Dancing for Life*, Westport: Greenwood Publishing Group, Inc., 2007, p.150.

成部分。①

此外，这类仪式，诸如帕瓦仪式、太阳舞、幽灵舞等还被一些学者归入"泛印第安仪式"（pan-indian ritual）的行列之中，原因在于与特定地域文化传统的复兴（如东北文化区的大巫术社和西北沿海文化区的波多拉支仪式）不同，这些仪式虽发生于特定地域、文化与生态环境之中，但却在泛印第安主义的影响下与印第安人的整体利益诉求结合在一起，迅速传播至其他印第安人群体当中，并与其地方性文化传统融合在一起，在保留其核心要素的情况下同时呈现出多种版本，亦带有"被发明"与重构的痕迹。

与泛印第安主义背景下北美原住民对传统文化复兴所做出的诸种努力相比，对本土文化传统的重构还体现为将其视为一种灵性资源或文化资源加以利用并进行兜售，其中既包括非官方的个体行为也有官方的强制参与。

非官方的个体行为主要体现在部分印第安人对其传统灵性资源的滥用以及非原住民的"盗用"，二者都以获取经济利益为主要目的。20世纪80年代以来，很多"来历不明"且自称为萨满或巫医的原住民开始以著书立作、举办培训班或创办传统宗教团体的形式，打着宣传所谓的本土宗教文化的旗帜谋取私利，如自称为女巫医的林恩·安德鲁斯（Lynn Andrews）和奥吉布瓦人太阳熊（Sun Bear）等。另有一些非原住民，凭借自己对本土传统流于表面的理解或给自己取一个印第安人名字迷惑他人，或盗用印第安人的灵性资源并收取昂贵的费用。对此，一些精通本土宗教传统的长者们表达了自己的强烈不满，对这些滥用者传授知识的准确性、目的及其传授资格提出质疑。

从官方参与的角度来看，印第安人的文化传统一般被视为文化资源或旅游资源加以利用和出售，完全无视其神圣性及印第安人的主体感受。位于现今南拉科他黑岗中的熊山（Bear Mountain）一直被拉科他人和夏延人视为最神圣的地方，至今仍有很多印第安人来这里祈祷或通过禁食等方式获得幻象和守护灵的庇佑。1961年拉科他州宣布将这里建成熊丘州立公园

---

① Jordan Paper, *Native North American Religious Tradition: Dancing for Life*, Westport: Greenwood Publishing Group, Inc., 2007, pp. 148-152.

（Bear Butte State Park），游人们可以尾随印第安人观看其最为私密的本土灵性实践——幻象寻求。虽然园林方口口声声要求游客尊重烟草和布质祭品等圣物，却将这些祭品视为游戏奖品，鼓励游客寻找并作为纪念品带回家。作为平原印第安人传统仪式的太阳舞也经历过相似的遭遇，之前联邦政府曾立法加以禁止，但出于经济利益考虑，最终决定对其进行基督教化的改造并允许其作为一种吸引游客的手段而存在。

上述对北美原住民文化发展的简要概述，只是说明了在地区性生活方式和地方文化多样性形成的过程中，很多很复杂的历史、社会和生态转变的一个缩影。与哈尔特克兰兹在研究与宗教相互参照和渗透的北美本土医疗体系所面临的问题相似，任何对北美印第安人萨满教的概观，都要考虑其复合性和多样性，笔者试图研究的并不是某个特定印第安人群体的萨满教，而是对整个北美萨满教体系进行关照，而其中又存在多种与特定文化模式相适应的类型与传统，因此有必要对其文化生态的概貌及其社会文化的一般发展历程有所了解。

在经历了自然生境、社会组织形式的变化，从游群到部落再到被圈禁于保留地当中，经过与周围部落的互动以及遭遇基督教的洗礼，现今保留地内的印第安人群体仍延续着古老的灵性信仰与实践，而其中最核心也最具影响力的便是萨满教。可以说，萨满教是北美不同印第安人群体实现高度认同和内聚力的最重要的信仰根基，要进入北美印第安人的信仰和精神世界，首先要对其萨满教观念有所了解。

第二章
北美印第安人的萨满教观念体系

宗教观念是宗教意识在认识上的表现，在每种具体宗教中都体现为一套完整的宗教世界观，它是信仰者行动的内在依据，在整个宗教体系结构中具有基础性地位。在萨满教的观念体系中，宇宙观、灵魂观和神灵观是最基本的三种观念，三者相辅相成，共同构成了较为完整的萨满教世界观。

与创生性宗教不同，萨满教的宗教思想和观念并没有以文字的形式形成教义或文字经典，而是通过世代口耳相传的神话和故事、身体力行的宗教仪式和习俗传承于世。因此，那些充满神奇色彩的神话故事、纷繁复杂的仪式行为及仪式器物、禁忌和习俗等便成为萨满教观念传承的载体，叙事文本和行为表现中反复出现的象征符号便成为我们洞悉萨满教观念体系的重要方法和工具。

第一节　宇宙观

宇宙观"是关于世界本质及其作用机制，以及人与其他生物在那个秩序中的地位的理论或概念"[1]，是特定民族的民众对自身在宇宙框架中的定

---

[1] 〔英〕菲奥纳·鲍伊：《宗教人类学导论》，金泽、何其敏译，中国人民大学出版社，2004，第137页。

位，这种定位包含历时性和共时性双重因素，回答了宇宙起源和构造、人类祖先的历史、人类在现世与其他生命存在之间的关系以及人类在这种关系中的位置、生命的最终归向等一系列问题。萨满教的宇宙观是人们长期以来对宇宙观察和认识的结果，并非地理空间的简单划分，而是一种建立在直观经验基础之上并得以深刻内在化的宇宙结构与秩序，在此，"我们所知道的时间、空间和距离，以及主体与客体之间的区别都融为一体"①。对北美印第安人萨满教宇宙观的探讨主要集中体现在宇宙起源和宇宙构造两方面。

一 宇宙起源与再创造

北美印第安人以其丰富的想象和巧妙的构思，以神话和传说等口头叙事形式对宇宙原初状态、天地起源、人类及万物是如何被创造出来，甚至人类一些特有属性，如死亡和梦等的起源予以说明，从不同的角度表达了他们的宇宙观。

（一）宇宙原初与大地起源

在北美印第安人的创世神话和各类传说中，涉及世界从无到有被创造过程的内容较少，他们更关注原本已经存在的世界是如何被塑造成现在的形貌。因此，北美印第安人萨满教对宇宙原初形态、天地与万物起源等问题的解释具有自身的一系列特点。

北美印第安人萨满教普遍将宇宙的原初状态与黑暗、地震和（或）原始海洋联系在一起，各民族对此的描述往往不尽相同：在因纽特人的创世神话中，"大地从天空中掉落下来，地面、山和石头都从天上掉下来，这样大地便形成了……世界原本一片黑暗，没有太阳，也没有每天的黎明"②。

---

① Dennis Tedlock and Barbara Tedlock (eds.), *Teachings from the American Earth—Indian Religion and Philosophy*, New York: Liveright Publishing Corporation, 1975, p.192.
② W. Worster (ed. and trans.), *Eskimo Folk-Tales*, London, Copenhagen: Gyldendal, 1921, p.16.

西南文化区的比马人也认为原初的世界处于黑暗当中,经过了长时间能量的积聚,黑暗逐渐形成风中漂浮的片片棉絮,那是大地萨满的灵(Earth Shaman、Earth Doctor 或 Earth Magician),大地萨满意识到这种能力之后才开始创造活动①。在同一文化区特瓦人的萨满教宇宙观中,宇宙分为很多层,人类现在生活的世界并不是生命起源之处,其原初面貌是混沌的,且不具备人类生存的任何条件:"当时这个世界为薄雾所笼罩,暗无天日,地面柔软不足以支撑人的体重,人类根本无法在这个世界上生存。因此特瓦人将这个世界比喻成绿色的或尚未成熟的果实,大地变得足够坚硬之后,人才来到这个世界……"② 因纽特人与西南文化区诸印第安人群体的萨满教都具有将这种原始状态与某种神圣性相关联的倾向,认为在黑暗的原初世界中不存在死亡,就如同亚当、夏娃离开伊甸园便意味着神圣性的消亡,当因纽特人脱离黑暗、西南印第安人走出地下世界的时候,某种程度上也意味着从神圣进入世俗的世界。

来自加州的文化学者乔斯·佩德罗(José Pedro)这样描述其部落祖先在从西方落日(Setting Sun)的中心来到萨博巴(加州)时世界一片"混沌"的情景:"我们在人海中航行。海上没有光,黑暗且雾气笼罩……当人们到达这片土地的时候,仍旧是黑暗和雾气弥漫的世界,祖先们在黑暗中暗自发问,为什么要来到这个地方。突然,天开了,电闪雷鸣,下起大雨,大地也开始震动。事实上大地、海洋和天空中所有的要素都好像混合在了一起……"③ 故事的结局是,在萨满(部落首领)与族人的共同努力之下,才受到上界神灵的眷顾,驱走黑暗迎来曙光,大地也停止震动。这则萨满教故事叙述了特定族群迁徙的历史,同时也体现了他们对现在这个世界原初状态的理解。西南文化区的祖尼人在其创世神话中,也将地震视为人类原初世界不成熟的标志:"大地很年轻,而且还没有成熟。地震使整个世界

---

① Sam D. Gill & Irene F. Sullivan, *Dictionary of Native American Mythology*, Santa Barbara, California: ABC – CLIO, Inc., 1992, p. 300.
② Dennis Tedlock and Barbara Tedlock (eds.), *Teachings from the American Earth—Indian Religion and Philosophy*, New York: Liveright Publishing Corporation, 1975, p. 179.
③ George Wharton James, "A Saboba Origin – Myth", *In Journal of the American Folk – Lore Society*, Vol. XV, No. 61, 1902, p. 36.

第二章 北美印第安人的萨满教观念体系

晃动不已,并将它撕裂。"① 而足以支撑人类的成熟的大地就好像一个平坦的圆盘一样。

广泛存在于北美的萨满教神话——陆地潜水型(Earth Diver)神话,通常将原始海洋及与之相对的高高在上的天空设定为世界的原初状态,各种动物潜入海底一点点取回泥沙建造陆地是此类神话的主要情节,这也表示原始"混沌"状态的结束。加州迈杜人的萨满教神话讲述了创世神"大地创始者"(Earth-Initiate)顺着绳子从天界来到人世,加入海龟和秘密团体中印第安人祖先的行列,乘船在原始水域中划行。"大地创始者"的脸部被遮住,不能让别人看见,于是派遣海龟潜入水底取土造陆并召唤太阳(海龟的姊妹)和月亮(海龟的兄弟)前来帮忙,最终创造了陆地②。亚北极文化区蒙塔格纳斯人萨满教认为,"……狼、乌鸦、水獭等动物都未能找到土壤,最后派出一只麝鼠潜入大水底,终于找出一小块土,原始大神梅索(Messou)用这块土创造了陆地……"③。克里人中也有类似神话,麝鼠同样担负起寻找陆地之土的重任。在不同的印第安人群体中,作为创世英雄的动物也不尽相同,如平原曼丹人、希达察人创世神话中的鸭子和东北文化区易洛魁人创世神话中的海龟。在东北文化区休伦人的神话世界里,海龟虽然没有潜水取土,但却扮演了大地支撑者的角色,同样与人类世界的形成有着密切联系。

"神灵创世"的观念是各地萨满教世界观的基本思想,但从以上北美本土创世神话当中我们可以看出,大地是创世神(多为居于天界的男性神祇)与动物助手共同创造的。就神创大地而言,它意味着人类世界基本空间格局的形成,其中神灵观念虽为主导,但水、气、土和动物等客观存在元素无疑体现了一种原始的朴素唯物主义观念,与从无到有创造世界的观念有所不同。从动物助手方面看,在真正的人类被创造出来之前,动物或"具

---

① Katharine Berry Judson (ed.), *Myths and Legends of California and the Old Southwest*, Chicago: A. C. McClurg & Co., 1912, p. 18.
② Sam D. Gill & Irene F. Sullivan, *Dictionary of Native American Mythology*, Santa Barbara, California: ABC-CLIO, Inc., 1992, p. 79.
③ 叶舒宪:《中国神话哲学》,中国社会科学出版社,1992,第351页。

有强烈人性特征的类动物生物（在体质和精神方面都类似于人）"① 是作为人类而存在的，并使用人类的语言进行交流，常被称为"第一种族"（First People），人类被创造出来之后，"第一种族"才转变为现在的动物，并与人类加以区别，成为宇宙中不同类别的存在。但作为"第一种族"而言，它们还是被赋予了一定的神圣性。总之，宇宙空间感的形成以及人类与动物之间的这种天然关联都是神话所赋予的，是原始人类依据感性认识宇宙和自然的结果，同时也是北美印第安人萨满教的重要特征之一。

（二）人类与万物创生

在创世过程中，大地作为人类世界得以存在的基础几乎总是被最早创造出来，继而开启人类与世间万物的创生过程。因地域和文化上的差别，不同的印第安人群体对人类及万物的具体创造方式、过程以及先后顺序的解释不尽相同，但都从不同的方面呈现出北美印第安人萨满教宇宙观的某些特点。

格陵兰岛上的因纽特人在神话中这样解释人类的起源："大地形成之后便出现了人类，据说人类是从大地中钻出来的，小孩们从大地中钻出来，他们从枝叶繁茂的柳树灌木丛中钻出来。"② 对于依赖海洋的因纽特人来说，万物的创造主要表现为海洋生物是如何被创造出来这一问题，人们普遍认为海洋女神 Sedna 用自己的身体（手指）创造出不同的海洋生物，并构成因纽特人赖以生存的基础。③ 大多数西南文化区的萨满教神话中有关创生的内容也认为人类祖先来自地下世界，大地或地下世界是孕育人类生命的地方。北极文化区因纽特人和北美南部印第安人群体在世界起源以及人与万物创生等问题上虽然表现形式有所不同，而且南方农耕文明影响下的创世神话内容显然更为丰富，情节多曲折离奇，但都倾向于将大地或地下世界视为生命的源头。

---

① Ake Hultkrantz, *The Religions of the American Indians*, Berkeley and Los Angeles, California: University of California Press, 1980, p. 30.
② W. Worster (ed. and trans.), *Eskimo Folk - Tales*, London, Copenhagen: Gyldendal, 1921, p. 16.
③ F. Boas, "The Central Eskimo", In *Smithsonian Institution*, *Bureau of American Ethnology*, *Annual Report* 6, Washington, D. C.: The Smithsonian Institution, 1888, p. 583.

在加州地区，北美郊狼作为创世者和文化英雄而存在。与居于天界的创世神不同，北美郊狼虽被赋予了一定的神圣性，并在创世活动中发挥重要作用，但仍被拒绝逗留天界，从而成为半神半人的存在。这类神话故事虽然也包含创造大地的情节，但着墨不多，往往一笔带过，人类及其属性和万物的创造方面是其描述的重点。米沃克人萨满教中，北美郊狼在创世之后便开始思考怎样造人。它召集所有的动物共同商议，动物们在森林的空地中围坐成一圈，就像印第安人那样。每种动物都想将人类创造成它们自己的样子，只有狡猾的北美郊狼不这样想，它要让人类比它自己或其他动物都要好看：人类要有四条腿、五根指头、强有力的声音；要有北美灰熊那样的脚，可以直立行走，北美灰熊没有尾巴，人类也不需要；雄鹿的眼睛和耳朵非常好看，人类的眼睛要像它们那样；鱼类没有毛发，那是身体的负累，所以人类也不需要毛皮；人的手要长成鹰爪那样，这样可以用手抓东西；同时，没有哪种动物如北美郊狼般狡猾，因此人类要有北美郊狼的才智。[1] 这便是北美郊狼所构想的人类形象，它集所有动物优点于一身。按照这种构想，北美郊狼用泥土创造了人类，并给予人类以生命。作为原始狩猎民族，米沃克人将自身与日常生活中最常接触并可感知的动物进行简单类比，并以此来解释人类外貌和体态的形成、生命起源等问题，基本符合原始思维的基本特征。

克里人的创世神话中，北美郊狼被视为父亲和创始者，在创造大地和大地上的河流之后，用泥土创造了世界上第一个男人和女人，以及他们各自的生殖器，二者结合意味着人类的繁衍。与此同时，北美郊狼在神话中也被描述为纵欲狂，对性有着强烈的欲望并利用变身术施行骗人的伎俩。在加州艾可玛维人的神话中，北美郊狼开启了创世活动，不仅与狐狸一起创造了人类，还从遥远的西方为人类盗取火种以驱走寒冷。但同时生性狡猾且法力（medicine）强大的北美郊狼也决定了人类死亡的命运。[2] 可见，

---

[1] Katharine Berry Judson (ed.), *Myths and Legends of California and the Old Southwest*, Chicago: A. C. McClurg & Co., 1912, pp. 25-26.

[2] Katharine Berry Judson (ed.), *Myths and Legends of California and the Old Southwest*, Chicago: A. C. McClurg & Co., 1912, p. 11.

对于人类社会而言，北美郊狼所代表的文化英雄在道德上具有两面性，因此也常被称为欺骗者（Trickster）。在北极文化区和西北沿海文化区，渡鸦扮演着与北美郊狼极为相似的角色，而且在北美其他地区这种兼具文化英雄与欺骗者双重身份的神话形象也非常普遍，而这些形象与萨满教中被认为具有道德模糊性的萨满形象不谋而合。

在一些萨满教神话中，作为文化英雄的动物与萨满极为相似。亚北极文化区海狸人的一则神话故事讲述了人类梦境和幻象寻求习俗的由来：天鹅还很小的时候，父亲娶了继母（setting sun woman），天鹅遭继母诬陷而被父亲带到大地边缘，抛弃了他。在那个与世隔绝的地方，天鹅进入了一种幻象并获得神灵助手的帮助。神灵助手教他怎样猎捕鸭子和鹅，帮助他回忆起自己潜在的能力，使他知晓通往天界的路。天鹅杀死继母之后，改名为 Saya，变成人类，并将梦境和幻象体验授予人类。在帮助人类杀死了所有的怪兽之后，Saya 变身为石头，消失前告诉人类当世界末日来临时他才会回归。人们相信 Saya 仍旧对这个世界施予影响，所以人类才能够生存。[①]神话中天鹅通过昏迷，在神灵助手的帮助下获得能力的体验、变形、前往他界并承诺回归等情节都使我们想到北美萨满和萨满教仪式的诸多特征。有时，海狸人的萨满教神话直接将萨满视为文化英雄，并决定了类人动物与人类的不同。

在有些地区，人类与动物的起源还与天空中的各类天体有着密切联系。平原地区波尼人的萨满教神话认为最早的波尼人村庄是由一颗星星或一个星团创造的。在人类以植物根部为生的年代，一位年轻人通过朝月亮的方向禁食而从"月亮女人"（Moon Woman）那里带回了野牛和玉米。在阿拉斯加的因纽特人当中，"住在月亮上的人"（Moon Man）也发挥着同样的功能，被视为兽主。克里人和奥吉布瓦人神话中的月神 Tipiskawipisim 在洪水过后创造了世上第一个女人。在祖尼人的创生神话中，太阳之父（Sun Father）和月光之母（Moonlight – Giving Mother）被视为夫妻，并一起创造了

[①] Sam D. Gill & Irene F. Sullivan, *Dictionary of Native American Mythology*, Santa Barbara, California: ABC – CLIO, Inc., 1992, pp. 262 – 263.

生命，给予光芒。在阿帕奇人的创生神话中，也是太阳神将自己的光束播洒在大地的西方，这种天地之间的结合孕育了世界上的第一个人——水之子（Child of the Water），豆科灌木和仙人掌果等植物也是由太阳神与月神共同创造的。

总之，各类创生神话从不同的角度说明了北美宇宙观中将万物视为灵性存在的自然观、朴素的唯物主义观念和二元对立观念结构。但有关文化英雄的创生神话对人类、世间万物以及文化习俗的缘起所作出的解释，在北美印第安人群体中显然更具有代表性，也更为普遍，其所传达的宇宙观也更为全面，渗透至北美印第安人社会生活的方方面面。

（三）世界毁灭与再造

相较于陆地潜水型神话中的原初海洋，洪水代表着较晚期的混乱，同时为再创世这一神话主题的出现提供了可能，洪水神话在北美萨满教中同样具有普遍性，有时动物也承担起寻找或建造陆地的重任。

在大盆地文化区派尤特人的创世神话中，世界几乎被洪水所覆盖，人类只能生活在黑山（Black Mountain）上，鹰和鹤整晚歌唱并摇动沙锤抖落泥土，才使海水退去，陆地浮现，创造出的内华达山脉用以阻挡海水再次侵袭。[①] 其中，鹰和鹤不仅被赋予了人性，而且具有萨满与神灵交际的特征。从洪水灭世的原因来看，多是由于创世者或文化英雄不满人类或怪兽的行为而产生的。平原波尼人的创世者 Neshanu 不满自己所创造的人类——他们毫无敬畏之心、无礼且缺乏正确的判断，于是 Neshanu 发动洪水以摆脱这些人。[②] 类似的神话还存在于北极文化区、加州的维尤特人、平原文化区的阿拉帕霍人、西南文化区的比马人和拿瓦侯人、东南文化区的切罗基人等群体中。

在北美南部，洪水神话往往与（从地下迁往地表世界的）升迁型神话

---

① Sam D. Gill & Irene F. Sullivan, *Dictionary of Native American Mythology*, Santa Barbara, California: ABC - CLIO, Inc., 1992, p. 91.
② Sam D. Gill & Irene F. Sullivan, *Dictionary of Native American Mythology*, Santa Barbara, California: ABC - CLIO, Inc., 1992, p. 214.

相结合（Emergence and Migration），叙述人类世界的毁灭与再创世的过程，西南文化区比马人的萨满教神话比较具有代表性。大地萨满创造了万物、人类与天空，并创造灰蜘蛛吐丝织网连接天地。在这个没有疾病与死亡的世界中，最终因为人口过剩、食物紧缺以及人类之间的相互残杀而面临危机。大地萨满虽然怜悯人类，但不得不用自己的权杖勾住天空，将天空拉下来，压死了世间万物。通过一个洞，大地萨满进入了第二个世界，开始新的创世活动并创造了比马人。月亮产下北美郊狼，大地产下长兄（Elder Brother）。长兄因不满万物被创造的方式以及没有死亡而造成的人口过剩，于是他从大地萨满那里夺取控制权，间接引发一场洪水，席卷了整个大地。于是产生了第三世界，大地萨满和北美郊狼作为长兄的助手开始第三次创世活动，创造了阿帕奇人和比马人，但比马人被给予了较高的能力，包括四季的知识、造雨的能力以及治疗疾病的才能等。[①]

北美南部印第安人萨满教普遍认为，人类世界几经毁灭与再造，对于现在的世界究竟是第几次被创造出来，不同的族群看法也不尽相同。霍皮人认为他们现在生活在第四世界当中，当人类无法以适当的方式"在神圣的路上行走"（以灵性的生存方式与万物和谐共存）或者说无法以萨满教的方式调和与周围世界关系的时候，人世便无法逃离毁灭的命运，这与现代人类经过反思之后确立的世界观是一致的。

北美各类萨满教神话普遍预设一个已经存在的宇宙图景，福尔斯特说"萨满式的宇宙乃是巫术性的宇宙"，其创世过程是"巫术式变形的结果"而非"从无到有"。[②] 宇宙原本呈现出由水、气等要素支配的黑暗与混沌的状态，大地的形成（有时伴随着天空的形成，但大多数情况下天空的存在是不言自明的）在某种程度上意味着人类生存空间的形成，而且人类世界只是宇宙图景中的一个组成部分，并不是宇宙的全部。从发展的角度来看，人类世界与人类生命一样都不是永恒的，由此便形成一种完整的、动态的

[①] Sam D. Gill & Irene F. Sullivan, *Dictionary of Native American Mythology*, Santa Barbara, California: ABC - CLIO, Inc., 1992, p. 300.

[②] 张光直:《连续与破裂——一个文明起源新说的草稿》，载乔健编著《印第安人的诵歌》，张叔宁译，广西师范大学出版社，2004，第121页。

循环宇宙观。动物在各类创世神话中的重要地位是其在人类现实生活中重要性的具体体现，其被赋予的神灵助手角色及半人半神的特性等都与北美印第安人萨满教中的萨满遥相呼应。以上是我们在考察北美印第安人萨满教各类创世、创生神话后得到的一点启示，在全面性与完整性方面尚存在缺陷，但对于宇宙起源及其运作方式等问题的解释较具普遍性。

二　宇宙时空体系

宇宙的空间结构是理解萨满教时空体系的基础，主要体现在信仰萨满教的北美印第安人群体对宇宙垂直系统与水平系统空间构造认识上。从垂直系统来看宇宙是多层的，人类一般居于中间的世界，往往是一个平坦的大圆盘，圆盘中心存在表象各异的洞或轴心连接宇宙不同层面的世界，宇宙轴心与圆盘的交点便是宇宙的中心。萨满正是从这个宇宙中心出发，通过宇宙轴心开启前往他界的灵魂之旅。

（一）垂直系统的宇宙构造

世界各地的萨满教呈现出多层的宇宙构造，从三层至三十几层不等。尽管在具体层数上存在差异，但基本上都以欧亚萨满教文化中古老的"三界观"作为基本分层模型，并在此基础上有所发展和变化。三界观从空间上把整个宇宙分成上、中、下三界，上界为神灵居所，中界为人类等众生所居，下界为亡灵的去处，萨满可以凭借入迷技术自由来往三界以达成特定的目的和任务。

1. 多层宇宙观

虽然信仰萨满教的北美印第安人诸群体对宇宙总体面貌的解释不尽相同，但在对立体宇宙的结构认识上基本体现出三界的划分模式，只不过三界并非与特定的存在类型直接对应，即亡灵不一定居于下界，上界也并非神灵专属，有善恶之分的神灵可能并存于上、下两界，但人类一般居于中间层。在不同地域或文化区内，萨满教宇宙观也在三界模式的基础上发生不同的变化，有的群体直接体现出基本的三界观，有的群体以三界观为基础衍生出多层宇宙观。与此同时，在某些地区还存在三界观退化为二元宇宙观的情况，或重视上界—人类世界，或看重人类世界—下界。

在北极文化区内，因纽特人普遍认为下界为亡者所居。阿拉斯加的尤皮克人认为亡灵位于地下世界的某处，萨满要经过重重艰难险阻才能够到达①。加拿大中部的因纽特人用"Adlivu"一词表示地下世界的最上层，紧挨地表，所有违背海洋女神（Takánakapsâluk 或 Sedna）意愿的人都要死亡并进入地下世界的这一层。除此之外，杀人凶手死后永远被囚禁在这一层，而其他人要进入地下世界的最底层——"Adliparmiut"。虽然最底层更加黑暗也更加遥远，但居于这一层的亡灵有着相对稳定的狩猎环境。②

下界不仅包括地下世界，海洋、湖泊等水域也被视为下界的另一种表现形式。从原始海洋中取土创世是北美普遍存在的神话主题，暗示着水域与地下世界之间的同源关系。拥有因纽特人血统并引以为傲的丹麦人类学家昆德·拉斯马森（Knud Rasmussen）对流传于梅尔维尔半岛（Melville Peninsula）和巴芬岛（Baffin Island）上的伊格留利克人萨满教神话"前往海神 Takánakapsâluk 住处的萨满之旅"③ 予以记载，神话描述了居于海底的海洋女神 Takúnakapsâluk 不满因纽特人所犯罪行（包括禁忌）而将他们赖以生存的所有海洋生物资源拘禁在她住处附近的一处水潭中，引来暴风雪阻碍猎人狩猎的行程，以及盗走人类灵魂引发疾病和死亡等。由此举行萨满降神会，在昏迷中潜入海底安抚海洋女神，请求她释放被困动物和被盗的人类灵魂以及保佑猎人获得好运，就成为因纽特人萨满最重要的任务。如果降神会在冰层上的雪屋中举行，那么通道直接延伸至海底；如果在岸边的帐篷中举行，那么通道首先通往下界，然后前往海底。可见，地下世界与海洋是互通的，是构成下界的两个组成部分。与海洋女神沟通成功、让因纽特人丰衣足食被视为萨满最伟大的功绩之一。这一神话主题在北极

---

① Mariko Namba Walter and Eva Jane Neumann Fridman（eds.），*Shamanism*：*An Encyclopedia of World Beliefs*，*Practices*，*and Culture*，California：ABC – CLIO, Inc.，2004，p. 362.
② Sam D. Gill & Irene F. Sullivan，*Dictionary of Native American Mythology*，Santa Barbara, California：ABC – CLIO, Inc.，1992，pp. 5 – 6.
③ Dennis Tedlock and Barbara Tedlock（eds.），*Teachings from American Earth*，New York：Liveright Publishing Corporation，1975，p. 13.

文化区中的因纽特人萨满教中具有普遍性，只不过海洋女神被赋予不同的名称而已。

在阿拉斯加的因纽特人群体中，位于海底深处的海洋女神甚至变成了高高在上的"住在月亮上的人"，但他们都掌控着因纽特人赖以生存的猎物，需要萨满灵魂飞升到月神那里释放动物，以确保人类在狩猎季节中猎物充足。因此，南阿拉斯加因纽特人群体中的很多萨满都宣称他们去过月球，通过星洞（star holes）进入上界、下达深海，沿地面飞行，以及进入阴间。① 内特希利克因纽特人认为人死后可以前往三层不同的世界，一层在天上，一层在地表下，还有一层在地底深处，萨满声称曾去过三个不同的世界并向人们描述前往亡灵之地的冒险经历。② 从这些神话以及萨满所讲述的灵魂旅行故事当中我们能够明显感受到萨满教三界宇宙观的存在。

散居于亚北极文化区和东北林地文化区的奥吉布瓦人在有关宇宙的故事中这样描述其构造：

> 印第安人说地下有四层。最下一层并不像我们现在生活于其中的世界这样。那里总是黑夜。那便是作为统治者的马尼托的所在之处。他统治着整个四层地下世界……
>
> 上天也有四层。最上层也有一个马尼托，与地下的马尼托能力相当。天上总是白天，永远没有黑夜。马尼托没有名字，你可以称其Gicimanitou（Great Spirit）。最上层并没有具体的名称。而我们正好处在上界四层与下界四层之间。③

由此可以看出其三界宇宙结构非常明显，上界、下界在此基础上又各分成四层，分别由两位神灵掌管。在奥吉布瓦人的一则有关雷鸟的神话故

---

① S. A. Mousalimas, "Shamans – Of – Old In Southern Alaska", *In Samanizmus Archivum*, 1988, p.14.
② Asen Balikci, "Shamanistic Behavior Among the Netslik Eskimos", *In J. Middleton's Magic, Witchcraft and Curing*, New York: The Natural History Press, 1967, p.205.
③ John A. Grim, *The Shaman—Patterns of Religious Healing Among the Ojibway Indians*, Norman and London: University of Oklahoma Press, 1983, p.77.

事中，上界为雷鸟的居所，雷鸟是可以获得永生的神灵并被赋予人格化特征，来到下界帮助人类并与人类通婚。① 在东北林地文化区内，除了之前提到的四层地下世界，海洋、湖、河等水域也是下界的另一种表现形式，往往为恶神所居。奥吉布瓦人认为最邪恶的神灵是一头潜伏水底的巨大狮子或长角、尾巴卷成环状的猫科动物，称为 Michibissy 或 Matchi manitou。② 这一文化区中的梅诺米尼人也是典型的森林狩猎民族，其萨满教中的三界观轮廓非常清晰：大地是人类和其他生灵的居所，与人为善的神灵居于大地之上（天空），下界为危险的怪兽所掌控，或为水下的美洲豹③，或为大白熊（Great White Bear），而大白熊被梅诺米尼人视为下界之主，同时也是邪恶力量的源泉④。

　　萨满教三界宇宙观在大盆地文化区的印第安人那里也可以得到印证。尽管如斯文·利耶布拉德（Sven Liljeblad）所说，大盆地萨满教文化中逐渐呈现出一种"宇宙二元论"的态势，着重区分了地上和地下两个世界——人类所居的大地以及精灵、鬼魂和猎物—动物所处的地下世界，对人类世界和地下世界的关注明显多于上界。但他并不否认上界的存在，也承认在一些大盆地文化区的神话中可以找到天界及其相应存在的诸多例证。另外，在盆地文化中广泛存在的神圣柱，也为三层宇宙观的存在提供了佐证。

　　植根于大盆地生态与文化传统、后迁往平原文化区的肖肖尼人，其基本的三界宇宙观也为神话所证实，认为存在天空、地表和地下世界三层宇宙（见表 2-1）⑤。

---

① Dennis Tedlock and Barbara Tedlock (eds.), *Teachings from American Earth*, New York: Liveright Publishing Corporation, 1975, pp. 156-157.
② John A. Grim, *The Shaman—Patterns of Religious Healing Among the Ojibway Indians*, Norman and London: University of Oklahoma Press, 1983, pp. 77-78.
③ Michael Johnson. *The Native Tribes of North America—An Illustrated Encyclopedia*, London: Compendium Publishing, 1999, p. 39.
④ Sam D. Gill & Irene F. Sullivan, *Dictionary of Native American Mythology*, Santa Barbara, California: ABC-CLIO, Inc., 1992, p. 106.
⑤ Ake Hultkrantz, "Diversity in cosmology: the case of the Wind River Shoshoni", In *Canadian Journal of Native Studies*, 7 (2), 1987, p. 287.

第二章　北美印第安人的萨满教观念体系

表 2-1　肖肖尼人的三界宇宙观

上界（天空和大气）	（1）我们的父及其化身（太阳神和月亮神） （2）雷神和闪电神 （3）风神
中　界	（1）Puha（是对给予幻象寻求中的人类超自然能力的精灵的总称，几乎都是以动物形象出现的） （2）危险之地的精灵，通常是邪恶的 （3）给予疾病的侏儒灵 （4）四处游荡的鬼魂
下界（地表以下）	（1）大地母亲（等同于大地） （2）湖河中的水牛（水中野牛）和水中其他精灵

如表所示，上界是重要神灵，如太阳神、雷神、风神等所居之处；大多数精灵（特别是各种恶灵和鬼魂）与人类共存于大地上；下界包括大地母亲，还有水中的主要精灵。其中，大地母亲可能扮演着双重角色，既支撑大地、孕育地表万物，也映射着深不可测的地下世界。同样，在平原印第安人的仪式行为中我们可以清晰地看到三界宇宙观的划分，如在烟斗仪式中，巫医—萨满要分别向天空、人间和大地三界敬献烟斗。而且这一组仪式行为逐渐发展为平原地区诸多萨满教仪式中必不可少且反复出现的仪式部件。从烟斗本身的构造来看，"烟斗的烟锅是用红色的石头做成的，那就是大地。刻在石头中心的图案代表住在大地母亲上的所有四腿动物。烟斗杆是木质的，代表了生长在地球上的一切（植物）。烟斗杆和烟锅连接处垂下的这十二根羽毛来自乌雕，它们代表着鹰和所有空中的飞鸟"，这些都是三界观的鲜明体现。如果说大盆地地区的"二元宇宙观"表现出对人世与下界的极大兴趣，那么平原印第安人则对天空及天体明显给予了更多的关注，而且在他们的观念中，所有的灵性存在——神灵、精灵和鬼魂——可共存于天地之间。因此，平原印第安人在太阳舞仪式中频繁表现出对天空神圣性的向往，"跳舞时应该看着天空，仰起头并将双手伸向天空"，以与天界及居于天界的各类存在保持密切联系，并通过仪式行为的反复操演不断巩固这种关联。

西南文化区的各印第安人群体普遍认为生命源于地下世界，多种版本的升迁型神话被这一文化区内的印第安人视为其祖先的真实历史并代代相传。祖尼人认为地下世界分为四层，最初人类和其他存在类型分别居于不同的层面。[①] 特瓦人也认为人类、动物和神灵原本和谐共处于地下世界——北方某处的湖底，但与大多数普韦布洛印第安人不同，特瓦人不相信多重的地下世界。[②] 在人类死后的归属问题上，大多数西南印第安人持有相同或相似的观点，认为人类死后仍要以各种动物形式回归地下世界，因而与地下世界存在着天然的"亲缘关系"。但同时他们对天体也有自己的认识和理解：在所有的印第安人群体当中，拿瓦侯人对天体的认识最为全面，有关天体的神话、传说和岩画数量众多，这些天体（太阳、月亮、星星、星座和银河等）大多被命名并成为被赋予人性的诸神，萨满可以利用自己对星象的认识为族人治病；特瓦人相信天体生活在天界就如同人类生活在人间，"太阳和月亮每天沿着自东向西的路线在天空的大水域中行进。他们像大地上的印第安人那样审视和理解一切"[③]，而且每天早晨从东边的湖底升起，夜晚穿越至西边的湖底，往来于三界之间。

2. 宇宙轴心

在北美印第安人的萨满教宇宙观中，各类存在分别居于上、中、下三界或在此基础上派生的上界与下界的多层世界之中，神灵、精灵、鬼魂以及掌握特定技术的萨满可以凭借连接三界的通道自由往来，以达成某种目的。从垂直的宇宙系统来看，这一连接三界的通路便是宇宙轴心。作为三界宇宙观具有代表性的象征符号，宇宙轴心在不同的印第安人群体中的象征表达也有所不同，即使在同一印第安人群体当中，宇宙轴心在不同的情境中也有着不同的表现形式。

---

① Dennis Tedlock and Barbara Tedlock (eds.), *Teachings from American Earth*, New York: Liveright Publishing Corporation, 1975, p. 268.

② Dennis Tedlock and Barbara Tedlock (eds.), *Teachings from American Earth*, New York: Liveright Publishing Corporation, 1975, pp. 179 – 183.

③ John P. Harrington, "Ethnogeography of the Tewa", In 29*th Annual Report*, *Bureau of American Ethnology for 1907 – 1908*, Washington, D. C.: Smithsonian Institution, Government Printing House, 1916, p. 46.

神话世界为我们提供了丰富多样的宇宙轴心象征物。加州印第安人的创世神话中，人间被一大片水所覆盖，除了一根高高挺立出水面的宇宙柱外别无他物，宇宙柱直指天界，成为老鹰的落脚之处。东北文化区易洛魁人的神话讲述了一对孪生兄弟寻找父亲（太阳）的经历，他们爬上一棵高大的雪松树，沿着位于树顶的一条小路进入天界。另一则故事中，六个猎人在追捕熊的过程中不知不觉爬上雪山顶、进入云层并最终形成大熊星座中的北斗七星。高大的雪松树和入云的雪山都是宇宙轴心的象征。平原印第安人中，对月亮上浮影的解释有多种版本且与连接天地的宇宙轴心相关。在一则神话中，月亮将自己变成动物，引诱人间女子爬上树，结果这棵树是通天树，最终将她带到了月亮上。另一版本中，一位老妇人可怜被骗入天界的女人，便给了她一根绳子，她顺着绳子从天界下到地面。与通天树和绳子类似的还有天洞。西南文化区的印第安人群体中，连接多层地下世界的宇宙轴心以空心竹、芦苇和地洞等符号表现出来。

为太阳舞仪式准备的中心神杆
（约翰·R. 劳伦斯 摄）

宇宙轴心的多种象征符号不仅出现在神话叙事中，在各类萨满教仪式中也可以找到，通过这些贯穿宇宙不同层面的象征物，印第安人将自己的心声与诉求传递给相应的神灵。平原拉科他人在仪式中普遍用到的烟斗，其构造本身体现了鲜明的三界观。当人们以仪式的方式抽烟斗，其实是借助烟斗将自己的声音传递给高高在上的至上神，烟斗及烟斗中袅袅升起的烟象征着连接各界的通道，成为宇宙轴心的化身。另外，拉科他人用作仪式的帐篷一般由二十八根木杆组成，其中一根支撑着其他木杆，起着关键作用，圣人们认为那是支撑宇宙的中心柱，因而常被视为仪式中最神圣的部分。大盆地地区存在一种古老的萨满教仪式，部落成员以树为中心围成一圈，向同一方向跳舞，以感谢神灵在过去一年中的慷慨馈赠，并祈求新一年的庇佑。在其他印第安人的萨满教中，中心柱的存在非常普遍，只不过由于地域不同，中心柱的取材各异，如柳树、雪松、铁杉等。

总之，"三界宇宙观"普遍存在于具有萨满教传统的北美诸印第安人群体当中，居于各层的存在类型以及宇宙轴心为其存在提供了重要依据，但有关"三界宇宙观"的内涵和表现形式仍存在差异和自身变异情况，体现出信仰观念的地域性与历史性。

(二) 水平系统的宇宙结构

从宇宙的水平系统来看，北美印第安人一般认为他们所生活的世界是被山脉、海洋或深渊所隔断的圆盘。这个圆盘并不稳固，处于不断的运动当中，单凭宇宙轴心不足以使其固定，还需要依靠水平系统中的四个基本方位。圆周上均匀分布的四点或方形的四角分别代表四个基本方向——东、南、西、北，宇宙轴心一般从圆盘或方形中心穿过，打破不同层界的时空，因此这个中心成为东西、南北水平轴线与宇宙轴心交会的地方，也是人类通往超自然的上界或下界的交叉点。不同的印第安人群体不约而同认为其所在部落位于以这个交叉点为中心向外扩散的区域当中。这样一来，宇宙水平系统便简化为"圆形中的十字"，这一图形在北美印第安人群体中广泛存在，对其萨满教宇宙观的达成具有重要意义。

在平原文化区内，平原印第安人的祖先在各处山丘留下了数以百计的用石头围成的圆形图案，被人类学家和考古学家称为魔轮（medicine wheels)。魔轮的中间有一个石冢,从这个石冢出发,用碎石向四方画线,类似于车轮的辐条,最终形成车轮状的图案,即圆中的十字形,而且在这一图案中,中心点被放大,显示出其重要性。魔轮中残留的祭品或圣物,是当地的印第安人在这里向神灵献祭、祈祷时留下的。山丘之上的魔轮便是宇宙的缩影,中心点成为印第安人与神灵沟通的通道入口。

在东南文化区的乔克托人中,如遇大旱天灾,萨满会在民众的请求之下举行祈雨仪式。萨满远离人群进入森林,挑选好一块空地并清理干净。在清理好的空地上,萨满先画一个十字形,沿外围画圆,圈定仪式空间范围,并在这个神圣空间内住上四天四夜,召唤风神和水神带来雨水,浇灌干渴已久的玉米田。① 圆及其中的十字形是神圣的仪式空间。

亚北极文化区海狸印第安人在其萨满教神话和萨满器具绘图中充分体现了这一宇宙结构:高高在上的创世神在原始的水域上画了一个十字,正是这个十字将中间层的大地固定住并决定了大地的四个重要方位,在此基础之上人类世界得以形成。另外,海狸人的萨满鼓表面绘有三个同心圆,最里面的圆中有一个十字形,箭头分别指向四方。有学者认为这是宇宙空间结构的完整显现,囊括了宇宙的垂直空间体系和水平空间体系。② 三个同心圆是对三界宇宙的形象表达,中心的十字形则规定了水平系统(主要是人世)的主要格局。北美印第安人的萨满教宇宙观对水平系统的关注无疑等同于对人世的重视,尽管各类神话也向我们展示了他界的形貌,但都比较模糊,毕竟大多数人都无法亲身感受那样的世界,只能从萨满前往各界的神奇经历中略知一二。

"圆形中的十字"已经成为北美印第安人萨满教宇宙观中对水平系统宇宙结构的象征符号,据哈尔特克兰兹考证,这一图形最早出现在密西西比文化(公元 700~1700 年)中③,受中美洲文化影响而产生,为北美东南文

---

① Mariko Namba Walter and Eva Jane Neumann Fridman (eds.), *Shamanism*: *An Encyclopedia of World Beliefs*, *Practices*, *and Culture*, California: ABC - CLIO, Inc, 2004, p. 286.
② Dennis Tedlock and Barbara Tedlock (eds.), *Teachings from American Earth*, New York: Liveright Publishing Corporation, 1975, p. 193.
③ Ake Hultkrantz, The Religions of the American Indians, Berkeley and Los Angeles, California: University of California Press, 1980, p. 28.

化区、高原文化区和平原文化区等地区的萨满教观念、仪式和象征主义带来了很多新的特征。但对于这一图形及其所表达的宇宙观是自发产生于北美各地还是传播的结果，说法不一。笔者认为，不管是"原生论"还是"传播论"，都说明北美印第安人群体在对宇宙的空间认识方面存在一致性，这与原始民族对自然世界的直接体验和直观认识有直接关系，而且这种对空间的认识往往与时间是一体的，或者说是同源的。

（三）宇宙时空及其循环

仅仅从空间结构上理解萨满教的宇宙观是远远不够的。作为原生性宗教，萨满教中的时空观往往是交错相生的，正如历史学家汤因比所说，"时间和空间，不管它是存在，还只是人的思考中的错觉的范畴，都是不可分割的统一体"[1]。因此，要理解北美印第安人萨满教的宇宙观，必须将时间与空间结合起来。与现代物理学意义上对时空的机械认识不同，萨满教的时空观源自人类对自然的体验，并将这种体验以不同的象征符号延伸至其宗教乃至社会生活的方方面面。

北美印第安人对于时空的表达中，经常出现以天体的运行位置来加以说明的语句，如表时间的"太阳初生时"、"太阳落山时"，与表空间方位的"太阳升起的地方"、"太阳落下的地方"等。北美的考古学家一般也认为，频繁出现的"圆形中的十字"，其实是印第安人按照日月星辰的运动规律绘制的图表，以帮助他们观察年月的进展变化，可见时间与空间这两个维度在人类早期的发展阶段中是混同相生的。各类天体的循环周期运行对于人类时空观念的形成具有重要意义，特别是太阳，"太阳的朝出夕落是人类祖先借以建立时间意识和空间意识的最重要的一种基型，也是引发出阴与阳、光明与黑暗、生命与死亡等各种对立的哲学价值观念的原始基型"[2]。太阳总是被想象成一个生命存在，其日周期和年周期运行规律也被拟人化，表现为"夜幕降临的同时死去，伴随着黎明之光复活，或是在

---

[1] 〔日〕池田大作、〔英〕阿·汤因比：《展望21世纪——汤因比与池田大作对话录》，荀春生等译，国际文化出版公司，1997，第329页。

[2] 叶舒宪：《中国神话哲学》，中国社会科学出版社，1992，第8页。

第二章　北美印第安人的萨满教观念体系

每年夏至后衰老死去,到了冬至又开始复生"①。平原苏族奥格拉拉人将太阳和月亮在天空中的一次更替作为划分时间的基本依据,这个过程也是"日"形成的过程,四方风到达世界边界并进行标记形成了"年",太阳和月亮"在天空中画圆"的交替循环成为世界(以四方为基点)和"全部时间的象征"。

在此基础上人类根据自己的身体感官赋予特定时空以视觉或知觉属性,并以"互渗率"的思维模式派生出其他的象征意义。正如心理学家荣格所言,他们"要把所有外界感觉经验同化为内在的心理事件"②。亚北极海狸人的宇宙观中,四方中的每个方向开始与一天中的某个时间段、某种季节或生命周期、颜色和善恶等方面形成对照:东方——"太阳从大山后面出来的地方",与黎明、春天、出生期、红色和善良相对;南方——对应正午、夏天、幼儿期、黄色和善良;西方——"太阳落到大山后面的地方",代表傍晚、秋天、童年期、红色和危险;北方——象征夜晚、冬季、青春期、白色和危险。"当创世神在水面上画了一个十字形的时候,便将所有的这一切都发动起来"③,形成了以四方为基点的循环过程,每一天、每个季节、每个人、每种动物和植物都要经历这样一个循环,"因为每一次太阳升起都同时象征着太阳的新生、新的一天、温暖的再生、人类和动植物生命的重生,还有新的春天;如同正午使人们想起温暖和成长、童年期的早期阶段和夏季,日落代表着死亡、经期、火焰、具有杀伤力的性和秋天;夜晚使人们想起北方、寒冷、困难和危险。每人每天都重新体验生命的轮回"④。直至个人经历幻象寻求(一般发生在青春期)之后,才开始逐渐接近宇宙轴心与水平系统交汇的宇宙中心,即三界与四方的所有能力汇聚的地方,同时也是萨满前往超凡他界的入口,进入真实时空以外的另一种萨

---

① 叶舒宪:《中国神话哲学》,中国社会科学出版社,1992,第 8 页。
② 叶舒宪:《中国神话哲学》,中国社会科学出版社,1992,第 34 页。
③ Dennis Tedlock and Barbara Tedlock (eds.), *Teachings from American Earth*, New York: Liveright Publishing Corporation, 1975, p. 193.
④ Dennis Tedlock and Barbara Tedlock (eds.), *Teachings from American Earth*, New York: Liveright Publishing Corporation, 1975, p. 198.

满式的"体验与意义相逢的内在领域"①。

海狸人有关宇宙时空体系及其运行秩序的认识在北美印第安人当中是非常普遍的,尽管不同印第安人群体对四方象征意义的具体解释存在差异,如平原苏族的巫医—萨满"黑麋鹿"(Black Elk)给出了这样的解释:"难道南方不是生命之源,草木生长的源头吗?难道人类不是从那里开始发展,并朝生命落日的方向靠近吗?难道他不正接近白发苍苍的寒冷的北方吗?如果他活着,他难道不会到达光与知识的源头——东方吗?之后难道他不会回到他生命开始的地方,回到他的第二次童年,并在那里将自己的生命返还众生,把自己的肉体归还尘土吗?对此你思考得越多,你对其中的意义知道的也就越多。"②但无疑大多数印第安人群体在对宇宙时空及其秩序这一基本问题的看法上是一致的,北方和西方永远是与黑暗、寒冷和死亡联系在一起从而成为他们既畏惧又尊重的对象,所有的发展轨迹都不再是直线而是一个圆,这也是圆形被赋予神圣性的一个原因。

神圣的圆这一符号在北美印第安人的日常生活和萨满教仪式中随处可见,他们的营地是环形的,帐篷是圆形的,岩画和服饰中存在大量圆形象征图案,以及萨满鼓和各类圆形的仪式配件。平原印第安人将世界万物都视为圆形,"太阳和天空、土地和月亮圆得像盾一样,尽管天空很深,像一个碗一样。能呼吸的事物是圆的,如人的身体。从地里长出来的万物也是圆的,如植物的茎……"平原印第安人的各类萨满教仪式当中,人们都围坐成圈,在圆形的帐篷中,按照顺时针方向安排一切活动,只有在重大灾难来临的时候才会偶尔逆向行事,以对抗代表非正常秩序的力量。在西北沿海的特林吉特人中,盛大的萨满教仪式只有在冬季新月或满月的时候才会举行,具体的仪式时间一般安排在太阳落山之时,在人们的歌声中,萨满穿上萨满服,按照顺时针方向(太阳运行的方向)围着火堆跑,召唤精

---

① Dennis Tedlock and Barbara Tedlock (eds.), *Teachings from American Earth*, New York: Liveright Publishing Corporation, 1975, p. 199.
② Joseph Epes Brown (rec & ed.), *The Sacred Pipe—Black Elk's Account of the Seven Rites of the Oglala Sioux*, London: University of Oklahoma Press, 1989, p. 5.

第二章　北美印第安人的萨满教观念体系

灵并祈求精灵在新的一年中为人们带来好运，远离疾病，一切都按照自然的秩序有序进行。① 在北美其他地区他们对圆形的认识已经不仅仅局限于感官的经验层面，而是上升为对生命以及宇宙运作方式的内在感悟，与灵魂观以及萨满（式）体验密切相关。

第二节　灵魂观

灵魂观念一直被视为宗教信仰的基石，构成了萨满教观念体系的认识论基础。对于灵魂观念的起源及本质，恩格斯认为，在远古时代，人们还完全不知道自己身体的构造，并且受梦中景象的影响，于是就产生了一种观念，他们的思维和感觉不是他们身体的活动，而是一种独特的、寓于这个身体之中而在人死之时就离开身体的灵魂的活动。从这个时候起，人们不得不思考这个灵魂对外部世界的关系。既然灵魂在人死时离开肉体而继续活着，那么就没有任何理由设想它本身还会死亡；这样就产生了灵魂不灭的观念。北美印第安人普遍相信人有多个灵魂，而且在特定情况下灵魂可以脱离身体继续存在，并对自身及他人产生影响，这是北美印第安人萨满教灵魂观最基本的思想。

一　灵魂构成与漫游

灵魂不灭的信仰观念普遍存在于北美各印第安人各群体之中，且人们相信人类的灵魂不止一个，甚至存在多元灵魂的说法。此外，按照不同的划分标准，灵魂还可以被分为生魂与亡魂、善魂与恶魂等。不仅如此，不同印第安人群体对灵魂形态、居于人体的位置及其作用等方面作出的解释也不尽相同。在北美印第安人萨满教有关灵魂的信仰中，认为灵魂由生命魂和体魂组成的二元灵魂观无疑是最具有普遍性的观点，成为萨满教灵魂

---

① Aurel Krause, *The Tlingit Indians: Results of a Trip to the Northwest Coast of America and the Bering Straits*, Translated by Erna Gunther, Seattle and London: University of Washington Press, 1956, p. 198.

观的基本形式。

(一) 二元灵魂观

二元灵魂观与肉体观与英国人类学家泰勒对灵魂的看法是相契合的,即灵魂具有"生命"与"幽灵"两部分属性。① 这种对灵魂的信仰在北美印第安人萨满教中总是反复出现,既构成萨满体验与神事活动的基础,同时也是其前往他界的结果,在信仰萨满教的社会中占有核心地位。北美印第安人普遍相信二元灵魂的存在,一种是体魂(body soul),通常体现为气息(breath),这种灵魂往往与人类身体或某种器官相联系,能赋予人以生命、行动和思想,因此也称为生命魂;另一种为自由魂(free soul)或分离魂(separable soul),这种灵魂表现为个体自身的影像,或具有个体意识的其他生命形式,如动物、植物等,几乎等同于人类自身,而且能够在特定情况下与身体分离。当人类由于各种原因睡着或处于无意识状态的时候,身体本身无法移动,但人类确信自己去过遥远的地方,甚至是阴间,那便是由自由魂完成的。这类灵魂因其常常与梦境或各种幻象相关,因此也被称为梦魂(dream soul)。一般情况下,萨满的灵魂状态也是这样,体魂只有在他死亡的时候才可以离开身体,而自由魂能够在他意识状态发生改变(如昏迷、入迷、睡眠等)的时候离开人体。

小白雄驹(White Colt)是肖肖尼人的一位著名巫医,他向自己的族人传达着灵魂二元的观念:"mugua 在白天活跃,navujieip 在晚上活跃。当 mugua 睡着的时候,navujieip 就会出现在一个奇怪的地方。在活着的时候只有巫医的 mugua 可以自由活动,到处游荡,譬如说造访阴间。"② 其中,mugua 显然是作为体魂存在的,它在白天活跃,人类的大部分活动也都在白天进行,是生命力的体现,离开它人类便会死亡。而 navujieip 是自由魂,只有在体魂休息的时候才会代表个体出现在"奇怪的地方"。巫医的 mugua 与普通人不同,可以离开人体而不危及生命,而且扮演着自由魂的角色。但

---

① 金泽:《宗教人类学导论》,宗教文化出版社,2001,第 61~62 页。
② Ake Hultkrantz, "The Concept of the Soul Held by the Wind River Shoshone", In *Ethnos*, 1-2, 1951, p.23.

也存在一个问题,即肖肖尼人巫医进入阴间或他界的灵魂与一般人可能不同,对于巫医的自由魂是否也同样可以进入阴间,这里并没有交代。一方面这种说法为巫医特殊的精神特质提供了支持,提升了他在神事活动中的威望;但另一方面我们也可以看出肖肖尼人在灵魂的分类当中仍存有模糊性。在西南文化区的莫哈维人那里,普通人的灵魂与巫医的灵魂确实存在区别,普通人只能通过自由魂与死者交流,而巫医随便使用哪个灵魂都可以达到同样的目的。[1]

一位名叫圣克莱尔(St. Clair)的受访者对灵魂构成及其关系的解释有助于我们进一步理解肖肖尼人灵魂的二元性:"Mugua 存在你身体里,navujieip 在你头部……当你身体休息时,navujieip 变得很活跃。它作为向导,可以以任何形式出现:可以是昆虫,是兽类,也可以是人,等等。当我做梦时就是这样的:我当时能看到自己的形体,或者是看到一头猛兽,一条蛇,甚至是一棵树。我是在用我的 navujieip 表现自己。有时候 navujieip 会使你迷惑:你做大多数事情都会以 navujieip 的形式来实现。它还能够给你诸多建议,navujieip 几乎和 mugua 一样,mugua 是让你活着的东西,Boha(守护灵)给你适当的建议,它出现于你的 navujieip 里。所有人都天生拥有 mugua 和 navujieip,但只有一些特定的人拥有 boha 天赋……"[2] 在这里,mugua 作为体魂的特征更为明显,它维持着人的生命,圣克莱尔说 mugua 位于人体内,而根据其他信息提供者的说法,mugua 更可能位于心脏。而 navujieip 在某种程度上相当于梦或幻象中出现的自我,可视为自由魂。

尽管从哈尔特克兰兹所收集的肖肖尼人提供的信息来看,有些人提供的回答确实容易让很多学者产生一元灵魂的印象,而且时常有人颠倒两种灵魂的名称,但大多数肖肖尼人仍认为人体内存在两种灵魂,一种位于心脏,与人类生命相始终;另一种位于头部(存在于眉毛或双眼之间),能够在特定情况下与人体相分离,甚至进入他界。对二元灵魂观的坚持还体现

---

[1] G. Devereux, "Mohave Soul Concepts", In *American Anthropologist*, Vol. 39, No. 3, 1937, p. 418.
[2] Ake Hultkrantz, "The Concept of the Soul Held by the Wind River Shoshone", In *Ethnos*, 1–2, 1951, p. 30.

在帕克对大盆地帕维欧佐印第安人①以及沃格林对加州图巴杜拉巴尔人（Tubatulabal）灵魂观的论证当中。②

除了较为普遍的二元灵魂观外，北美也存在一些被哈尔特克兰兹称为"不规则"的灵魂观念，表现为对一元灵魂、三魂一体以及四元灵魂的信仰。一元灵魂观主要存在于北美西南部地区，以祖尼人的灵魂观为例。祖尼人将灵魂称为"Pinanne"，意为"风"，在人活着的时候暂居于心脏的气息中，在人死后作为亡魂而存在。虽然"气息"的存在让我们可能联想到体魂，但在整个西南文化区的灵魂信仰中，似乎只有死亡才能够将人的灵魂与身体分开，而自由魂成为萨满的专属。

其他几种灵魂观虽然在构成上表现出多元性，但仍是在二元灵魂这一基础信仰之上有所变动。在北极文化区阿拉斯加南部的因纽特人中，人们相信每个活着的人都由身体、体温、气息、人格和声音组成，而且每个人的灵魂一般分为三种："puqlii"意为一种无形的灵魂，维持着人类的生命，以体热和体温的形式显示其存在；"tarneq"或"tarenraq"指不可见的鬼魂，与人相似，可以成为萨满的助手灵；"anerneq"一词意为"气息"（breath）、"灵"（spirit）或"灵魂"，这类灵魂容易丢失或被盗，从而导致受害者生病，人死之后踏上灵魂之路前往阴间。③"puqlii"显然是与生命相始终的，虽然它并没有表现为某种物质形态或与某种器官相关联，但仍通过身体的温度变化让人感受到它的真实存在，可视为体魂；"tarneq"或"tarenraq"是作为萨满守护灵出现的祖先的灵魂；"anerneq"具有自由魂或分离魂的特征，能在某种条件下与人体相分离，并可能被萨满灵魂或助手灵带回身体内。如果说"anerneq"作为自由魂本身可以被划分为生魂和亡魂两方面，而"tarneq"是从阴间的亡魂中分离出来的、能够为萨满所召唤的祖先的灵魂，那么后者便可视为前者的一部分，这样一来因纽特人的灵魂观仍旧是以二

---

① Willard Z. Park, *Shamanism in Western North America—A Study in Cultural Relationships*, New York: Cooper Square Publishers, Inc., 1975, pp. 39 - 41.

② E. W. Voegelin, "Tubatulabal Ethnography", In *Anthropological Records*, Vol. 2, No. 1, 1938, p. 62.

③ Sam D. Gill & Irene F. Sullivan, *Dictionary of Native American Mythology*, Santa Barbara, California: ABC - CLIO, Inc., 1992, p. 11.

元灵魂为基础的，是对二元灵魂的细分。

"不规则"的灵魂观还体现在平原苏族奥格拉拉印第安人所信奉的一组四元灵魂："sicun"、"nagi"、"nagi la"和"niya"。他们认为，每个人都由四元一体的灵魂与身体构成，其中"sicun"与人类的智力、思想与理解力相关，可视为思想魂；"nagi la"是至上神在每个人出生的时候便赋予的一种能力；"niya"，可直译为"维持生命的气息"，具有保持身体内部清洁的作用，实为体魂；"nagi"由于各种原因会离开人体，并需要巫医举行仪式将其取回，与其他灵魂形式以及身体合并，显然是自由魂。尽管平原苏族人的灵魂构成较为复杂，但构成萨满教基础的二元灵魂都可在其中找到自己的位置。另据哈尔特克兰兹考证，在东南文化区的尤奇人中也存在类似的灵魂观。

（二）灵魂出游

不同的印第安人群体对灵魂的具体形态解释复杂而多样，肖肖尼人认为灵魂如柳叶或头发之类细长的小东西，在西北沿海的努特加人那里灵魂变身为居于头部的小人，还有印第安人看到了虚无缥缈的半透明的灵魂等。尽管灵魂的表现形式各异，但重量轻、体积小、性质脆弱是它们的共同特点，在灵魂受到惊吓、身体虚弱、受到吸引或被盗等情况下会发生脱离人体、漫游于人间或他界的情况。

按照灵魂在人类生前与死后的不同状态可以分为生魂与亡魂两种形式。生魂，顾名思义指人生前所拥有的灵魂，包括体魂和自由魂。体魂一般与人类生命相始终，人死便意味着体魂所赋予的生命的毁灭。而自由魂一般不会随着人类的死亡而消失，并在人死后继续存在，成为独立于身体之外的亡魂。而脆弱的生魂则往往成为亡魂觊觎的对象。

人死后，亡魂如果仍然留存于人世，而不是和其他亡魂一起通过灵魂之路前往属于他们的世界，便可能因引发疾病或死亡从而对人类生命造成威胁。亡灵留恋人世并对生者造成影响的原因是多方面的，如死者尸体不受尊重或没有被很好安葬、亡魂不舍人间的至亲至爱或亡灵渴望生者（不一定是亲属）灵魂的陪伴等。从活人的角度来说，那些怠慢死者（主要是葬礼)、思念已故亲人、身体虚弱或潜意识中存在自杀念头的人,他们的灵魂较其他人更容易脱离人体,发生出游的情况。

加州文化区的印第安人中流传这样一则有关亡魂的故事:已故妻子的亡魂不舍人间的丈夫,丈夫也对妻子难以忘怀。于是丈夫产生了跟随妻子一同死去的念头,不久就进入深度睡眠的状态当中。在一阵隆隆声中,妻子的灵魂从坟墓中钻出来,站在丈夫旁边。丈夫想要和妻子说话,妻子赶忙阻止,然后她转身离开,前往亡魂的舞屋(dance-house of ghosts),丈夫紧随其后来到了一个宽广、黑暗的国度——阴间。入口处,妻子准备独自离开,但丈夫伸出手臂拦下了妻子。当妻子再次走向阴间之时,他终于忍不住跟妻子说了话。就这样,丈夫也死了,他们的亡魂一同去往阴间。[1] 故事中的丈夫因思念妻子而萌生自杀的念头,并最终因为触犯亡魂禁忌(与亡魂说话)而导致死亡。

祖尼人认为,配偶中如果一人死亡,另一人很快再婚,亡灵便可能再次出现于活人梦中,或是以行走着并痛哭的尸体出现在后者的配偶面前,企图带走他的灵魂。[2] 如果祖尼人梦到已故亲属,便意味着死亡,是已故亲属的亡魂要将活人灵魂带走的征兆。同一文化区的阿帕奇人害怕一种叫作"chidin"的亡魂,它们总是出没于人类生活的世俗领域,被视为亡魂世界派来的使者,在梦中、幻象中或现实的黑夜中带走人的灵魂。在这两种情况下,都要请萨满帮助才可以抚慰或驱赶亡魂。

儿童也是比较容易受到亡魂诱惑而造成灵魂出游的群体。西北沿海萨利希人在冬季舞蹈仪式举行的时候让孩子们远离地面,因为那时附近的亡魂可能接近地面并带走孩子的灵魂。大人们也经常教导孩子不要碰那些敬献给亡魂的烧掉的食物,以防孩子的灵魂被亡魂带走。在北极文化区,体弱多病的孩子其灵魂更容易被带走,于是萨满会为孩子做一种护身符,用于锁住灵魂,摆脱疾病。[3]

---

[1] Katharine Berry Judson (ed.), *Myths and Legends of California and the Old Southwest*, Chicago: A. C. McClurg & Co., 1912, pp. 26-27.

[2] Dennis Tedlock and Barbara Tedlock (eds.), *Teachings from American Earth*, New York: Liveright Publishing Corporation, 1975, p. 248.

[3] Sam D. Gill & Irene F. Sullivan, *Dictionary of Native American Mythology*, Santa Barbara, California: ABC-CLIO, Inc., 1992, p. 10.

第二章　北美印第安人的萨满教观念体系

在很多印第安人群体中，人死后亡魂并不会立刻离开人间。在西南文化区的祖尼人中，人死后亡魂要在人间逗留四天，并会以各种各样的方式让人感受到它的存在，如纱窗自动打开或关上、出现在活人梦中。夜晚是亡魂出游的时间，如果紧闭房屋的门或窗，亡魂无法出入自如的话便会发出细微的摩擦的声音。深知亡魂渴望灵魂陪伴与思念人间亲人的特点，在有人去世之后，其近亲要亲自为亡魂制作人形雕像，于太阳出来前埋在河边的洞中，代表雕像制作者本人陪伴亡魂，以此避免亡魂将自己的灵魂带走。

除了亡魂的影响外，人类灵魂也可能于梦境或其他幻象中自己走失，或被沿途美景所吸引而无法按时返回人体。这种生者自由魂暂时离开人体的情况，并不会使人立刻死亡，但无疑会削弱体魂的能力，造成昏迷、无意识或精神错乱等疾病现象，对此置之不理最终会导致人慢性死亡。而且，自由魂与身体脱离不仅对本人来说是种危险，对那些不经意吸引灵魂的人来说也具有危险性。普通人对于出游的灵魂无能为力，只有请萨满来帮忙才能找回或驱赶灵魂，不管自由魂在附近逗留还是已经到达阴间，萨满都有可能劝说它返还身体。

一般情况下，萨满的体魂也只有在萨满死亡的时候才可以离开身体，与普通人无异。而自由魂或分离魂能够在意识状态改变（如昏迷、入迷、睡眠等）时与身体脱离。与普通人不同的是，萨满的灵魂出游完全能由自己掌控，并不受亡灵诱惑，自由前往人间各处、上界或阴间并能够按时返回。萨满灵魂出游多是受他人所托，帮助找回丢失的自由魂，这种灵魂出游有着很强的目的性。另外，萨满灵魂出游也可以完全出于自身的喜好，如因纽特人 Samik 便讲述了他的祖父——伟大的萨满 Titqatsaq，本身喜欢灵魂出游飞行并与其他飞行中的萨满相遇的故事。[1] 因此，萨满灵魂出游可以出于很强的目的性，也可以是随心所欲的，并能按时返回，这些特点是普通人所不具备的，表现了萨满灵魂出游的特质。

---

[1] Knud Rasmussen, *The Netsilik Eskimos—Social Life and Spiritual Culture*, Copenhagen: Gyldendalske Boghandel, Nordisk Forlag, 1931, p. 299.

二 亡魂世界与转生

北美印第安人普遍相信宇宙中存在一片专属亡魂的领地，就如同活人生活在现世当中，这与他们对宇宙和生命完整性的理解以及大量对亡魂所属的他界体验的描述有关。对灵魂前往阴间的体验描述大多以民间故事或传说的形式呈现出来，主要由经历灵魂出游的萨满、通过做梦灵魂出游的普通人以及受病痛折磨而产生灵魂出游幻象的病患提供。人们在降神会中总是入神地听萨满讲述他灵魂出游前往阴间的惊险故事，同时对自己的梦和幻象深信不疑，这些都强化着他们对亡魂世界的信仰。

（一）亡魂之路

通常人死后，其亡魂都要经由亡魂之路到达属于它们的世界，一些生者的自由魂也可能误打误撞走上亡魂之路，萨满体验也多以萨满灵魂能够前往位于天界或下界的阴间作为基础。

在北美，很多印第安人群体都将银河视为通往亡魂之地的通路。西北沿海（温哥华岛上）的夸扣特尔人认为银河相当于宇宙轴心，连接人世与阴间。东南文化区的塞米诺尔人也认为银河是灵魂通往天界的必经之路，人们看到的银河其实是由很多亡魂组成的，它们正在前往灵魂之地。亚北极文化区西部的印第安人以及西北沿海印第安人通常将彩虹视为通往亡魂世界的桥梁，彩虹于是成为灵魂之路的象征。西南文化区的拿瓦侯人也持同样的看法。除此之外，彩虹还被赋予了一种向他界移动的能力。因此在拿瓦侯人的仪式和沙画中经常可以看到彩虹图案。[1] 英属哥伦比亚的汤普森印第安人（Thompson，阿萨巴斯卡人）用一棵宇宙树的图解来描绘灵魂之路[2]；亚北极海狸人用"Yagatunne"一词指代"通往天界的路"，人死后其

---

[1] Sam D. Gill & Irene F. Sullivan, *Dictionary of Native American Mythology*, Santa Barbara, California: ABC-CLIO, Inc., 1992, p.253.
[2] Ake Hultkrantz, *The Religions of the American Indians*, Berkeley and Los Angeles, California: University of California Press, 1980, p.133.

亡魂便要通过这条路进入天界。路途中存在诸种不利因素使道路下降，远离天界，无形中增加了通往天界之路的长度和难度。但在萨满的帮助下，这条路也可以缩短，因为萨满曾一路跳舞走过灵魂之路，亡魂跟随他们的足迹可以较快到达目的地。①

名为"手指"（Finger）的拉科他人萨满认为天空中有一条白色的、好像由云搭建起来的亡魂之路，能够引导亡魂进入亡魂世界②，从其描述来看这条亡魂之路应该是指银河。另外，在平原印第安人的萨满教仪式中，位于圆形帐篷中心的宇宙柱顶端是分叉的，代表通往天界不同领域的灵魂之路——银河。银河将亡魂引入存于上界的不同领地。一般认为，一条路通往天国，而另一条通往阴间。天国往往被描述为印第安人心目中的极乐世界，而阴间往往总是不尽如人意。

亡魂之路的另一个特点是，路上总是设有各种障碍和难关，并非一帆风顺，亡魂必须通过这些考验才能够顺利进入亡魂世界。在东南部的切罗基人中流传着一则有关"狗星"（Dog Star）的传说故事。③故事中，亡魂要去往的"亡魂之地"位于天空，路上有两条不停嗥叫的狗，分别是大犬星座和天蝎星座中最明亮的天狼星和心大星，因此被称为狗星。踏上这条路之前，亡魂要准备充足的食物以提供给这两条凶恶的狗，如果只有第一条狗吃到亡灵准备的食物，而第二条狗什么也没得到，那么这个亡魂将被永远困于天空中的两条狗之间的位置。

在东北文化区的奥吉布瓦人、东南文化区的乔克托人以及加州等地的印第安人群体中，分隔人间与亡灵之地的往往是一条河。河上的桥或是体现为一根纤细的绳索，只容一只蜘蛛爬过；或是一根狡猾善变的松木，有时松木还会变身为一条扭动的蛇，亡魂必须保持平衡才能通过。阿拉斯加西部的尤皮克人在将尸体抬往墓地的过程中要停落四五次，象征亡灵在进

---

① Sam D. Gill & Irene F. Sullivan, *Dictionary of Native American Mythology*, Santa Barbara, California: ABC-CLIO, Inc., 1992, p. 353.
② Dennis Tedlock and Barbara Tedlock (eds.), *Teachings from American Earth*, New York: Liveright Publishing Corporation, 1975, p. 213.
③ Gary D. Kratzer, "Stories of the Early Americans", In *A Collection of Curricula for the STARLAB—Native American Mythology Cylinder*, 2008, p. 9.

入地下世界的时候要穿越多层。人们还在去世人手中放入一根木头以帮助亡魂顺利通过分隔现世与阴间的河流。另外,路上可能遇到的危险还包括犬牙交错的大树和渔网的内锥等,而能否成功进入亡魂之地则很大程度上取决于去世人生前的为人品格。

  与普通人相比,萨满在前往亡魂世界的路途中所面临的危险要更大,并非所有亡魂都要经历萨满灵魂所遭遇的磨难,对于那些为亡魂所诱惑的自由魂来说,情况可能更为简单。对于萨满在亡魂之路上遇到过的危险处境,哈尔特克兰兹介绍说,萨满可能被"水和一片火海挡住了去路,岩石威胁旅行者要将其压得粉碎,怪兽要将其吞没;地府门口有一条和人长得很像的冥府守门狗(三头狗),专门等在那里要夺下萨满的头颅,从而抹灭萨满一生的荣耀记忆。无论是谁,只要在途中吃下诱人的巨大草莓,便要永远被剥夺重生的机会"[①]。

  北极文化区因纽特人萨满这样描述自己在飞往海底解救被囚困灵魂的旅途中经历的磨难:"普通的萨满,即使是技术娴熟的萨满,在前往海底的飞行中也会遇到很多危险;当他一到达海底最深处,便有三块巨石向他滚来,这是最危险的事情。旁边没有别的路。这些巨石左右摇摆,中间的缝隙根本容不下一个人,但萨满不得不从中穿过,而且要倍加小心,稍不留神就会被巨石压得粉身碎骨。一旦摆脱巨石,出现在萨满面前的便是一条宽广的、有人走过的小路,这是萨满之路;他沿着这条与人间相似的海岸线,进入一个海湾后发现自己在一大块平地上,掌控灵魂的海神就住在这里,房子用石头筑成,前面有一条走廊……海神的看门狗就在通往房屋的过道上趴着,占据了所有的空间;它在那里啃着骨头,龇牙低吼,对所有害怕它的人来说都很危险,只有勇敢的萨满能直接跨过它;然后这条狗知道这位大胆的拜访者是伟大的萨满,不敢去伤害他。"[②] 有的时候海神的房屋外面还会筑起一面巨大的防护墙,萨满若要通过必须将自己身体用力向

---

① Ake Hultkrantz, *The Religions of the American Indians*, Berkeley and Los Angeles, California: University of California Press, 1980, p. 134.
② Dennis Tedlock and Barbara Tedlock (eds.), *Teachings from American Earth*, New York: Liveright Publishing Corporation, 1975, p. 16.

墙上撞去，直到将这面墙夷为平地。

（二）亡魂所归

对北美大多数印第安人群体来说，冥府无疑是人世之外的一个专属于亡魂的世界，人们也普遍相信亡魂世界的存在（亚北极文化区的阿萨巴斯卡人除外，他们对亡魂之地的信仰比较模糊），其出发点更多来自人们对于亡魂的恐惧，尽管也存在对死后生活的憧憬。

不同的印第安人群体对亡魂世界的设想往往不同，并不存在一成不变的模式，一种较为普遍的特点体现在人们对亡魂世界的描述往往与现实生活是相对照的：平原印第安人描述的亡魂世界存在于绵延起伏的高原之上，那里是天然的狩猎场，野牛资源丰富，亡魂也住在帐篷里，大摆筵席和跳舞，过着幸福的生活；大盆地印第安人所描述的彼岸世界的地貌特征与现实世界也很一致，山地较多。对于以狩猎为主要生计方式的北美印第安人而言，人们对死后世界的憧憬也必然体现着现世的需要，因此哈尔特克兰兹将这类亡魂世界称为"幸福的狩猎场"，并认为这是北美印第安人对彼岸世界最典型的表现形式。事实上，北美南部以外的广大地区都存在对亡魂世界的类似看法。

从空间方位上看，对亡魂世界的描述也不尽相同。北美很多以狩猎采集为生的印第安人群体认为亡魂世界位于天界的某一处，西北沿海印第安人多认为亡魂世界在大海另一边的西方，而以西南文化区为主要代表的农耕民族则更倾向于地下世界。这在亡魂之路的指向上也有所体现，有些印第安人群体的亡魂之路如果直通天界，那么他们的彼岸世界也必然位于天界；如果指向地下，那么亡魂多去往地下世界。在亡魂归处的空间位置上还存在一种较为普遍的特点，不管归于天界还是进入地下世界，亡魂首先都要沿大地的水平方向去往西方，西方被认为是亡魂在人类世界的归处，在那里踏上亡魂之路前往彼岸世界。在亡魂水平方位归处的问题上，北方也常常被认为是亡魂前往彼岸世界的通道，只不过这一观念没有西方普遍，这与我们之前对北美印第安人宇宙方位象征意义的表述是一致的。

还有一些印第安人群体认为亡魂世界离他们生活的世界很近：平原地

区的黑脚人认为,彼岸世界就在距离营地有一天路程的平原上;莫哈维人认为,亡魂的居所就在靠近亚利桑那州尼德尔斯的一座神山中,乘船经过便清晰可见;祖尼人认为,祖先居住的地方距离他们的住处只有两天的路程。

亡魂通过不同渠道进入不同的亡魂世界,这一点说明了人死后的命运也是不同的,体现为亡魂不同的去处,而这种命运往往与其生前的职业、社会地位、个人品质,甚至死亡原因都有着密切的联系。按亡魂生前的社会等级来划分亡魂领域的最典型代表为特瓦人。特瓦人社会将人分为三种等级,分别为普通人、政治官员以及神圣祖先的后裔。虽然这三类人死后都要前往地下世界,但却按照生前社会等级严格区分了亡魂世界的区域,通往亡魂世界的入口也各不相同。[1]

从职业和社会地位来看,祖尼人中卡齐纳社团(Kachina Society)的成员与普通人分别有各自的墓地,卡齐纳社团成员的亡魂前往卡齐纳村与祖先汇合,而普通人的亡魂则去往别处。然而也存在特殊情况:有些人即使生前是卡齐纳社团成员或为成员妻子,如果他接受过医疗社团救治并因此加入医疗社团,那么他死后的亡魂同样不会进入卡齐纳村,而是加入和他有着相同经历的社团成员亡魂的队伍中,他们的世界位于Shipaapuli'ma[2]。另外,在北极文化区显然存在一个与"幸福的狩猎场"不同的亡魂世界,这个世界里的亡魂都是沉默而沮丧的,打不到任何猎物,连抓一只从面前飞过的蝴蝶也会使嗓子冒烟,据说他们生前要么是技艺不佳的猎人,要么是没有文身的女人。[3]

就个人品质而言,一般的社会评价标准是二元的,即善与恶。平原苏族人相信被释放的灵魂会向西沿着"灵魂之路(银河)"去往亡魂之地,直到面前出现岔路口。那里有位看守银河的老妇人,名叫Maya Owichapaha,

---

[1] Dennis Tedlock and Barbara Tedlock (eds.), *Teachings from American Earth*, New York: Liveright Publishing Corporation, 1975, pp. 180 – 181.

[2] Dennis Tedlock and Barbara Tedlock (eds.), *Teachings from American Earth*, New York: Liveright Publishing Corporation, 1975, p. 268.

[3] Knud Rasmussen, *The Netsilik Eskimos – Social Life and Spiritual Culture*, Copenhagen: Gyldendalske Boghandel, Nordisk Forlag, 1931, p. 301.

负责将亡魂引入不同的方向，亡魂的好坏也是由她来判断的。对受尊敬的灵魂，她允许它们踏上右边的路；面对那些卑劣的灵魂，她让它们走左边的路。那些向右走的灵魂能够回到生命原初的状态，而向左走的灵魂仍要等待并需要被充分净化。① 通常情况下，小偷、通奸犯、谋杀犯，以及其他根据主流道德体系而被判定为行为不端之人，他们的灵魂要么成为孤魂野鬼，不允许进入彼岸世界，要么在亡魂之路中丧生，再或者被限定在"幸福的狩猎场"的对立面。这显然对缺乏来世报偿观念的印第安人来说具有规范和稳定社会秩序的功能。

死亡的方式在某种程度上也影响着亡魂世界的划分。亡魂世界中往往有一部分是专门为难产而死的妇女、被雷电击中的人、溺水遇难者等人准备的，人们通常将这些人的死亡原因与超自然力量联系起来，或由于恐惧而被赋予了某种超凡的能力，因此这些亡魂的去处往往比一般人好一些，能到达普通亡魂去不了的世界。

对北美印第安人而言，亡魂于各界的归处往往只是暂时的居所，宇宙与生命的循环更新并没有就此止步，而是以各种不同的转生再生方式表达宇宙与生命的完整性。

（三）亡魂转生

北美印第安人普遍相信已故之人的亡魂会以新的生命形式——人类或动物，重新生活在这片土地上。驯鹿因纽特人神话中有一位居于天界保管亡魂的女神"Pana"。在月神的帮助下，死者会在女神的住所复活并通过天洞重返人间，以人、陆地动物或鱼类的形式重生。每逢朔日，人们看不到月亮的时候便认为月神正在协助女神使亡魂返回人间。②

因纽特人的命名习俗也体现了这种转世轮回的观念。内特希利克因纽特人相信名字与生命循环之间存在某种联系，他们习惯于用已故之人，特

---

① Joseph Epes Brown（rec & ed.），*The Sacred Pipe—Black Elk's Account of the Seven Rites of the Oglala Sioux*，London：University of Oklahoma Press，1989，p. 29.
② Sam D. Gill & Irene F. Sullivan，*Dictionary of Native American Mythology*，Santa Barbara，California：ABC-CLIO，Inc.，1992，p. 233.

别是那些具有非凡能力和卓越才华的祖先名字。孕妇时常以梦中出现的祖先名称为孩子命名,长者也会给晚辈取他们所爱的已故之人的名字。相关文献中有这样的自述:"我的名字原本是我叔叔的妻子的名字。我叔叔非常爱他的妻子。在他的妻子死后将她的名字给了我。他像以前爱妻子那样爱我。那就是给我姓名的人。"① 如果孩子从出生开始就一直生病,人们便认为可能是某位祖先亡魂希望这个孩子使用他的名字,于是要请萨满来给孩子改名。萨满一般给出自己助手灵(祖先灵)的名字,这样病人不仅痊愈而且生命力也会变得旺盛,甚至还会继承祖先的某种能力和才华。相关民族志中记录了很多这样的例子,一位内特希利克因纽特受访者认为:"我的弟弟就是以萨满助手灵的名字命名的,他继承了萨满的能力。每次他讲故事和谈话的时候,你都能发现他有极大的才能。我们都猜想可能命名的原因。我们提到过人们怎样重生,这位萨满死后也会(通过命名的方式)重生。"② 对普通人来说,拥有祖先的名字并不意味着祖先成为他的助手灵,名字之于他们的意义与助手灵之于萨满的意义是类似的。对于他们来说,名字只是与祖先建立联系的一种方式,是祖先生命的某种延续,表现为生命力的增强或才能的获得,生命以命名的形式在代际循环。

北美密西西比河以东的一些阿尔冈昆人部落存在一种收养仪式(adoption rite),失去一位家庭成员的家庭要收养一个外人,取已故之人的名字,然后人们便认为他是已故之人的转世;在西部凯瑞尔人(Western Carrier)中,人们相信先知以一位老人的形象返回或转生,这位老人曾经是群体的领导,现在是世袭的首领,是已故之人转生,并领导凯瑞尔人通过法律途径夺回其传统领地——加拿大 Delgamuukw,22000 平方英里的所有权和司法权。③

除了以人类的形式重现于人世,亡魂还可以转世化身为动物,如阿帕

---

① Bernard Saladin d'Anglure (ed.), "Cosmology and Shamanism", In *Interviewing Inuit Elders*, Volume 4, Nunavut Arctic College Library, 2001, p. 12.
② Bernard Saladin d'Anglure (ed.), "Cosmology and Shamanism", In *Interviewing Inuit Elders*, Volume 4, Nunavut Arctic College Library, 2001, p. 13.
③ Antonia Mills, *Eagle Down Is Our Law: Witsuwit'en Law Feasts and Land Claims*, Vancouver: UBC Press, 1994.

奇人相信他们死后亡魂会变成北美郊狼、熊和其他动物。另外，经过轮回转世的亡魂究竟变为哪种动物也与人类生前的生存状态联系在一起，如职业、社会地位以及个人品质等各方面。北美东北文化区奥吉布瓦人和东南文化区的乔克托人中，那些生前作恶多端的亡灵很少能通过多变的亡魂之路，往往滑落湍流之中，直接转生为鱼或蟾蜍。祖尼人生前曾是医疗社团成员的，可转生为美洲狮、熊、獾、狼、鹰、鼹鼠、眼镜蛇或者红蚂蚁等动物；生前是巫师或萨满的人可能会转生为北美郊狼、猫头鹰或者牛蛇（bull snake）；生前是卡齐纳社团成员的人可能会转生为鹿。儿童与成年人转生的动物也有所区别，祖尼人认为那些从来都没有学习为自己的死亡做好准备的孩子，亡灵会转生为与祖尼人祖先原初状态（从地下世界上来，长尾巴的"苔藓人"，手脚长蹼，黏液覆盖全身，与火蜥蜴类似）较为类似的动物，如龟、水蛇和青蛙。

在北美西南文化区的几个印第安人群体当中，亡魂的转世轮回往往是几次反复的过程，除了儿童（儿童一般只经历一次死亡），成年人要经历三次以上的死亡与转生的过程。莫哈维人要经历五次的转世轮回，前三次分别转生为不同种类的猫头鹰，第四次变为水中的甲虫，最后一次变为空气，永存于自然之中。祖尼人的亡魂也要面临之后的三次死亡，并最终进入祖先位于地下最底层的住处或最终转世化身为某种动物，这是对祖尼人转世轮回最终归宿的两种看法。但可以肯定的是，经过转世轮回的祖尼人的亡魂绝对不会以人类的面貌再次生活在这片土地上。

在平原地区拉科他人中存在一种保守灵魂的仪式，通过一系列的仪式行为确保已故之人的亡魂能够得到充分的净化，这样灵魂在通过灵魂之路的时候不会遭到为难，从而回到生命的原初状态，与衍生万物的普遍宇宙力（大神或伟大的奥秘）合一。他们相信，人类的灵魂从何处来便最终要归于那个地方，凝聚成神秘而普遍存在的神圣力量并参与到新的生命形式的创造之中。

总之，在北美印第安人的萨满教中，人、动物与亡魂、神灵，现实世界与亡魂世界之间原本就不存在不可逾越的鸿沟；相反，人与其他存在类型之间通过各种方式保持着密切联系，在宇宙的不同界层之间转换，亡魂的轮回转世就是这一特点的体现。

第三节　神灵观

纵观世界各民族萨满教的万神殿，神灵数量众多、构成复杂是其共同特点，因此在研究中往往需要对萨满教信仰崇拜的对象进行划分，以增进对其神灵观念的理解。对此，中外学者多从不同角度进行分析。我国学者对中国，甚至东北亚地区萨满教的研究倾向于从神灵表现形式自身的属性及其社会功能或宗教功能等来进行划分。而国外学者在研究北美地区萨满教时往往从萨满与神灵的关系出发，着墨于萨满的助手神和守护神（而且二者之间的界限往往模糊不清），对萨满教神灵体系的一般性说明相对较少。这些划分各有依据，且体现了国内外萨满教有关神灵观研究的不同传统，都有值得借鉴之处。但就北美印第安人萨满教神灵体系的研究而言，仍要从其信仰基础和社会环境的现实出发，即从萨满超自然能力的来源来对其神灵体系进行划分。因为，正如萨姆·D.吉尔所言，"北美洲萨满教的中心要素是精灵力量"[①]。除此之外，还要将北美萨满教的一般崇拜对象与其萨满教传统中注重体验的特点结合起来，以达到对其神灵观念进行全面、深入分析的目的。

一　超自然的灵性世界

学界一般认为，萨满教是建立在万物有灵论基础之上的一种原生性的宗教形态。万物有灵论指出，原始人通过对梦境、幻觉、呼吸、疾病和死亡等现象的认识而产生了独立灵魂的观念，将这一观念推演至世间万物便认为万物皆有灵魂、生命或灵性，最终通过对象化的处理而发展出超自然的精灵或神灵观念。《简明牛津英语词典》中对"万物有灵论"一词有着看

[①] 〔美〕萨姆·D.吉尔：《北美洲的萨满教》，郭宏珍译，载孟慧英、孙运来、兰婷主编《萨满文化研究信息与情报选辑》，吉林人民出版社，2009，第50页。

似矛盾的两种解释：一是"植物、无生命物体和自然现象具有活的灵魂的属性"；二是"对将物质宇宙有机化并赋予其生命的超自然力的信仰"。第一种解释显然适用于多神教，也与我们对万物有灵论的一般理解相符合；而第二种解释则明显暗含着一神教倾向的神学理解。然而这两种解释在北美印第安人纷繁复杂的神灵体系中并不矛盾，种类繁多的精灵和作为普遍存在之原始创世力的"大神"和谐共存于印第安人的精神世界之中并成为其萨满教的崇信对象。可见，对"大神"的信仰并不意味着对多神教的否定，而是作为至上神存在于北美印第安人的万神殿中。

（一）作为至上神的古老创世力

在北美印第安人中，普遍存在一种对大神（Great Spirit）或伟大的奥秘（Great Mystery）的信仰。人们认为，大神是一种巨大的且普遍存在于宇宙中的神圣而神秘的能力，它高于万物又寓于万物之中，构成了天地万物的基础，人类亦是这种神秘能力的造物。

来自北美乔克托部落的印第安人女萨满苏珊·格里马迪（Susan Grimaldi）更倾向于将大神或伟大的奥秘解释为创世神及其所代表的原始宇宙力：

> 我能够辨认出寓于万物之中的神圣性和创造力，万物都是神圣的，都充满着神圣性。大神是创世神，我们也将其称为伟大的奥秘。大神是最强大的，创造了万物，教我们怎样生活，同时也是灵性智慧的来源。它是万事万物的源泉，同时也是维持生活协同运转的力量和原动力，这种力量每时每刻都作为基础而存在并发挥作用。但这不是一神教，这是一种认为各类存在之间皆存在关联的传统。它是被创造之物的集合体。这就是伟大的奥秘。尽管印第安人使用不同的语言称呼他，但实际上表达的意思是相同的。[①]

---

① 受访人：苏珊。采录人：李楠。采录时间：2011年7月2日。采录地点：呼伦贝尔大草原上。

不同的印第安人群体对大神的传统称呼往往不尽相同，拉科他人一般称其为"瓦肯唐卡"（Wakan Tanka），而操阿尔冈昆语的印第安人群体则一般用"Gitche Manitou"、"Gitchi Manitou"或"Kitchi Manitou"等词来表达这种与创世神密切相关的古老、神秘且普遍存在的原始宇宙力。在北美印第安人掌握英语之后，大神（Great Spirit）或伟大的奥秘（Great Mystery）便成为他们表达这一传统信仰时较为普遍使用的单词，出现在民族志作品及以英文形式出现的印第安人的各类口头叙事当中，如乔克托人、黑脚人和霍皮人等印第安人群体中世代传承的有关创世神（有时表现为文化英雄）为其带来大神或伟大的奥秘的神话传说和故事等。

与神话中创世神或文化英雄的具体形象形成对比的是，很多印第安人认为这种创世力并不以具体形象展现，它看不见也摸不着，但人们仍可以从物质世界的自然循环及其外在表现发现它的踪迹，四季变换、昼夜交替、星移斗转以及人类的生老病死皆为大神作用的结果，从而使其成为协调宇宙万物并维持宇宙和谐运转的神圣力量。美国宗教学家约翰·A. 格里姆（John A. Grim）这样形容存在于奥吉布瓦人观念中这一无所不包的神圣存在："它既如阳光照耀在水面上那般迷人，又如黄昏时不断逼近的阴影般让人难以捉摸，它避免明确的表达而仍旧保持着不可言说的风格。然而，在清晰可见的梦境和幻象中，在对已故祖先的追忆中，在肥沃的土地上，在广阔的天空中，这种神秘能力是如此明显地存在着，没有哪种对它的解释是足够充分的。人们将其视为部落生活赖以生存的四季、动物和植物发生变化的原因。"[1] 因而，有学者认为，大神或伟大的奥秘类似于中国道教中的"道"[2]，亦有其合理之处。

大神或伟大的奥秘虽一般不呈现以具体形象，但其人格化的特征在印第安人的表述中仍依稀可见，体现在对大神的称谓、大神的喜好以及善恶等方面。拉科他人在向大神献祭并祈求庇佑的时候常将其称为"祖父"（Grandfather），这一亲昵称谓表达了拉科他人对大神的崇敬之情及其之间的

---

[1] John A. Grim, *The Shaman—Patterns of Religious Healing Among the Ojibway Indians*, Norman and London: University of Oklahoma Press, 1983, pp. 3 - 4.
[2] Paula R. Hartz, *Native American Religions*, New York: Chelsea House, 2009, p. 22.

亲密关系，人们在特定的仪式场合提及"祖父"，其实感受到的是宇宙间普遍存在的神圣力量而非被赋予人形的神灵形象。然而，这种赋予大神以性别或亲昵称谓的做法在其他印第安人群体中并不是很普遍。拉科他萨满认为大神或伟大的奥秘喜好音乐，喜欢听到鼓声和各种响器发出的声音，喜欢闻到焚烧香草烟的味道，由于大神或伟大的奥秘同时具有善与恶的本性，人们便利用这些声音和香草烟吸引大神的注意，尽力讨好。[①] 奥吉布瓦人同样也认为这一普遍能力具有善恶双重本性，尽管大多数情况下这种能力表现出的都是其善的一面，但人们同样也能体验到其令人恐惧的一面而感到害怕。[②]

但"大神"一词在不同的印第安人群体中其使用情况也可能有所变化，既可以是一种体现整体性的无所不包的创世力，同时也可以以某种高级神的面貌出现在印第安人的万神殿中。哈尔特克兰兹在研究中发现，在北美印第安人的神灵观中，既存在各种被人格化且在职能上各有分工的神灵或精灵所构成的统一体，即大神——瓦肯唐卡，也存在被用来指称作为个体性存在的高级神——瓦肯唐卡，在现今东部拉科他人中便存在这样的情况。[③]

在奥格拉拉人中也存在对瓦肯唐卡与大神之间关系及其含义的不同理解，在某种程度上印证了哈尔特克兰兹的研究发现。J. R. 沃克尔（J. R. Walker）是一位白人内科医生，他与奥格拉拉人一起生活很多年，结识了很多当地的印第安人萨满，如 Sword、Finger、One-Star 和 Tyon 等，经过多年相处他们不仅成为朋友，而且沃克尔还被介绍加入其本土的宗教实践当中，使他有机会能够亲身参与并记录下奥格拉拉人的太阳舞和其他礼仪。在相关的仪式记录中，我们可以发现大量有关奥格拉拉人宗教哲学的内容并以萨满口述或问答的形式被保留下来，通过还原这些一手的访谈资料可以帮助我们了解拉科他人对瓦肯唐卡以及相关概念的理解。

[①] Dennis Tedlock and Barbara Tedlock (eds.), *Teachings from American Earth*, New York: Liveright Publishing Corporation, 1975, p. 207.

[②] John A. Grim, *The Shaman—Patterns of Religious Healing Among the Ojibway Indians*, Norman and London: University of Oklahoma Press, 1983, p. 3.

[③] Ake Hultkrantz, *The Religions of the American Indians*, Berkeley and Los Angeles, California: University of California Press, 1980, p. 45.

奥格拉拉萨满 Sword 认为,"'瓦肯唐卡'一词指所有的瓦肯存在(Wakan being),这些瓦肯存在仿佛一个整体。Wakan Tanka Kin 指最主要或首位的瓦肯存在——太阳。然而,最有能力的瓦肯存在是 Nagi Tanka,是大神"①,而且萨满对瓦肯唐卡的称呼不同于普通人,是其萨满秘密语言的一部分。萨满 Finger 有关瓦肯唐卡的知识皆来自他同样作为萨满的父亲,在与沃克尔的交谈中他认同 Sword 的说法,认为与大神相对应的词是 Nagi Tanka 而不是瓦肯唐卡,也有专门用来称呼大神的萨满秘语。尽管列举出瓦肯唐卡的八种(四对相对的)形态,即太阳和月亮、Skan(萨满对大神的称呼)和风、岩石和长有翅膀的(生物)、土地和美丽女人,他仍坚持认为瓦肯唐卡是一个永恒存在的整体,而且只有萨满真正了解作为整体的瓦肯唐卡。②但与 Sword 不同的是,他并没有明确指出瓦肯唐卡的八种表现形态是否存在等级差别以及大神于其中到底处于怎样的位置。可见,在奥格拉拉人的观念中,瓦肯唐卡往往用来指代神秘而普遍存在的创世力,而大神只是瓦肯唐卡的一种(或许是最重要的)表现形式。

从上述例证中我们可以看到,尽管对"大神"或"伟大的奥秘"一词的理解有所不同——赋予大神或伟大的奥秘以更为明确的意义并采用其他术语来指称这一神秘的创世之初的力量,但不可否认的是,这些印第安人群体对作为超自然力的原始创世力之存在这一事实还是持肯定态度的。而且从相关的民族志和访谈资料中,我们可以发现古老性和整体性是这种创世力最基本的特征,使人不禁联想到伊利亚德对萨满教古老性的强调。北美印第安人认为,他们可以体验到这种古老的创世力并通过一定的方式与之建立联系,从而对现世生活产生影响。而萨满在接触和运用这种不断变化的超自然力方面的能力显然高于常人,而且往往以一种更为神秘的方式展开(如使用秘密语言等),从而对人类社会生活中的各种需求予以满足或对其所面临的各类不测事件和恐惧予以积极回应。

---

① Dennis Tedlock and Barbara Tedlock (eds.), *Teachings from American Earth*, New York: Liveright Publishing Corporation, 1975, p. 207.
② Dennis Tedlock and Barbara Tedlock (eds.), *Teachings from American Earth*, New York: Liveright Publishing Corporation, 1975, p. 210.

第二章　北美印第安人的萨满教观念体系

但需要指出的是，这种对大神或伟大的奥秘的信仰主要存在于北极文化区的印第安人群体，特别是因纽特人（尽管哈尔特克兰兹认为在因纽特人的神灵观念中存在一种至上神，可以显现为各种具有独立人格且与重要自然现象密切相关的自然神，如太阳神、月神、雷神等[①]，但笔者现在掌握的资料尚不足以证实这一观点，因为在因纽特人的神灵世界中，掌握着动物灵魂的兽主在其万神殿中显然更具有至上神的性质）中，亚北极文化区的阿尔冈昆人、北美西部地区以及东南部的切罗基人中似乎并不多见。詹姆斯·穆尼甚至明确指出切罗基人并不信仰"大神"或"伟大的奥秘"，而是信奉多神教[②]，可见，在这些地区，对种类繁多的精灵或神灵的信仰显然占据主导地位。

（二）充满魔力的灵性世界

北美中部、东部和南部的印第安人群体对精灵或神灵的信仰还依赖于一系列表示"灵力"或"能力"的概念在个体体验与原始创世力之间所发挥的中介作用，正如荷兰宗教现象学家范·德·列乌（Van der Leeuw）所指出的那样，这种能力既具有一种心理意义同时也兼备一种宇宙特征。这类词汇包括易洛魁语中的"奥伦达"（orenda）或"奥奇"（oki），苏人或拉科他人使用的"瓦肯"（wakan），阿萨巴斯肯语种的"科恩"（coen）以及特林吉特人所使用的"尤克"（yok），而在北美的阿尔冈昆人中，人们习惯使用"马尼托"（manitou）一词来表达宏大的宇宙秩序和人类秩序之间的共鸣关系。作为一种神秘的超自然力或魔力，它与大神或伟大的奥秘相似，虽然都不具有具体的形象和独立的人格，但都作为人类可感知或利用的神秘力量而存在。与作为统一整体的大神或伟大的奥秘不同，这类"灵力"往往为数众多，且可以更为分散和具体的形式寄于各类生物和非生物体内，使这些生物和非生物具有超自然能力从而成为人们崇拜的对象。

[①] Ake Hultkrantz, *The Religions of the American Indians*, Berkeley and Los Angeles, California：University of California Press, 1980, p.45.

[②] J. Mooney, "The Sacred Formulas of the Cherokees", In *Smithsonian Institution*, *U. S. Bureau of Ethnology Report* 7, Washington, D. C.：Government Printing Office, 1891, p.319.

拉科他萨满 Sword 这样描述这种灵力："特定植物的根是瓦肯，因为它们有毒。同样一些爬行动物也是瓦肯，因为它们咬住（其他生物）便会使其丧命。一些鸟也是瓦肯，因为它们做一些很奇怪的事情。一些其他动物也是瓦肯，因为瓦肯存在使它们成为那样（的存在）。换句话说，什么东西都可能是瓦肯，只要瓦肯灵进入其中。因此，一个发疯的人是瓦肯，因为恶灵进入了他的体内。如果一个人做了让他人不理解的事情，这也是瓦肯。能让人喝醉的饮料是瓦肯，因为它们使人疯狂。"[1] 而且，瓦肯这种灵力与人类的灵魂是相区别的。[2] 这样看来，瓦肯通常通过一系列不同寻常的事物、事件或人的特质表现自身，同时这些生物和非生物也只有被瓦肯占据从而具有某种灵力或不同寻常的特质才会打破圣俗之间的界限，使原本看似凡俗的事物变得神圣，更加凸显了这些精灵或神灵所具有的超自然特性。

一位拉科他首领从运动的角度来理解这种灵力，他认为瓦肯本身处于不断的运动状态之中，而它停留之处便被认为具有某种神圣性，"任何事物都会停下来，就如同它不时会在各处运动。鸟会飞，也会在某处停下来筑巢，也会在别的地方歇歇脚。前行中的人，只要愿意便可以停下来。神灵（Wakan）也一样，也会停留。光明而绚丽的太阳便是他（Wakan）歇脚的一个地方。在月亮、星辰和风那里，他也曾停留过。树木、动物和其他任何地方也是一样，印第安人想到这些地方并送出自己的祷告以到达神灵停留之所，以此获得健康和祝福"。这在某种程度上肯定了萨满 Sword 的说法，即认为只有被瓦肯进入或占据才会具有某种能力或神圣性，但与之前对特殊性的关注相比，这种理解似乎更强调瓦肯所具有的不确定性，即并非固定附着于某一或某类事物，任何凡俗的事物都有可能变得神圣，使作为精灵或神灵原型而出现的事物种类变得更为丰富。

阿尔冈昆人对马尼托的解释在某种程度上调和了上述两种倾向，使我们可以相对全面地理解这类魔力观念。阿尔冈昆人认为马尼托数量众多，

---

[1] Dennis Tedlock and Barbara Tedlock (eds.), *Teachings from American Earth*, New York: Liveright Publishing Corporation, 1975, p. 206.
[2] Dennis Tedlock and Barbara Tedlock (eds.), *Teachings from American Earth*, New York: Liveright Publishing Corporation, 1975, p. 206.

且并不存在明显的等级差别，精灵或神灵的原型可以是植物、鸟类、动物、天体和自然现象，包括"有用的树，如雪松和桦树；特定的根茎、植物和浆果；蜂鸟、啄木鸟、北极猫头鹰、鹫、白头鹰……鹰、潜鸟、猞猁、鲟鱼、海狸、北美驼鹿、水獭、鹿、狼、黑熊、北美驯鹿、龟；以及太阳、月亮、雷、闪电、石陨石和四方的风。四季也可能被人格化为超自然"[1]。另外，一些不同寻常的情况或神话人物所具有的某些特质也被认为与马尼托有关，如同类相食、神话人物"蠢女人"毫不理会他人看法的盲目自信、文化英雄白野兔身上所体现的权力的脆弱性等。阿尔冈昆人认为这些超自然存在所拥有的能力种类虽各不相同，但却具有相似性，因为它们都与马尼托相关，这与可怕的巨神温第高[2]、水怪和人的灵魂不同。

与这些灵力或能力相关的自然物、自然现象和神话人格的多样性说明了其存在的丰富性、不确定性及其对独特气质的解释力，同时也表达了此类神圣的体验在北美印第安人诸群体中分布的广泛性及其在体验者与超自然存在所建立的关系中所发挥的中介作用。从这个意义上说，有关"灵力"或"能力"的魔力观念在某种程度上对北美印第安人萨满教中的精灵或神灵观念起到了强化的作用，这对以注重个体体验为首要特征的北美萨满教来说显然具有重要意义。

（三）包罗万象的精灵世界

与作为整体性超自然存在的大神或伟大的奥秘相对，在北美印第安人的精神世界中还存在着各类被赋予神圣能力且具有人化特征的个体性神灵或精灵。学界普遍认为，对这类精灵的崇信是萨满教所固有的特征，萨满与各类神灵或精灵的交往是其能力的主要来源。

在北美印第安人的萨满教世界观中，存在着丰富的关于神灵或精灵的观念。万物有灵论首先认为万物皆有生命、灵魂和活力，灵魂内在于万物之中并给予万物以生机和活力，这是人类在业已形成的灵魂观念的基础上

---

[1] John A. Grim, *The Shaman—Patterns of Religious Healing Among the Ojibway Indians*, Norman and London: University of Oklahoma Press, 1983, p.6.

[2] Windigo，因纽特人和某些美国印第安人神话中的食人巨神。

"以己推人"的结果。于是，呈现在人类面前的自然界便成为一种人化的自然，自然界中的万事万物都被赋予了人的性质和能力，从而成为像人类一样具有灵魂、生命和意识的实体存在。这样一来，江河湖海、陆地上的花草树木、山林中的飞禽走兽和天空的日月星辰也全都有神有灵，故被称作神灵或精灵。由于自然现象、事物自身属性、生态环境、氏族群体等所具有的多样性特征，这些神灵或精灵往往数量众多，类型丰富，且与特定人类社会、文化和生态环境密切相关，能对其社会生活产生重要影响，或成为人们惧怕的对象，或被视为人类可以依赖和利用的超自然存在，因而成为人们信奉和崇拜的对象。从分布地区来看，北美北部和西部的印第安人群体对神灵或精灵观念的理解更多是建立在灵魂观念基础之上的。因此，在这些地区，萨满的守护神或助手灵中存在大量以人或动物灵魂形式呈现出来的超自然存在。

从类型上来看，不同的神灵或精灵在人类的生活中往往发挥着不同的功能，满足着人类各种各样的物质和精神需求，而且不同地区的印第安人群体对各种神灵或精灵的倚重程度也存在差别。根据其所发挥的不同功能，我们可以将这些神灵或精灵粗略分为以下几种。

动物精灵。萨满教中的动物神与人类生存的基本需要密切相关，其与北美古老的狩猎文化传统之间的关系显而易见，是狩猎群体宗教表达的主要方式。在狩猎社会或以狩猎为主要生计方式的社会中，某些动物是人类食物的主要来源，因而也会受到特别的祭祀。如在北美北部地区普遍存在的熊崇拜和白令海峡沿岸的鲸崇拜中，对于被猎获并杀死的动物，人们要举行仪式小心掩埋其骨头以示尊敬。因为人们相信只有这样，被杀死的动物灵魂才会为他们带来更多的猎物，以维持生计。[①] 同样，西北沿海至北加州的印第安人会为一年之中猎获的第一条鲑鱼点燃新火；拉科他人要向被他们杀死并食用的野牛或鹿的灵魂祷告，以感谢它们献出自己的生命使印第安人能够生存下去。与此相对，人们往往将不顺利的狩猎活动或猎人身

[①] Ake Hultkrantz, *The Religions of the American Indians*, Berkeley and Los Angeles, California: University of California Press, 1980, p. 142.

体上的不适归因于对所猎获动物的轻视或不尊重，如在切罗基人的传统观念中，猎人患上风湿等疾病，主要原因在于没有善待其所猎获的动物。

在北美，对兽主的崇拜也非常普遍，很多印第安人群体相信他们赖以为生的动物被兽主所掌控。兽主可以是能力最为强大的动物代表（同一物种或多个物种），如给予拉科他人各种猎物的野牛、蒙塔格纳斯人所信奉的大如雪屋的海狸；也可以是人类，最典型的便是环北极地区印第安人中存在的对掌控一切海洋哺乳动物的海洋女神的信仰；兽主还可以是某种天体，如掌管所有陆地动物的大黑流星（Big Black Meteoric Star，波尼人）和阿拉斯加印第安人所信奉的月神等。为确保狩猎成功，萨满往往需要进入昏迷状态从而与兽主进行交流并劝说他释放猎物以供猎人猎捕。

种类繁多的动物神或动物精灵是萨满能力的重要来源之一，除了与人类生计密切相关的动物类型，人们还相信一些具有特殊能力或被认为具有强大能力的动物精灵往往能带来不同凡响的能力，这些动物形象包括各种鸟类（如鹰、雷鸟、乌鸦）、熊、响尾蛇等，因而经常出现在萨满助手灵的行列之中。随着历史的发展，这些动物形象（包括作为食物来源与具有特殊能力的动物）已经逐渐发展为北美萨满教中的典型的文化符号，在现今的萨满教观念世界中仍发挥着重要影响。

自然神。自然神中有些神灵的地位仅次于大神或伟大的奥秘，如太阳神、月亮神、雷神、四面风神、星神、大地母亲、山神、河神或水神以及植物神等，而且在有些印第安人中，自然神常与兽主或某种特定动物的形象结合在一起，如作为兽主而存在的月亮神，雷神和鸟类结合而成的雷鸟。从地理分布上来看，尽管这些自然神都可以作为萨满的守护神而存在，但在信奉魔力观念的印第安人群体中，如平原印第安人，一些被视为重要的自然神，如太阳神、大地母亲等往往被解释为具有魔力的超自然存在，并作为仪式中人们献祭的主要对象，而很少作为萨满的守护神。植物神相对于其他神灵来说显然在以农耕为主要生计方式的社会中占有重要地位，如南部各印第安人群体中的玉米神。

以幽灵或亡灵形式出现的精灵。这类精灵不仅包括选择萨满的祖先亡灵，还包括与萨满并无亲缘关系的亡灵。在北美，对亡灵的信仰也非常普遍，很多印第安人群体中都存在向已故祖先供奉食物的习俗，这主要是出于对游走于人世且能作用于人类现世生活的幽灵的恐惧。在阿帕奇人中，对亡灵的恐惧甚至延伸到日常生活中对死者名字的禁忌。亡灵也是萨满超自然能力的重要来源之一，而且与亡灵世界的交往一直是萨满引以为傲的能力，很多印第安人对萨满的理解也是基于这一点。从最北端的因纽特人到南部的乔克托人，亡灵作为萨满的守护神或助手灵的现象非常普遍，尽管不如动物精灵那样种类繁多，但仍有着其他精灵类型无法比拟的重要性。在一些印第安人群体中，幽灵或亡灵甚至被视为萨满最强大的助手灵或守护神。另外，有学者还将存在于北美各印第安人群体中的侏儒灵解释为于梦中出现的亡魂的歪曲反映。

二 图腾崇拜与守护神信仰

"图腾"（totem）一词本为源于北美印第安人的地方性话语，在进入西方社会视野之后，被早期的人类学家、民族学家和社会学家用来解释世界各地原住民群体的宗教文化现象。由于建立在误读的基础之上，"图腾"一词虽源于北美却逐渐脱离了北美的宗教文化环境，成为宗教史上使用最为频繁也颇受争议的学术术语。通过还原这一术语的本义，我们发现其与北美印第安人萨满教中的守护神信仰有着千丝万缕的联系，对于理解北美印第安人的萨满教神灵世界有着至关重要的作用。

（一）图腾崇拜

"图腾"一词最早出现于英国商人约翰·朗（John Long）1791年所著的《一个印第安语翻译兼商人的航海志与游记》之中，这本小薄册子记录了他在现今美国大湖北部地区的游历经历，苏必利尔湖附近的阿尔冈昆人部落——奥吉布瓦印第安人是他当时所接触的最主要的印第安人群体。在书中，他描述了一种属于个人的图腾："这些野蛮人宗教迷信的一部分是每个人都有自己的totem，或喜爱的精灵，每个人都认为精灵在监视自己。他们所想象的totem以野兽或其他的形式呈现出来，因此他们从不杀害、猎取或食用这种呈现 totem 外形的动物，如果哪个印第安人违反了这些禁忌便会在狩猎中失去好运。"① 他创造了"图腾崇拜"这一崭新的术语，以此对这些印第安人的宗教信仰特征加以总结。

此后的人类学家、民族学家和社会学家多在缺乏对这一术语进行重新核实与考证的前提下，开始了对"图腾"一词的误读与演绎。如苏格兰民族学家（兼律师）约翰·弗格森·麦克伦南（John Ferguson Mclennan）在撰写第八版《大英百科全书》中的"法律"词条时，使用"图腾"来讨论同族婚和异族通婚的问题。由于剥离了特定的语境，图腾被直接理解为氏族的象征，加之受到当时较为流行的文化进化观念的影响，这位民族学家便构想了人类文化进化历程中的一个阶段，即"图腾"阶段。摩尔根在《古代社会》中明确指出，原始氏族用图腾"表示一氏族的象征或徽章"②，即以图腾作为氏族间相区别的符号。19 世纪晚期，人类学家开始用这一术语探讨北美印第安人之外世界其他地区原住民中存在的宗教文化现象。弗雷泽对图腾或图腾制度的理解仍建立在对交感巫术的理解之上，如认为人与图腾动植物之间存在某种亲缘关系，且这种关系建立源于原始人将自己的灵魂置于其中以免受到伤害等。在其大部头著作《金枝》中，他还将图腾与禁忌（主要是食物禁忌）联系在一起，认为"当一个未开化的野蛮人把自己的名字叫作某个动物，并称该动物为兄弟，且拒不杀害它，这个动物据说就是这个野蛮人的图腾"③。诸如此类的论点皆将图腾制度的缘起归因于原始人智识低下从而无法在人与物之间加以区分。弗洛伊德接受了弗雷泽有关图腾与禁忌二者之间存在某种关联的论点，但倾向于从心理学的角度对其加以阐释，用所谓的"俄狄浦斯情结"来解释图腾的起源，将图腾视为原始的土著民族为防止乱伦而设置的禁忌符号，再一次用这两个概念指涉人类心智的原始阶段。在《宗教生活的基本形式》中，涂尔干从社

---

① Ake Hultkrantz, *The Religions of the American Indians*, Berkeley and Los Angeles, California: University of California Press, 1980, p. 66.
② 〔美〕H. 摩尔根:《古代社会》第一册，杨东莼等译，商务印书馆，1971，第 280 页。
③ 〔英〕詹姆斯·乔治·弗雷泽:《金枝》，徐育新、汪培基、张泽石译，大众文艺出版社，1998，第 973 页。

会本体论的角度出发认为图腾就是社会，而社会便是神圣的本源，并为图腾贴上了"宗教之最初形式"的标签。虽然立场和出发点不同，且其研究主要依赖于澳大利亚土著社会的材料，但他对于图腾的理解较之前人显然更为全面，不仅承认图腾的集体性特征，同时也注意到其个体性特征，"图腾不仅包括氏族图腾，还包括个体图腾，而且个体图腾的主要功能是赋予巫师、猎手或战士以异乎寻常的力量"①。这种理解更为接近图腾在北美印第安人宗教文化中的原义，有助于我们深入理解其神灵观念。中国学者对图腾的理解主要集中于将某种以动植物、非生物或自然现象为原型的图腾视为氏族的祖先，禁止杀食且属于同一图腾之下的氏族成员禁止通婚等。②

但从总体来说，上述学者对"图腾"一词的理解都在不同程度上偏离了其本义或存在片面之处。据美国人类学家乔丹·帕佩尔（Jordan Paper）考证，在印第安人的宗教观念中，对图腾的解释主要有以下两种。③

一是具有宗教意义的氏族象征物，其宗教意义往往与特定氏族的起源神话和仪式联系在一起。氏族及其图腾之间确实存在某种亲密的情感，但认为氏族成员是图腾后代的信仰在北美根本不普遍，如在北美西北部，图腾主要被视为守护神，曾经作为氏族祖先的助手而存在。在加拿大西北沿海地区的印第安人群体当中，氏族首领通过在仪式中穿着图腾的服装、戏剧性模仿图腾的动作以及在特定情境下讲述与图腾有关的起源传说等行为来强化与图腾之间的亲密关系，图腾是氏族实实在在的保护者，因而成为其巫术—宗教活动的中心。④从禁忌的角度来看，氏族之间的确实行族外婚，但饮食上的禁忌却并不具有决定性，如鹿氏族的成员也食用鹿肉，鹿是其主要的食物来源；而潜鸟作为氏族象征的动物，不仅不为潜鸟氏族成员所食用，其他氏族也不将其视为食物。

---

① 〔法〕爱弥尔·涂尔干：《宗教生活的基本形式》，渠东、汲喆译，上海人民出版社，1999，第234页。
② 吕大吉：《宗教学通论新编》，中国社会科学出版社，1998，第355页。
③ Jordan Paper, *Native North American Religious Tradition: Dancing for Life*, Westport: Greenwood Publishing Group, Inc., 2007, p.18.
④ Jordan Paper, *Native North American Religious Tradition: Dancing for Life*, Westport: Greenwood Publishing Group, Inc., 2007, p.69.

二是图腾具有个人所拥有精灵的含义。遵循本土文化和宗教传统行事的每个奥吉布瓦人都可以通过特定的仪式在个体与精灵世界之间建立联系，即与一个或多个精灵之间建立关系，个人所拥有的精灵便成为图腾。但在这里，图腾不是作为氏族的象征符号而存在，而是指个体所拥有的精灵。通常这种情况下也可能会伴随着某种饮食上的禁忌，如果出现于幻象或梦中的个体图腾指导个体这样去做，而精灵原型又恰巧是某种可食用的动物或植物。在东南文化区尤奇人的青春期仪式中，青年人会得到氏族图腾的保护，之后图腾便作为这些经过仪式洗礼的青年人所拥有的个人守护神。在西北沿海文化区，个体可以通过禁食或其他一系列苦修的行为而获得一个守护神，而这个守护神通常是氏族众多守护神中的一个。[1]

由此可见，在图腾最初被发现的特定文化环境中，其所具有的两种主要含义与之后大多数学者所使用的概念大有出入。不管从群体的范畴还是个体的角度来看，氏族图腾往往与守护神的观念相关联，在某些地区二者甚至融合在一起，因此有学者断言氏族图腾崇拜源于几乎遍及北美地区的守护神信仰。

（二）守护神信仰

守护神信仰是北美最基本的宗教现象之一，普遍存在于各印第安人群体之中。本尼迪克特指出，除了西南部的普韦布洛人以外，北美大陆每一文化区内印第安人都能在梦境或幻象中获得超自然力，即获得一个或多个守护神的庇护和帮助。[2] 幻象体验是获得守护神最主要的方式，其次是继承，有时个体之间也可以通过买卖和转让等方式获得。

北美印第安人的守护神信仰首先体现在与"Nagual"相关的观念中，"Nagual"一词最初用来指称墨西哥和中美洲印第安人所信仰的守护神。我们所能找到的有关"Nagual"观念最早的记录来自一份1530年的资料，可以帮助我们理解这种守护神信仰的诸多特征：

---

[1] Jordan Paper, *Native North American Religious Tradition: Dancing for Life*, Westport: Greenwood Publishing Group, Inc., 2007, p. 70.
[2] 〔美〕本尼迪克特：《文化模式》，何锡章、黄欢译，华夏出版社，1987，第30页。

恶魔习惯于以狮子、老虎、北美郊狼、蜥蜴、蛇、鸟或其他动物的形貌出现于土著人的面前并以此来欺骗他们。他们将这些表现形式称为 Naguales，和守护神或伙伴差不多的意思；当被指派给某个印第安人的动物死亡，那么这个印第安人也会死去。二者之间的联盟关系是这样结成的：印第安人前往一些非常古老的地点，哭着向周围的溪流、岩石和树木祈求，向它们求得曾经给予自己祖先的支持。然后，他杀掉一只狗或家禽作为牺牲，割破自己的舌头、耳朵或身体其他部位使之流血，之后进入睡眠状态。在梦中或半梦半醒之间，他会看到上面提到的某种动物，并对他说："打猎那天，你看到的第一只动物将会成为我的外形，我将一直作为你的伙伴和 Nagual 而存在。"这样一来，他们的关系变得非常亲密，当其中一个死亡，另一个也会死去；土著人认为离开了这样一个 Nagual，没人能够获得财富和能力。①

综上我们得到以下相关信息：首先，守护神往往以动物形貌显现于人；其次，任何人（并不限于萨满）通过让自己进入梦境或某种昏迷状态达到与守护神交际的目的；再次，个体与守护神之间所结成的亲密关系具有同一性，一损俱损，一荣俱荣；最后，守护神能够给予个体以财富或能力，而且很有可能是某种超自然能力。

这类守护神信仰很容易让我们想起之前所讨论的有关个人图腾信仰的诸多细节，但在北美印第安人对"Nagual"的信仰中，似乎更强调个体与守护神之间的亲密关系，即我们所提到的人与守护神之间关系的同一性特征。如果一个人所拥有的 Nagual 很强壮且能力强大，那么受保护者也会如此；如果二者其中一方受到伤害，那么另一方也会受伤，而且伤口往往在同一部位；如果其中一个死了，那么另一个也会死亡，等等。有时，个体自出生之时起便与其 Nagual 之间建立起某种神秘关系，而并非依靠寻求获得，如广泛存在于各印第安人群体中的命名习俗，新生儿的母亲、其他亲属或

---

① Daniel G. Brinton, "Nagualism. A Study in Native American Folk–Lore and History", In *Proceedings of the American Philosophical Society*, Vol. 33, No. 144, 1894, pp. 12–13.

第二章　北美印第安人的萨满教观念体系

巫医往往根据孩子出生后他们所见到或梦到的第一种动物名称来给孩子命名。① 据哈尔特克兰兹考证，在加州南部的普韦布洛人、美国内布拉斯加州的波尼人以及美国东北部的阿尔冈昆人中都存在此种类型的守护神信仰，而且个体与守护神之间的关系往往也是自个体出生之时便建立起来。②

虽然，有关"Nagual"的守护神信仰有着广泛的个体主义特征，即任何人都可以通过特定方式获得自己的守护神并与之建立某种神秘关系，但守护神与萨满或巫医之间的关系显然更为紧密，这一点从"Nagual"一词与表示萨满或巫医的词"naualli"拥有同一含有"知晓"（to know）或"知识"（knowledge）之意的词根"na"可见一斑。在萨满利用守护神斗法时，如果一方的守护神受伤败下阵来，那么受其庇护的萨满也会受伤，如果守护神伤势严重，萨满还有可能死亡。另外，由"Nagual"演化而来的"Nagualism"一词，除了包含个体守护神信仰的要素之外，还特别强调了萨满或巫医变形为自己守护动物的宗教现象，特指萨满与其守护神之间的密切关系。③ 在萨满与守护神的关系中，二者之间的同一性通过萨满可以变形为某种守护动物而得到进一步强化。在北美，萨满不仅能够在仪式中凭借特定的法器，如面具等变身为守护动物，法力强大的萨满甚至可以随时实现这种变形以满足不同的需要，如躲避敌人追杀、变身为守护动物前往他界等。

很明显，在北美地区，有关"Nagual"和"Nagualism"的信仰并没有像墨西哥和中美洲文化中那样发展为全民所共享的灵性资源，即个体与守护神之间的关系远没有达到同一的程度，萨满与守护神之间的关系显然更为基本。在北美北部的因纽特人、加州一些部落、东南文化区以及东北文化区阿尔冈昆人中，这种与守护灵联系特别紧密的情况更倾向于发生在萨满或巫医身上，甚至只有萨满才拥有此类守护神。

---

① Ake Hultkrantz, *The Religions of the American Indians*, Berkeley and Los Angeles, California: University of California Press, 1980, p.72.
② Ake Hultkrantz, *The Religions of the American Indians*, Berkeley and Los Angeles, California: University of California Press, 1980, p.72.
③ Ake Hultkrantz, *The Religions of the American Indians*, Berkeley and Los Angeles, California: University of California Press, 1980, p.71.

北美印第安人的守护神信仰主要以另一种模式被组织起来，即本尼迪克特与路威所使用的"守护神丛"（guardian spirit complex），主要指与个体守护神有关的观念和仪式，与"Nagual"信仰既有相同之处又存在细微差别。在个体守护神的获得方式上，二者虽然都涉及通过幻象获得个体守护神的内容，但在"守护神丛"中，幻象几乎都是通过禁食、独处的方式产生的，个体出生后直接继承或被给予的情况很少发生。"守护神丛"中的守护神也会以某种动物的形象出现于幻象中，但却很少等同于那种动物，动物形貌只是一种掩饰。守护神除了会赋予寻求者以某种能力外，还经常指导个体获取与这一能力相对应的某种具体的神圣象征物或歌曲、仪式步骤等。另外，在"守护神丛"中，守护神与个体之间的关系不如在"Nagualism"中那样亲密，如果受保护者触犯了守护神所规定的禁忌，便会导致守护神的离去。因而，哈尔特克兰兹将"Nagualism"视为印第安人与其个体守护神之间关系的一种更为强烈的形式。[1]

在"守护神丛"中，幻象体验作为基本要素在其中发挥着重要作用，这一点在平原地区的印第安人群体中表现尤为突出。对这里的乌鸦印第安人来说，积极寻求幻象甚至比在幻象中获得守护神更具重要性，男人们对幻象求知若渴是因为它所带来的显赫的社会地位。在北美印第安人的萨满教观念中，梦和幻象往往都被认为是去往灵性世界的通路，人们不认为梦仅仅就是梦那么简单。早期居于新法兰西的殖民者发现那里印第安人的生活完全受其梦境所统治。休伦人中存在一种名为"Akhrendoiaen"的治疗仪式，人们完全按照梦境所指示的仪式舞蹈内容来练习从而达到治疗的目的；易洛魁人的行为与其梦境内容也保持着高度一致性，各种各样的面具几乎都是按照梦中所展示的样式而制作的；通过做梦，加州南部的莫哈维人甚至可以达成其成为巫医的愿望。

从主体获得幻象的心理动机来看，幻象可以被简单分为无意识的幻象与主动寻求的幻象，前一种情况更倾向于发生在萨满或具有成为萨满潜质

---

[1] Ake Hultkrantz, *The Religions of the American Indians*, Berkeley and Los Angeles, California: University of California Press, 1980, p. 81.

第二章 北美印第安人的萨满教观念体系

的人身上，后一种则并不限于萨满这类人。从地理和人群分布上来看，无意识的幻象主要存在于落基山脉以西的地区、北部的因纽特人、大部分加州印第安人、大盆地地区的肖肖尼人和西南文化区的尤马人当中。通过主动寻求获得幻象的情况则在落基山脉以东和北美西部的部分地区占据主流。这些地区的大部分印第安人都可以通过禁食、离群索居、造访神圣之地，甚至摧残自己的身体或使用麻醉剂、致幻剂等而达到体验此类幻象的目的。本尼迪克特认为"自我折磨的痛苦"是平原印第安人幻象寻求的主要特点之一[1]，主要表现在禁食、离群独处和对身体更为严酷的摧残（如切断手指或用硬物穿透皮肤等）。大盆地地区的幻象寻求一般不涉及自我对身体的摧残，成年人为了寻求更多能力可能会造访山中一些特定的神圣地点，如山洞等，位于大盆地东部的印第安人群体如北肖肖尼人、东肖肖尼人、科曼奇人和犹特人在接受了平原生活方式之后也逐渐沉浸于禁食、不眠和长期独处之中，以及包含大量幻象寻求特征的太阳舞仪式[2]。具有麻醉作用的烟草向来被印第安人视为最为重要的圣物之一，用于各类仪式当中被作为引发幻象的重要物品，有学者甚至认为烟草被频繁用于引发幻象的事实"使萨满用以引发入迷的资源被世俗的能够产生幻觉的人所取代"[3]。在加州南部一些较小印第安人群体当中，为了与精灵世界建立联系，人们通过饮用被榨成汁的龙舌兰的根来引发幻象。在密苏里河畔的"医疗社"当中，龙舌兰酒为其成员打开通往超自然世界的通路。[4] 需要说明的是，在这些地区，主动寻求幻象者与萨满或巫医等人所获得的幻象体验并没有太大区别，特别是在幻象体验尤为盛行的平原印第安人群体当中，本尼迪克特用"萨

---

[1] Ruth Fulton Benedict. "The Vision in Plains Culture", In *American Anthropologist*, *New Series*, Vol. 24, No. 1, 1922, p. 3.

[2] Mariko Namba Walter and Eva Jane Neumann Fridman（ed）, *Shamanism: An Encyclopedia of World Beliefs, Practices, and Culture*, California: ABC - CLIO, Inc., 2004, p. 293.

[3] Ake Hultkrantz, *The Religions of the American Indians*, Berkeley and Los Angeles, California: University of California Press, 1980, p. 75.

[4] Ake Hultkrantz, *The Religions of the American Indians*, Berkeley and Los Angeles, California: University of California Press, 1980, pp. 75 - 76.

满与外行之间难以区分"① 来形容这一特点。

寻求幻象并在幻象中实现与守护神的交际具有典型的个体主义特征。在平原地区的拉科他人中,欲寻求幻象者首先要带着装满烟草的神圣烟斗向萨满或巫医咨询,并在其指导下进行幻象寻求。在使用烟斗向各方神灵祈祷之后,幻象寻求者还要净化自身以及守夜时所需的各种神圣器物,之后便独自进入深山或其他与世隔绝的神圣之地寻求幻象。幻象寻求者一般要在这里不吃不喝待上三四天,至少也要度过一整个夜晚。因为人们认为,最有能力的幻象往往产生于睡梦中,精灵通常以鸟类、其他动物或自然现象(如雷电)的形式出现,对幻象寻求者予以指导或赋予其某种超自然能力。但仅仅一次幻象寻求的经历未必会得到众神的喜爱与怜悯,因此每隔一段时间便要寻求一次。② 精灵的指导除了体现在让幻象寻求者知道该怎样珍惜自己所得到的超自然礼物外,还以禁忌的形式告诉他哪些事情是不能做的,如禁止食用或捕杀精灵凭借其形貌展现自己的动物等。如不严格按照守护神的指令行事便无法获得这种能力,而触犯禁忌则会导致能力的消失。除此之外,精灵还会授予被保护者神歌、仪式步骤和具体的能力象征物(通常是告诉他们怎样收集法物袋中的各类法物),当被保护者遇到困难的时候,如生病或遇到危险,便会通过唱神歌、举行仪式或打开法物袋展示各种象征能力的法物以寻求庇护。

与平原印第安人中幻象寻求的主体以成年人为主不同,在平原以西的高原地带和以东的林地,幻象寻求通常与青春期仪式结合在一起。在东部的温尼贝戈人和中部的阿尔冈昆人中,男孩一般从八九岁开始就接受禁食的训练,有的甚至从五岁开始便坚持幻象寻求,每隔一段时间进行一次直至青春期结束。在西部高原的萨利希人中,以禁食的方式获得一个守护神是与持续多年的青春期培训结合在一起的,其间男孩们通过超自然方式获

---

① Ruth Fulton Benedict, "The Vision in Plains Culture", In *American Anthropologist*, *New Series*, Vol. 24, No. 1, 1922, p. 3.
② Joseph Epes Brown (rec & ed.), *The Sacred Pipe—Black Elk's Account of the Seven Rites of the Oglala Sioux*, London: University of Oklahoma Press, 1989, pp. 44 – 66.

第二章　北美印第安人的萨满教观念体系

得某项技能，并将其作为自己终身的职业。① 在这些群体中，虽然青春期的加入仪式从本质上来说具有集体性，但与其相结合的幻象寻求往往是以个体形式展开的，这与位于密苏里河上游的曼丹人有着明显区别，曼丹人的幻象寻求与一年一度集体性的成年礼——奥奇帕（Okeepa）之间有着惊人的联系。乔治·凯特林（George Catlin）是一位以描绘北美印第安人及其生活而著称的画家，他于19世纪30年代造访了曼丹人，以图文并茂的方式展示了在奥奇帕中，年轻人在肉体上经受的严峻考验。

除此之外，集体性的幻象寻求还体现在太阳舞仪式和各种秘密团体当中，二者亦从不同的方面印证了这种集体性。在太阳舞仪式中，参与者不分长幼，共同经历着连续多日的禁食、重复舞蹈动作和无眠的守夜，从而获得超自然的幻象，这与个体通过引发幻象获得守护神所遵循的模式是相同的，只不过是以集体仪式的形式实现的。而各类秘密团体所表现出的在幻象寻求方面的集体性主要来源于其幻象或守护神的同一性，如西北沿海的夸扣特尔人中，拥有获得同一守护神的共同体验的人于冬季结成秘密团体并取代原本以家庭亲属关系为基础的社会组织；平原的奥马哈人中存在种类繁多的秘密团体，获得相同幻象或拥有同一守护神的人们联合在一起组成团体，团体名称以幻象或守护神显现出的形貌命名，如熊社团、野牛社团、雷社团和幽灵社团等。但与个体守护神信仰相比，寻求守护神的集体幻象在北美地区显然并不那么普遍。

不管是图腾崇拜还是守护神信仰都体现着北美印第安人古老而基础的萨满教观念与仪式，也都具有被路威称为"民主化萨满教"的特征，暗示着一段"全民皆萨满"的历史发展时期。

---

① Ruth Fulton Benedict. "The Vision in Plains Culture", In *American Anthropologist*, *New Series*, Vol. 24, No. 1, 1922, p. 2.

第三章
北美印第安人萨满及其特征

作为萨满教的核心人物，自萨满教研究伊始，萨满及其所表现出的一系列内、外特征便成为民族学家、人类学家和宗教学家们的重要研究对象，很多学者对萨满教这一宗教类型的界定在很大程度上也取决于对萨满其人的认识和看法。因此，我们有必要对作为本土宗教专家的北美印第安人萨满及其诸多特征进行研究，内容涉及学者们对北美印第安人萨满的界定、特定社会与文化背景下内化的宗教体验、处于同一社会体系或不同社会群体中萨满所表现出的不同类型、多样化的功能，以及萨满服饰和法器等。

第一节 萨满及其与神灵交际的特征

在萨满教研究中，与超自然世界的交往及其对这种能力的灵活运用一直被认为是萨满的重要特征之一，这一特征贯穿于萨满与神灵的初次相遇，成为萨满的复杂经历，直至对与神灵交往技术的熟练掌握与运用的整个过程。因此，要深入理解萨满这一宗教专家的角色，除了要研究其个体所表现出的生理—心理特征之外，还要从个体的宗教体验与整个社会文化环境的互动中来考察其与神灵交际的诸多特征。

一 北美印第安人萨满

在北美的文化语境中,"萨满"明显是个外来词,早期的殖民者将存在于北美印第安人群体中的、崇信巫术且自认为能够利用某种超自然的技法为人治病的一类人统称为"巫医"。在后续的研究中,美国的人类学家和民族学家发现,北美原住民群体中的"巫医"与满—通古斯语族诸群体中的宗教专家萨满在与神灵交际及其所发挥的社会功能等方面存在诸多相似之处,遂引入"萨满"一词用于北美本土的宗教研究。但"巫医"这一术语并未随"萨满"的引入而消失,至今仍在使用,可见学者们在能否以"萨满"来代替"巫医"解释北美印第安人的宗教现象这一问题上尚存争议。因此,我们需要立足于北美印第安人的社会文化环境,对萨满进行重新界定,进而了解北美印第安人萨满在精神特质、与精灵助手的关系以及性别等方面所呈现出的一般与多样化特征。

(一)有关萨满的界定

在北美的文化语境中,欲对萨满进行界定,必然要将其置于与巫医的关系之中进行考察,而北美印第安人独特的宗教文化现象(图腾崇拜和守护神信仰)以及巫医给外界的直观印象(治疗方面的突出特点)又使我们不得不首先厘清巫医与其他能够得到超自然能力庇护的人之间,巫医与草药医生、部落智者等同样能够发挥治疗功能的人之间的关系。

在巫医与普通人的关系问题上,如果仅以能否拥有超自然能力来区分是远远不够的。从之前有关图腾崇拜和守护神信仰的讨论中,我们发现,很多北美印第安人,尽管不是巫医,也同样能够得到超自然能力的眷顾,通过社会文化习俗赋予或主动寻求幻象等方式与超自然世界建立联系。这样一来,便很难在二者之间划清界限。因而,除了作为拥有超自然能力的个体,巫医较之于普通人"显然更具有宗教和神秘主义的天赋"[1],安德希

---

[1] Ake Hultkrantz, *The Religions of the American Indians*, Berkeley and Los Angeles, California: University of California Press, 1980, p.85.

尔（R. Underhill）更是以"第一幻象者"①（archvisionary）来形容巫医在通过幻象体验与超自然能力进行沟通方面所具有的优越性。总体来看，与其他能够产生幻象的人相比，巫医一般拥有更多的精灵助手，而且有着更强的驾驭或控制精灵的能力，与超自然能力沟通的技巧也更为娴熟而有效。正如帕克所认为的那样，这只是关乎程度的问题，相较于能力较弱的外行，巫医往往有着更强大的能力来帮助其实现特定的功能。② 从所发挥的功能来看，虽然二者都能利用与超自然能力之间的关系做有利于自己的事情，如在赌博或狩猎中获得好运，但巫医的功能显然更基于社会的层面，巫医为他人治疗疾病、帮助群体在狩猎中猎获更多的猎物、控制天气以保证作物丰产等都证明了巫医往往是为了群体的利益或维护社会的稳定运行才开启通往超自然世界的大门，足见其所发挥功能之社会性特点。

另外，自殖民者与印第安人接触之初便将外界的目光引向巫医的医疗功能，这一点从"巫医"名称中"medicine"一词最初的含义可见一斑。在北美印第安人群体中，部落中的长者、智者或草药医生都掌握着部分医疗知识，他们不仅对身边具有医疗效果的植物种类了如指掌，谙熟特定疾病的治疗方法，还掌握钻环术③或放血术等类似于外科手术的技术，这些知识或来自他们对实践经验的细心观察或来自世代传承的知识。巫医在给病人治病的时候虽然也涉及对草药的利用和外科手术，但其最本质的特征无疑是对超自然能力的运用，正如哈尔特克兰兹所说"运用超自然能力来给人治病比其他因素更能描绘出巫医的特征"，这种能力"有时作为一种内在的才能被感知，有时体现为外在于巫医的守护神"。④ 而部落长者、智者或草药医生在这方面显然是望尘莫及的，更何况巫医的功能远不限于治疗疾病。

---

① Ake Hultkrantz, *The Religions of the American Indians*, Berkeley and Los Angeles, California: University of California Press, 1980, p. 85.
② Willard Z. Park, *Shamanism in Western North America—A Study in Cultural Relationships*, New York: Cooper Square Publishers, Inc., 1975, p. 10.
③ 即在人的头颅上的用工具打洞的技术，被认为能够治愈疾病。
④ Ake Hultkrantz, *The Religions of the American Indians*, Berkeley and Los Angeles, California: University of California Press, 1980, p. 87.

第三章 北美印第安人萨满及其特征

将巫医从其他人群当中区分出来是探讨巫医与萨满关系的前提，对北美印第安人萨满的界定也是在这一范围内进行的。众所周知，萨满教研究缘起于亚洲，相较之下北美印第安人的萨满教研究起步较晚，除早期带有启蒙主义色彩的描述外（事实上，这些并不能算是对北美印第安人萨满真正意义上的界定），对北美印第安人萨满的界定往往从比较宗教学的视角出发，以典型萨满教流布的西伯利亚或东北亚地区的萨满及其特征为参照，来考察北美印第安人中相应的宗教人物及其所代表的宗教模式。

较早开启北美印第安人萨满教系统研究的美国人类学家罗兰·B. 迪克森在其代表性论文——《美洲萨满的若干方面》中，将"萨满"和"萨满教"的概念植入美洲本土人类学和民族学研究，并通过比较指出北美与西伯利亚萨满教之间所存在的差异。鉴于北美印第安人萨满教的独特性，他提倡对萨满的概念加以拓展，即在北美印第安人的萨满教研究中采用广义的萨满概念，"用它来指代在每个野蛮社会中都能找到的形形色色的各类人，与其他人相比，他们与超自然有着更为紧密的联系"[1]。从这个意义上来说，几乎所有的北美巫医都可以被称为萨满，只不过西伯利亚萨满所特有的通过灵魂飞行获取超自然信息的特征在北美并不常见。这样一来，与北美巫医或萨满相关的一系列观念与实践便都被纳入他所勾勒出的北美"萨满文化丛"之中。

如果说，迪克森站在比较宗教学的立场上着重于对西伯利亚和北美萨满教整体特点进行比较，那么以研究北美印第安人宗教而著称的宗教学家哈尔特克兰兹则选择了更为直接的方式，即在西伯利亚萨满与北美巫医之间进行比较和区分，从中不难发现伊利亚德对他的影响。在伊利亚德有关萨满教的权威性著作《萨满教——古老的入迷技术》中，萨满教被直接等同于入迷技术，上天、入地或者潜入海底的入迷旅行被视为萨满所独有的巫术—宗教技术，即"入迷"。而"入迷"这一深度的精神体验也成为他对萨满与巫医（medicine man）、巫师（magician）和妖术师（sorcerer）加以

---

[1] Roland B. Dixon, "Some Aspencts of the American Shaman", In *The Journal of American Folklore*, Vol. 21, No. 80, 1908, p. 1.

区分的重要依据。① 在北美印第安人萨满教研究中，哈尔特克兰兹也持相似的观点，认为能否通过入迷技术与精灵世界建立联系是区分萨满与巫医的重要标准，这样看来并非所有的北美巫医都能被称为严格意义上的萨满，因为他们与超自然世界的沟通并不一定都是通过入迷技术达成的，只有那些能够进入入迷状态的巫医才等同于典型萨满教流布地区的萨满。于是，将巫医简单地等同于萨满并以萨满教来指代整个北美宗教模式似乎有些欠妥，同时他也建议对萨满教这一术语进行限定，特指"那些专注于萨满个人及其表演的观念和仪式"。但需要注意的是，虽然也强调入迷，但哈尔特克兰兹所理解的入迷与伊利亚德的理解又有所不同。在他看来，伊利亚德式的入迷界定似乎太有限，因为在一些文化中，萨满的灵魂即使不离开肉身也可以与超自然世界交流，"在昏迷的过程中，他（的灵魂）可以离开自己的身体或者轻易召唤来精灵并请求它们予以帮助"。② 很明显，在这里，入迷的含义得以拓宽，灵魂飞升他界不再是其唯一特征，同时也包括对精灵的召唤和利用。尽管对入迷概念的后一种理解最初是基于对萨满教降神会的解释，但如果继续延伸这一思路，那么被哈尔特克兰兹称为"轻度昏迷"的幻象体验也可以被纳入其对"入迷"的广义理解之中。因为，在巫医从幻象中获得精灵或神灵的指导与降神会中召唤精灵助手寻求帮助之间并不存在本质差别。这便意味着神灵附体萨满（当然这种情况在北美并不是很常见）、存在于北美印第安人群体中的各类降神会以及巫医通过幻象与超自然世界的交际都具有了萨满教的特征，而主持降神会以及在幻象中受到指引的北美巫医自然也被列入了萨满之列。巫医的外延随之扩大，这与迪克森的观点近乎一致。

其实，如果从整体上对哈尔特克兰兹的萨满教研究加以把握，不难看出在具体的分析与讨论中，他一直借助于"萨满教"或"萨满文化丛"的概念来说明北美巫医和萨满的实践行为，而这一做法仅仅用"这一术语沿

---

① Ake Hultkrantz, "Spirit Lodge, a North American Shamanistic Séance", In Carl-Martin Edsman's *Studies in Shamanism*, Stockholm: Almqvist and Wiksell, 1962, p. 32.
② Ake Hultkrantz, *The Religions of the American Indians*, Berkeley and Los Angeles, California: University of California Press, 1980, pp. 85-86.

用已久"作为托词似乎有些苍白。当然，在北美土著民族的人类学与宗教学研究史中并未形成指称以巫医为中心的信仰与实践综合体的专门术语，使用"萨满"、"萨满教"或"萨满文化丛"对其进行说明确实可能是出于方便研究的目的。但其从广义的角度理解北美萨满以及建构"北美萨满文化丛"的倾向和努力还体现在其他方面。在有关北美萨满教的类型学研究中，他提出了与"北极萨满教"（Arctic shamanism）相区别的"一般萨满教"（general shamanism）的概念，"以存在大量变体和低强度的表现形式为特征"。在一般萨满教中，入迷并非作为一种不可或缺的因素而存在，"在巫医的萨满教活动中，他能够操控一切，并不需要进入昏迷的状态——在一些情况下他甚至无法进入入迷状态"①。在这一分类下，对入迷概念的探讨也显得多余，不管入迷是否包含巫医幻象体验的特征，巫医都可以被称为萨满，其所发挥的社会功能代替入迷构成判定的主要依据，而在这一点上，萨满与巫医也没有本质上的区别，他们所获得的超自然能力一般都是围绕社会中群体所关心的事情而被操纵和使用的。哈尔特克兰兹将萨满教解释为"一种宗教—巫术文化丛"②，在某种程度上也是基于萨满功能的社会性考虑，从功能的角度对宗教和巫术加以调和。这样一来，一系列与萨满有关的、出于或好或坏的目的对能力运用，以及所有与这些实践相关的观念和信仰都被纳入萨满教的研究范围当中。③

综上所述，鉴于北美印第安人文化的多样性与特殊性，笔者倾向于采用广义的萨满定义，兼顾萨满的超自然特性与其所发挥的社会功能，将北美印第安人巫医等同于萨满并纳入"北美萨满教文化丛"中加以讨论。

（二）萨满的精神与人格特质

从有关北美印第安人萨满教的民族志报告中，我们可以看到很多有关

---

① Ake Hultkrantz, "Spirit Lodge, a North American Shamanistic Séance", In Carl–Martin Edsman's *Studies in Shamanism*, Stockholm: Almqvist and Wiksell, 1962, p. 36.
② Ake Hultkrantz, "Shamanism: A Religious Phenomenon?", In Gary Doore's *Shaman's Path: Healing, Personal Growth and Empowerment*, Boston: Shambhala, 1988, p. 36.
③ Willard Z. Park, *Shamanism in Western North America—A Study in Cultural Relationships*, New York: Cooper Square Publishers, Inc., 1975, p. 10.

萨满人格与精神特质方面的记录和描述。萨满被认为是在与超自然世界交际方面更胜一筹的人，在精神上、情感上或者体质上往往表现出与常人不同的特质，除了仪式中所表现出的歇斯底里与疯狂状态，在还没有成为萨满之前这些特殊的迹象已经有所表露，他们也因此被视为成为萨满的最佳人选。

突然发作的昏迷、奇怪的梦境或幻象、身体僵直或歇斯底里、精神错乱等异常状态不但没有使萨满或即将成为萨满的人受到歧视，反而被社会群体视为一种超自然天赋并在其文化中受到尊重，在北美各文化区内都可以找到相应的例证，只是表现方式略有不同。而且在北美北部地区和西部地区，萨满在精神和生理方面所表现出的异常状态显然更为强烈，也更为普遍。因纽特人认为准萨满所表现出的某种歇斯底里的精神状态是神灵或精灵对其感兴趣的典型标志。20世纪初，克纳德·拉斯穆森在北美北极地区的萨满教调查中曾多次目睹这样的场景——原本正常的人"突然间到处乱跑、像疯子一样乱喊乱叫、口吐白沫，直到几个彪形大汉最终将其制服并绑起来"[1]。在内特希利克因纽特人中，具有萨满潜质的人或准萨满在未成年时便已显露出与众不同的特点，萨满习惯观察男孩子的行为以及时发现一些聪慧的年轻人是否已经得到神灵召唤。如果确定神灵选中某个男孩子，老萨满便要对其进行培训。阿拉斯加南部的因纽特人中，准萨满喜欢到偏僻的地方独处，容易进入昏迷状态且在山巅或冰冷的海水中苏醒。[2] 本尼迪克特在其经典著作《文化模式》中也描述了加州萨满在精神和生理方面所表现出的特异之处：将成为萨满的人通常被视为群体中"不稳定的成员"，在产生预示性的梦境或幻象后便经常性地、突然僵硬地倒在地上，毫无知觉，恢复知觉的时候鲜血从口中缓缓流出。成为萨满以后，僵直症也频频发生在他们的仪式当中，成为与神灵交际最明显的外部特征。在加州北部的萨斯塔人中，萨满之间的竞争以跳舞的方式展开，谁能在舞蹈中坚持僵直

---

[1] Knud Rasmussen, *The Netsilik Eskimos—Social Life and Spiritual Culture*, Copenhagen: Gyldendalske Boghandel, Nordisk Forlag, 1931, p.297.
[2] Asen Balikci, *Shamanistic Behavior Among the Netslik Eskimos*, In J. Middleton's *Magic, Witchcraft and Curing*, New York: The Natural History Press, 1967, p.194.

第三章　北美印第安人萨满及其特征

症的时间最长，谁便是优胜者。可见，与梦境或幻象相结合的易发性僵直症已经成为加州萨满重要的精神和体质特征。[1] 在奥普勒所提供的大盆地犹特人萨满的例子中我们可以看到，一位犹特人萨满的儿子，在寻求超自然能力的时候表现出特异的精神和体质特征，会得一种歇斯底里性失明症。[2] 虽然，这一现象在大盆地地区是否普遍我们不得而知，但显然这位萨满继承人所表现出的精神状态和生理特征被视为与超自然世界进行交往的捷径，而这对于同样寻求超能力的普通人来说是望尘莫及的。北太平洋沿岸地区，具有萨满潜质的人会经常处于昏迷状态中，并为各种奇怪的幻象所困扰，除了精神上的折磨还伴有身体上的不适，如心跳加速、浑身颤抖等。[3]

在早期西伯利亚的萨满教研究中，萨满几乎被公认为是患有某种神经性疾病的人，患有神经官能症或癫痫症，精神异于常人，经常表现得歇斯底里等。在北美萨满教研究中，特别是萨满生理—心理学研究方面也存在有关萨满是正常人还是精神病患者的争论。

法国学者乔治·德弗罗也将人类学研究与精神病学方法相结合用于研究北美印第安人萨满，他坚持将萨满视为"精神错乱的人"，患有严重的神经官能症，甚至是精神病患者，并利用来自西南部尤马莫哈维人、大盆地犹特人以及平原苏族人萨满的相关资料作为这一论点的支撑。在1938年的田野调查中，一位名为"Hivsu：Tupo：ma"的莫哈维人萨满在酒后向他坦承自己患有精神方面的疾病，并非是个理性的人，酒醒之后也没有再回避这一问题[4]，这使德弗罗更加坚信自己之前的判断是正确的。在有关大盆地犹特人萨满的材料中，他将准萨满歇斯底里的失明症和萨满对隐藏于自己体内的邪恶小矮人的幻象等萨满所表现出的精神特质都归结为神经病。美国精神病学家朱利安·西尔弗曼也曾指出，从精神病学的角度来看，萨满

---

[1] 〔美〕本尼迪克特：《文化模式》，何锡章、黄欢译，华夏出版社，1987，第33页。
[2] Marvin K. Opler, *Dream analysis in Ute Indian therapy*, In Marvin K. Opler's *Culture and Mental Health*, New York: Macmillan, 1959, p. 110.
[3] Dennis Tedlock and Barbara Tedlock (eds.), *Teachings from American Earth*, New York: Liveright Publishing Corporation, 1975, pp. 3 - 5.
[4] George Devereux, "Shamans as Neurotics", In *American Anthropologist*, New Series, Vol. 63, No. 5, Part 1, 1961, p. 1088.

与严重的精神分裂症患者之间并没有显著区别，二者之间唯一的重要区别在于文化上的接受程度以及特定文化是否为这一反常的精神现象提供了展示的渠道。在各自的研究中，将不同印第安人群体萨满视为代偿性神经病患者（compensated neurotics）或精神病的学者还包括克鲁伯（Kroeber）、林顿（Linton）和汉布利（Hambly）等。

在萨满的精神特质与人格问题上，莫里斯·E. 奥普勒与乔治·德弗罗可谓针锋相对，奥普勒反对将萨满视为精神病患者的做法。在对大盆地犹特人萨满进行研究之后，奥普勒认为他们是"理性而沉稳"的个体，并没有表现出精神失常。他也曾引用克鲁伯对加州萨满生存境遇的描述，试图从文化上为被外界视为"精神病患者"的加州萨满正名。之后，由布莱斯·博耶、露丝·M. 博耶和海瑞·W. 巴斯哈特组成的、针对梅斯卡勒罗印第安人萨满教研究的综合研究组做了一项实验，结果表明阿帕奇人萨满并没有表现出更为强烈的歇斯底里迹象，只是更加热衷于古怪事物，表现出卓越的创造力和高度的现实验证（reality testing）潜能，甚至比其他社会成员更为健康。另一个以研究拿瓦侯人精神疾病的三人团队——赖维（J. E. Levy）、诺伊特拉（R. Neutra）和帕克（D. Parker），通过大量有关拿瓦侯萨满的个案分析得出结论：虽然拿瓦侯萨满中不乏歇斯底里症患者和癫痫病患者，但这些精神与生理方面的特质并不是他们走上萨满之路的重要原因，甚至在成为萨满之后他们的病症不仅没有减轻反而加重。[①] Richard Noll 以在加拿大和美国比较流行的《精神错乱诊断与统计指南》为判断依据，将萨满的精神状态和精神分裂症都作为改变的意识状态来考察，并认为二者之间存在显著差异[②]，从而对人类学文献中萨满教"精神分裂隐喻"立场予以否定。

从较为实际的方面来看，为了满足群体的需要，萨满通常要运用超自然能力来实现多种目的，特别是治疗，为此，萨满通常要最大限度地调动

[①] J. E. Levy, R. Neutra, D. Parker, "Life Careers of Navajo Epileptics and Convulsive Hysterics", In *Social Science and Medicine*, 13B, 1979, pp. 53 – 60.

[②] Richard Noll, "Shamanism and Schizophrenia: A State – Specific Approach to the 'Schizophrenia Metaphor' of Shamanic States", In *American Ethnologist*, Vol. 10, No. 3, 1983, pp. 443 – 459.

第三章　北美印第安人萨满及其特征

自己所有的心理和生理资源。为胜任萨满这一角色，他不仅要有幻象上的洞察力（visionary insight）、具备入迷的性格倾向（ecstatic disposition）、善用腹语术或口技（ventriloquism）、机敏的心智（dexterity），还要有健美的体魄（gymnastic fitness）。[1] 因此，在有些印第安人群体中，萨满需要拥有超越常人的人格特征。如在阿帕奇人中，萨满这类人一定是比其他族人更机灵、敏锐、有超常的洞察力、能言善辩且学识渊博的个体，这一职位并不一定要由年长者担任，甚至是阿帕奇人的俘虏，只要他具备这些人格特征就有可能成为萨满，特别是当他预言的事情——应验的时候便会获得阿帕奇人的尊重并在其宗教生活中发挥重要作用。安东尼奥·比萨伊恩斯（Antonio Besias）便是有着这样传奇经历的萨满，他原本是阿帕奇人的俘虏，之后成为非常有影响力的萨满。[2]

在高原地区的特奈诺人中，即使有些人表现出未来萨满的一些特质，如不断产生遭遇精灵的幻象或自认为掌握了一定数量的守护神，也并不一定有资格成为萨满。老萨满会对这些萨满候选人的整个生命史进行回顾，根据他们的能力和人格特质，如道德素养、判断力以及控制冲动念头的程度等，来判断候选人中哪些人更能被委以萨满这一重任并对其进行培训，从而使其成为真正的萨满。正因如此，特奈诺人萨满往往具有"非常正派、品格高尚、是非分明且有责任感"等人格特质，而并非"不诚实、善剥削或疯狂的人"。[3]

因此，对萨满的精神与人格特质问题不能简单地一概而论，不同社会的文化习俗和社会规范对萨满精神与人格特质的认识和要求也是不同的。笔者更倾向于从北美印第安人体验性的宗教传统来理解萨满异常的精神状态，而不是在萨满与精神病患者之间简单地画上等号。即使在同一文化中，由于存在不同等级、不同类型的萨满，其与超自然世界的交往通常也有着

---

[1] Ake Hultkrantz, *The Religions of the American Indians*, Berkeley and Los Angeles, California: University of California Press, 1980, p. 85.
[2] John G. Bourke, "Notes upon the Religion of the Apache Indians", In *Folklore*, Vol. 2, No. 4, 1891, pp. 425–426.
[3] George Peter Murdock, "Tenino Shamanism", In *Ethnology*, Vol. iv, No. 2, 1965, p. 168.

不同的表现。在一些印第安人群体中，人们认为越是能力强大的萨满越是表现出异常的精神状态。从社会变迁的角度来看，北美南部一些部落中，狩猎文化逐渐为农耕文化所取代，与之相伴的社会组织与社会结构的变化也必然导致萨满教的变迁，高度程式化、精密复杂的礼仪取代了萨满多方面的功能，人们对萨满个体超自然特性的依赖程度大不如前，如在拿瓦侯社会中，萨满更像是一种在家族内部传承的职业，对萨满个体精神与人格特质的要求有着逐渐淡化的倾向。

（三）萨满与其守护神或助手灵

拥有并利用助手灵被认为是萨满最重要的超自然特征，萨满各项社会功能的实现往往要归因于他的超自然助手——守护神或助手灵。

北美萨满的守护神或助手灵性质多样，表现形态丰富，但大多数助手灵是以动物的形态呈现出来的。这些动物的原型一般与当地的自然生态环境与社会生活相适应，如因纽特人萨满的动物助手一般包括鲸鱼、海蝎等海洋生物，西北沿海萨满的助手灵中鲑鱼有着非常重要的位置。以羚羊、鹿、麋鹿或野牛为生的印第安人群体（如平原、加州、大盆地等印第安人）中的萨满往往与以这些动物为原型的动物精灵保持着密切的关系，特别是在加州地区，很多萨满将掌管鹿和羚羊的兽主作为自己的守护神或助手灵。除此之外，与印第安人社会生活密切相关的一些动物也是萨满助手灵的重要来源，如被视为重要交通工具的狗（主要存在于因纽特人当中）和马，而马这种动物显然是后来引进北美的并逐渐在众多印第安人的社会生活中占据了主要位置。处于食物链中飞禽类顶端的各类鹰作为萨满助手灵的情况在北美地区是非常普遍的。除了高空飞行、性情凶猛等天性外，作为沟通天界与人间中介的鹰在北美神话中还与原初的创世能力有关，因此成为北美萨满教，甚至已经成为世界各地萨满教中固化的象征符号。其他禽鸟如喜鹊、乌鸦或渡鸦、猫头鹰等也经常出现在萨满助手灵的行列当中，或与特定印第安人群体古老的神话相关或与某种医疗能力相关。由于人们认为动物原型自身能力的大小与动物精灵能力的大小有关，即能力强大的动物在作为萨满助手灵的时候往往也会带来强大的超自然能力，因此在北美，很多凶猛的动物成为萨满的助手灵，如熊、狼、响尾蛇等。

从某种意义上说，萨满所拥有的守护神或助手灵与超自然力是等同的，在最初产生幻象的时候萨满往往要融入守护神或助手灵的本性和能力当中，从而获得超自然能力。萨满与其动物守护神之间的这种亲密关系还体现在萨满能够通过变形为某种动物助手而获得看似更为完全的超自然能力。在阿拉斯加南部的印第安人群体中，萨满变身为守护动物的情形不仅大量出现在神话故事中，而且在仪式中，佩戴面具、身穿萨满服的萨满也常常通过模仿而变形为自己的守护动物，这种变形甚至可以发生在仪式之外的时空中。特别是对于那些法力强大的萨满来说，只要他们愿意，可以随时随地实现变形[1]；在加州地区，萨满能力有时是通过变形来实现的。例如有些萨满只有将自己变形为熊才能获得这种动物所具有的强大能力，从而实现狩猎成功、快速行走等多方面目的，这类萨满也相应被称为熊萨满（bear-shaman）[2]。

对于变形，萨满并不认为自己只是在意识改变的状态下使自己同化于一个臆想出来的动物形象，而是从外形上也发生了变化。不仅如此，很多印第安人也坚信他们的萨满真的可以变形为某种动物。东北文化区的佩诺布斯科特人存在大量有关萨满变形为守护动物的故事。其中一则讲述了两位被部落派出侦查的萨满，在被易洛魁人发现后分别变身为熊和豹逃跑的故事。[3] 另一则故事是关于萨满通过变形帮助猎人获得好运：

> 一个猎手和他的同伴去狩猎，沿着河畔往上游走。他们四处布置陷阱但运气不佳。检查陷阱，发现弹簧并没有问题，但就是找不出打不到猎物的原因。一天晚上，当他们坐在营地旁讨论自己运气不佳的

---

[1] S. A. Mousalimas, "Shamans – Of – Old In Southern Alaska", In *Samanizmus Archivum*, 1988, p. 14.

[2] Lowell John Bean, "California Indian Shamanism and Folk Curing", In Wayland Debs Hand's *American Folk Medicine: A Symposium*, Berkley: University of California Press, 1976, p. 114.

[3] Elisabeth Tooker (ed.), *Native North American Spirituality of the Eastern Woodlands: Sacred Myths, Dreams, Visions, Speeches, Healing Formulas, Rituals and Ceremonials*, New York · Ramsey · Toronto: Paulist Press, 1979, pp. 93 – 94.

时候，突然听到外面传来一阵声响，出来一看是一只有着人的面孔的豪猪。当豪猪发现自己被他人注视时便匆匆逃跑了。过了一会儿，猎人又听到帐篷外面有声响，从出烟洞往下一看，还是那只豪猪。他们能清楚看到豪猪的位置，而且豪猪的脸与他们村中一个人的脸长得一样。年长的猎手拿起一根大木棒朝豪猪扔去。正好打在它的脸上，豪猪摔倒并逃入丛林中。猎手说："好运即将降临了。"原来那头豪猪是萨满变的。当他们再一次检查陷阱的时候发现已经捕获了很多猎物，而且这种好运一直持续着。当他们回到村庄并告诉大家发生的故事时，人们发现那位萨满也遇到小意外，脸部被弄花了。猎人们去看望他并发现他与那头豪猪受伤的地方是一样的。①

从这则故事中可见萨满与变形动物之间关系的同一性特征，守护动物受到伤害，萨满也会受到伤害，而且受伤的位置也是一样的，人们据此对萨满变形为动物助手深信不疑。在这里，与萨满密切相关的守护动物还带有兽主的性质，能够帮助猎人获得狩猎好运。

但并不是所有的印第安人萨满都采用这种变形的方式表达自己与动物助手之间的紧密联系，从动物助手那里获得超自然能力也可以通过对这种动物的模仿来达成。一位霍皮人受访者讲述了萨满模仿精灵动物的仪式场景：

> 当我还是个孩童的时候，一位名叫 Yoto 的人曾进行过萨满教实践……一只鹰是他的动物友人或教父，因此他模仿这只鹰的行为和尖叫声。还像鹰一样伸展翅膀，向上飞，甚至是爬到高处。一般萨满都会请一种猎物、熊、叉角羚和其他各类野兽，甚至是山狮来帮忙。因此，如果他的助手灵是熊，便会像熊那样行事，像熊一样咆哮……②

---

① Elisabeth Tooker (ed.), *Native North American Spirituality of the Eastern Woodlands: Sacred Myths, Dreams, Visions, Speeches, Healing Formulas, Rituals and Ceremonials*, New York · Ramsey · Toronto: Paulist Press, 1979, p. 94.
② Mariko Namba Walter and Eva Jane Neumann Fridman (eds.), *Shamanism: An Encyclopedia of World Beliefs, Practices, and Culture*, California: ABC - CLIO, Inc., 2004, p. 305.

第三章 北美印第安人萨满及其特征

除动物以外，萨满助手灵的原型还包括一系列自然现象和天体，如雷、闪电、云和太阳、月亮、星星等，另外一些居于湖或水洞中的侏儒灵①、已故之人或动物的幽灵，甚至植物和无生命的自然实体也可以成为萨满能力的重要来源，但与动物精灵相比不是那么普遍，并呈现出地区性和民族性分布的特点。因纽特人萨满的守护灵涵盖了上述所有类型，1923年克纳德·拉斯穆森对内特希利克人和驯鹿因纽特人一个游群（Utkuhikjalingmiut）中的萨满进行了调查。②从调查结果中，我们可以发现，幽灵（特别是已故之人的亡灵）几乎是所有萨满都要掌握的守护灵种类，且在数量上占有绝对优势，甚至超过动物助手。尽管有些萨满也将太阳、月亮或居于深山中的小矮人作为自己的助手灵，但总体来说这种情况比较少；落基山脉以西的印第安人群体中，动物助手显然是萨满能力最主要的来源，侏儒灵或水孩儿（water-babies，居于水中的侏儒灵）和幽灵虽然在数量上一般不占优势，但其所象征的萨满力却有可能超越动物精灵。犹特人萨满治病时要召唤一种"绿色小人"（little green man），大约2英尺高，从头到脚全是绿色的，手拿弓箭，而能召唤这种侏儒灵的萨满是完全凭借超自然能力来为族人治病的。在东北文化区的易洛魁人中也存在一种专门召唤矮小精灵以获得治疗能力的萨满巫术社——小精灵社（Little People Society）。东南部乔克托人萨满在医疗方面会求助于一种名为"Kwanokasha"且隐藏在山洞中的如小男孩般大小的精灵。帕维欧佐人中，水孩儿是比较普遍的萨满能力的来源。有些肖肖尼人（如Seed Eaters）认为幽灵、侏儒灵是萨满最强有力的助手灵，受周围印第安人群体的影响有时也从水孩儿那里获得超自然力③；在平原地区，萨满能力主要来自瓦肯唐卡、各种自然现象灵和各类动物精灵，幽灵作为萨满助手的情况只出现在乌鸦人、阿拉帕霍人和格劳斯文彻人中，这些人大多从西部较晚迁入平原地区；在北美南部，受中美洲

---

① 斯皮尔（Spier）认为这些侏儒灵可能与梦中出现的亡者的幽灵有关。
② Knud Rasmussen, *The Netsilik Eskimos – Social Life and Spiritual Culture*, Copenhagen: Gyldendalske Boghandel, Nordisk Forlag, 1931, pp. 293-294.
③ Willard Z. Park, *Shamanism in Western North America—A Study in Cultural Relationships*, New York: Cooper Square Publishers, Inc., 1975, pp. 77-87.

农耕文明的影响,萨满的助手灵除了各类动物精灵、自然现象或天体灵外,还增添了玉米神等植物神,有时玉米的各部分如玉米穗和玉米花粉等也能给予萨满以能力。

从守护神或助手灵的数量上看,萨满往往掌控着多过常人的、数量众多的助手灵,而且人们通常认为萨满能力的大小一般与萨满所掌握的精灵数量成正比。但不同地区,萨满所拥有的精灵数量还是有很大差距的,如因纽特人萨满所掌控的精灵数量一般在6~10个;而在高原地区,普通人便可以拥有至多5种守护神,而萨满的守护神数量远不止这个数量。据一位特奈诺萨满介绍说,他能控制55种精灵,而这只是刚刚超出了萨满的平均水平。①

在与精灵交流方面,萨满的助手灵一般并不为外人所见,只有萨满能看到或感受到它们的存在。有些地区,如因纽特人和加州地区的印第安人当中,萨满与精灵之间的交流依靠古老的秘密语言,这可能暗示着与其交流的精灵是亡故已久的祖先。

虽然较之普通人,萨满与守护神或助手灵之间的关系更为牢靠也更为紧密,但并不代表萨满能力会与之相伴终生或不与萨满为敌。美国人类学家帕克曾对大盆地的帕维欧佐人萨满失去萨满力的情况进行了分析。萨满失去其助手灵的原因很多,如忽视精灵的指示、不正确对待神圣的萨满器物、触犯禁忌等,所有这些都可能导致萨满失去超自然能力,甚至生病或死亡。有时,他人漫不经心或恶意的行为也会危及萨满的能力,在治疗仪式中没有按照精确的要求处理食物、没有往面部或身体涂抹颜料、在应该保持安静的时候发出声响等不仅会使治疗失败,还可能致使萨满生病。在由助手灵所代表的多种能力中,萨满可能会自动丧失其中的某一种,而这种能力丧失通常伴随着生病。帕克用助手灵自身的善恶属性来解释为什么有些精灵能够帮助萨满治疗疾病,而有些精灵却用疾病和死亡对萨满造成威胁。②基督教传入以后,有些萨满将助

---

① George Peter Murdock, "Tenino Shamanism", In *Ethnology*, Vol. iv, No. 2, 1965, p. 167.
② Willard Z. Park, *Shamanism in Western North America—A Study in Cultural Relationships*, New York: Cooper Square Publishers, Inc., 1975, pp. 32 – 33.

第三章 北美印第安人萨满及其特征

手灵的离去归结为其宗教信仰的改变。一位居于北太平洋沿岸的萨满在信仰基督教之后便采用念诵教堂祈祷文的方式给病人看病，面对自己生病的孩子，当他试图重新召唤自己原本拥有的守护神——太阳神和月亮神的时候，发现自己的萨满能力已经丧失以至于不得不采用其他的办法。[1]

由于某些精灵所具有的伦理特征及其相对自主的特性，萨满与助手灵之间的关系也会出现矛盾。精灵一般不受社会道德规范所约束，因此萨满对精灵的控制便显得格外重要。能力强大的萨满往往能很好地控制自己的守护神或助手灵，但并不是所有的萨满都能随时完全掌控其所拥有的精灵，即使是对那些严格约束自己思想与行为的萨满来说也是这样。一位名叫约翰·奎因的特奈诺人萨满曾对某人有过短暂的敌对情绪，尽管他自己没有在意，但他的一个助手灵意识到了这一点并试图对那个人造成伤害。[2] 从奥普勒所提供的大盆地犹特人的民族志材料中，我们可以看到萨满有时无法控制精灵潜在的邪恶能力，即使恳求也无法终止精灵作恶的行为。不仅如此，精灵还有可能反过来作用于萨满等。[3] 在西北沿海的特林吉特人中，萨满如果处理不好与助手灵之间的关系，便会被精灵杀死。这种精灵反过来攻击萨满的现象也存在于北极地区的内特希利克因纽特人当中。如果萨满派出执行攻击性任务的精灵没有完成任务，原本的助手灵便会变成"逆反的精灵"，被愤怒蒙蔽了双眼，与萨满和萨满的亲人为敌，甚至将疾病和死亡带入营地。而且，有些精灵表现出非常独立的特性，一种被称为"Orpingalik"的精灵曾突然从背后袭击自己的主人，并拽出萨满的生殖器，而不幸的萨满在嘶喊过后要通过昏迷才得以复原。[4] 由此可见，萨满与精灵之间的关系是非常复杂的，绝非控制与利用那样简单。

---

[1] Dennis Tedlock and Barbara Tedlock (eds.), *Teachings from American Earth*, New York: Liveright Publishing Corporation, 1975, pp. 11–12.

[2] George Peter Murdock, "Tenino Shamanism", In *Ethnology*, Vol. iv, No. 2, 1965, p. 170.

[3] Marvin K. Opler, "Dream analysis in Ute Indian therapy", In Marvin K. Opler's *Culture and Mental Health*, New York: Macmillan, 1959, pp. 109–114.

[4] Asen Balikci, "Shamanistic Behavior Among the Netslik Eskimos", In J. Middleton's *Magic, Witchcraft and Curing*, New York: The Natural History Press, 1967, p. 195.

（四）萨满性别与异装癖

在萨满的性别问题上，北美与南美洲以及世界上大多数地区的情况非常相似，萨满主要由男性充当。但这并不意味着女性完全被排除在萨满行列之外，一般男女拥有平等的成为萨满的机会。女萨满普遍存在于不同部落的印第安人群体之中，只是在很多情况下女萨满是由已经绝经的妇女担任而且数量上明显少于男萨满。来自北美各文化区的民族志材料向我们展示了这一总体情况。

尽管从整个北美大陆的情况来看，男萨满在数量上占有绝对优势，人们也普遍认同男萨满法力更强大这一事实，但萨满的能力及其社会地位与性别的关系常因地域差异而呈现出不同的特点。在因纽特人中，被神灵选中的萨满一般为男性，但偶尔也存在女性。女萨满如果要在能力上与男萨满匹敌往往要经受磨难。在北极中部地区，长辈中流传着女萨满能力更为强大的说法。但从我们所掌握的民族志资料来看，萨满仍主要由男性充当，且法力强大的男萨满数量明显多于女萨满。在帕维欧佐人中，尽管男女成为萨满的机会均等，但显然男萨满的数量更多，从理论上看，女萨满能够在能力和数量上与男萨满达到同等水平，但实际上存在一种倾向，即获得萨满力的男性数量往往多于女性且力量较女性更为强大。在其他一些地区女萨满有着与男萨满同等甚至超越男萨满的重要性。帕克通过对落基山脉以西萨满及其性别的考察，认为几乎所有部落中男女都可以成为萨满。在高原特奈诺人、东南部的克里克人和乔克托人中，情况也大体相同，而且人们并不认为女萨满的法力低男萨满一等，只是在有些地区女萨满的数量稍微少一些。在东北文化区的易洛魁人中，存在一种专门由女萨满构成的巫术社——神秘动物团体（Company of Mystic Animals），男性被排斥在该社团之外，女萨满们通过召唤熊、野牛、鹰和水獭等动物的能力达到医疗的目的。本尼迪克特认为，女性成为萨满的情况在加州更为普遍，神灵更倾向于选择女性作为萨满候选人。在北加州的萨斯塔人（Sasta）中，只有女人才能成为萨满，这已成为惯例。① 加州西北部的比尔河（Bear River）印

---

① 〔美〕本尼迪克特：《文化模式》，何锡章、黄欢译，华夏出版社，1987，第33~34页。

第安人中，人们认为男萨满的法力反而不如女萨满强大，因此这里的大多数萨满都是女性。但当"有组织的崇拜"形式出现在加州时，女性成为萨满的机会大大减小，即使成为萨满，她们所发挥的功能也是极其有限的，一般只限于治疗和占卜。男性试图并保持着独有的接近神圣的机会。同样的情况也发生在其他社会组织与礼仪得到高度发展，且萨满逐渐转变为祭司的地区和部落当中，如在西南文化区很少有拿瓦侯女性担任重要的萨满角色，而男性则兼有祭司与萨满的双重职责；阿帕奇人不允许女性参加在神圣的山洞内举行的重要宗教仪式，有时女性的出现可以使萨满的努力白费。① 这样的情况在平原苏族人、夏延人和其他印第安人群体中也有体现。

萨满的性别要素还以一种特殊的形式呈现出来，即男萨满着女装或女萨满服的习俗。尽管迪克森认为这种异装癖在美洲并不多见②，但根据相关的民族志和专项调查来看，异装癖现象在北美还是非常普遍的。

"Berdache"一词源于法语，通常指男性异装癖者，在生理上他们与其他男性无异，但穿着女性的服装、从事女性的工作并表现出女性的行为举止，有着跨越男女性别界限的中间性别。③ 对异装癖现象的解释可以从多学科角度切入，如心理学、生理学、经济学等。但从北美印第安人总体的文化特征来看，笔者更倾向于从宗教的角度来对其进行解读。在北美，产生异装癖的原因是多样的，既有纯粹的心理或生理因素，也有社会或经济的影响，但更普遍的原因通常与超自然的突发幻象或梦境及部落神话联系在一起。在高原和平原的印第安人群体中，人们将异装癖者的性别转换与幻象或梦境中出现的具有女性特征的月亮神结合在一起。在波尼人及其邻近

---

① John G. Bourke, "Notes upon the Religion of the Apache Indians", In *Folklore*, Vol. 2, No. 4, 1891, p. 431.
② 参见迪克森有关美洲萨满的一般论述：Roland B. Dixon, "Some Aspects of the American Shaman", In *The Journal of American Folklore*, Vol. 21, No. 80 (Jan. – Mar.), 1908.
③ 尽管在北美也存在女性异装癖者，但与男性异装癖者不同，跨越性别界限的女性并没有被重新分类。尽管她们穿着男性服饰、从事男性的职业，也通过自己的努力获得很高的社会地位和评价，但她们始终被视为女人。特别是在萨满教的研究中，异装癖者大多是针对男性而言的。

的奥马哈人、温尼贝戈人、奥色治人和奥托人等印第安人部落中，异装癖者显然都受到了月亮神的影响，月亮神被视为幻象中暗示性别转换的要素。这些平原印第安人用"mixuga"一词来形容异装癖，意为"受到月亮的指导"。在东北文化区的一些印第安人当中，异装癖也与月亮女神有关，幻象或梦境中受到月亮女神指引的男性会着女装并从事女性的工作，在迈阿密人（Miami）中，人们将这种异装癖者称为"白脸"（White Face）。其他印第安人群体中也存在功能类似月亮神的女性神，如拉科他人的"双面女人"（Double-Woman）、希达察人的"村庄中的老女人"等。与自发成为异装癖者的情况不同，这些与幻象体验有关的异装癖现象显然更具有制度化或习俗化的特征。因此，当出现类似幻象的奥马哈男人无法隐瞒这一事实时，甚至会选择死亡来逃避成为异装癖者的命运。对于此类与幻想体验或梦境密切相关的异装癖现象，哈尔特克兰兹延伸了路威有关"民主化萨满教"的思想，将北美印第安人的异装癖现象视为古老萨满教实践的一种变体，并认为这种性别转变对幻象寻求或萨满教来说都是一种非常普遍的特征。①

另外，异装癖者的神圣性和社会认可还来源于存在于不同部落神话中雌雄同体的文化英雄。西北沿海的贝拉库拉人的神话中便存在这样的人物，被称为"Sxints"，人们非常尊重并将其视为异装癖者的原型。拿瓦侯人将异装癖者与创始者所孕育的雌雄同体的双胞胎联系在一起，他们是很重要的神话人物，也正是他们发明了陶器以及其他与女性有关的人工制品。另外，异装癖者在祖尼人和霍皮人的神话与仪式中也发挥着重要作用。

从总体上来看，北美印第安人对异装癖者的态度是敬畏或崇敬的，拿瓦侯人认为异装癖者是神圣而庄严的，在希达察人那里他们是神圣而神秘的，艾辛尼波因尼人将其描述为瓦肯……可见异装癖者在传统的印第安人社会中曾因其自身的双重性别属性（由超自然的幻象和神话所赋予的）显

---

① Charles Callender, Lee M. Kochems, Gisela Bleibtreu-Ehrenberg, Harald BeyerBroch, Judith K. Brown, Nancy Datan, Gary Granzberg, David Holmberg, Ake Hultkrantz, Sue-Ellen Jacobs, Alice B. Kehoe, Johann Knobloch, Margot Liberty, William K. Powers, Alice Schlegel, Italo Signorini, Andrew Strathern, "The North American Berdache [and Comments and Reply]", In *Current Anthropology*, Vol. 24, No. 4 (Aug.-Oct.), 1983, p.459.

示出的超自然能力而一度受到高度尊重，当然他们也可能由于同样的原因而成为人们惧怕的对象。因此，异装癖者在不同的印第安人群体中往往充当一些特殊而重要的角色，如酋长、媒人、爱情法师、性病治疗者、尸体处理者或葬礼主持者等，当然也包括萨满。据哈尔特克兰兹考证，这类具有易装癖的萨满普遍存在于内特希利克因纽特人、苏族人、北加利福尼亚人以及其他印第安族群当中。[1] 在一些印第安人群体当中，萨满与异装癖者之间的联系更为紧密，如阿拉斯加南部的科迪亚克岛上，异装癖者很容易被神灵选中而成为萨满；在加州的尤洛克人中，所有的异装癖者都是萨满，而西南部的莫哈维人视异装癖者为法力异常强大的萨满，尽管对这两个印第安人群体而言，萨满并不限于异装癖者，只是较为排斥男性。

二　萨满领神的主要方式

在北美印第安人中，成为萨满或萨满与神灵（精灵）之间关系的建立主要通过三种途径，即继承、神灵召唤和自愿寻求。在有些社会中，这三种途径以共存的方式被广泛实践着，如大盆地的帕维欧佐人。而在有些印第安人群体中，特定的文化模式倾向于与其中的一种或两种方式相适应。

（一）继承原则

通过继承原则成为萨满的情况在大盆地、高原地区、西部沿海、加州部分地区，甚至北美南部地区都很盛行。已故萨满的守护神或亡灵有时会托梦给自己的后代，或通过折磨继承者、萨满病等方式逼迫他继承萨满职位。在一些地区，继承者可能并不需要在梦中或幻象中与祖先萨满相遇，也不会遭受神灵或精灵的折磨，只要继承萨满便可以使萨满力在家庭内部得到传承。

大盆地的帕维欧佐人中，一些萨满通过继承的方式，从他们已经亡故

---

[1] Ake Hultkrantz, *The Religions of the American Indians*, Berkeley and Los Angeles, California: University of California Press, 1980, pp. 93 – 94.

的父母、叔姑舅姨或祖父母那里获得萨满力。这些已故亲属会出现在他们的梦中，首先告知他们即将获得能力并成为萨满这一命运，几次之后，梦境中的亲属被萨满力自身取而代之标志着萨满已经从已故亲属那里继承了萨满力并可以为自己所用。人类学家帕克记录了一位年近50岁、名为罗西·普拉莫尔（Rosie Plummer）的妇女所描述的其家族萨满继承的情况：

>我叔叔临终前让我的父亲继承萨满力，这样他就能为人治病。第二天我叔叔便离开了人世。他告诉我父亲通过梦见萨满力的方式来获得指引。第三天晚上，我父亲梦见了萨满力，也梦见我叔叔向他走来。他每天晚上都出现在我父亲的梦中，并且每次都以不同的方式出现。我父亲不喜欢这样，他担心我叔叔试图将他带走。于是，父亲就将叔叔临终前给他的一小块铅块（中间有孔，上面插满老鹰的绒毛）埋了起来，之后神灵就再也没有骚扰过他。那是我叔叔的能力。从那以后，我父亲就成为一名强大的萨满。他能抓住响尾蛇，而且那些响尾蛇也不咬他。这是我叔叔告诉他这么做的，就是在每个鼻孔里都插上艾灌丛，这样蛇就不会伤害他……①

之后，普拉莫尔从父亲那里继承萨满的情况也非常相似。父亲去世18年后开始出现在她的梦中，她梦见父亲走向她并让她成为萨满。然后，一条响尾蛇在她的梦中反复出现，让她收集老鹰的羽毛、白漆和野生的烟草，还教她唱神歌，用于疾病治疗。响尾蛇在梦中频繁出现，这类神歌也不断得到更新，使普拉莫尔能够不断使用新的神歌为他人治病。

并不是所有的帕维欧佐人萨满的后代都可以通过继承的方式成为萨满，尽管有些人的父母或祖上曾经出现过萨满，家庭中的长者对他们也有着这样的期望，而且有些人自己也表达了想成为萨满的强烈愿望，但他们从不曾在梦中受到已故萨满祖先的启示，因此并没有成为萨满。另外，帕维欧佐人相信从已故亲属那里继承的萨满力不如原来的萨满所拥有的萨满力强

---

① W. Z. Park, "Paviatso Shamanism", In *American Anthropologist*, *New Series*, Vol. 36, No. 1, 1934, p. 101.

大，如在皮拉米德湖地区，如果女儿通过继承的方式接替父亲成为萨满，那么女儿所拥有的萨满力往往弱于父亲。

西北沿海的特林吉特人萨满通常继承自其舅父，这与其母系传承及以舅权为核心的社会组织结构有关。已故萨满的守护神总是试图在其近亲当中选择继任者，经常以不请自来的方式出现在准萨满的梦境当中，如果他同意成为萨满便要告知神灵自己所渴望的某种萨满能力，这种能力一般比较具体，如针对某种疾病的治疗能力等。另外，接近萨满坟墓的外甥最容易成为已故萨满守护神选择的对象并表现为毫无缘由的疾病——头晕目眩、失去知觉、口吐白沫等，直到被选中者接受神灵的召唤并成为萨满，这些症状才会消失。有时萨满也从父系传承，但并不是每一个父系后代都能被祖先选中而成为萨满。如一位特林吉特人萨满有两个儿子，其中一个非常渴望成为萨满但却从未与神灵或精灵相遇，另一个尽管不想成为萨满却总是受到神灵的折磨，最终他不得不屈服于祖先神灵并成为亚库塔特湾著名的萨满。[1] 拒绝神灵的召唤是毫无意义的，通常会给自身带来灾难，如一位特林吉特年轻人，曾因突然收到神灵召唤而倒地、口吐白沫，但他拒绝屈服于神灵，拒绝成为萨满，虽然一度情况转好，但当他于一年后死于结核病的时候，人们大多认为拒绝神灵的召唤成为萨满是造成其死亡的主要原因。

已故萨满的守护神急于寻找继任者的情况在高原的特奈诺人中也很突出，人们认为这些已故之人的守护神特别是已故萨满的守护神处于一种特别饥饿的状态，急于依附于可以"供养"它们的新主人身上。通过上述例证我们可以发现，在这些地区，神择的观念与萨满继承的观念表现出高度一致性。

1975年夏天，来自印第安人健康服务美国公共卫生署（USPHS Indian Health Service）的丹尼斯·帕克（Dennis Parker）通过对美国亚利桑那州拿瓦侯人保留地内两位萨满及其家族的考察发现，其家族祖上确实有萨满，

---

[1] Ake Hultkrantz, *Shamanic Healing and Ritual Drama—Health and Medicine in Native North American Religious Traditions*, New York: The Crossroad Publishing Company, 1992, pp. 54 - 56.

但她们并不是被祖先神灵选中,而是被家人劝说成为萨满,并通过继承这种方式保证萨满力在家族内部传承。而萨满、祭司(有时这两种身份集中于一人)甚至与草药医生之间的通婚也是出于这种目的。① 可以说,拿瓦侯人的萨满有着明显的职业化倾向,而且人们相信萨满力可以通过继承而在家庭内部代际传承。然而在切罗基人中,典型的巫术规则代代相传,而超自然力或萨满力本身却被认为是不可传递的。

(二) 神灵召唤

如上所述,在很多地区,神择的观念与萨满继承的原则是一致的,哈尔特克兰兹由此猜测二者可能都是西伯利亚萨满教普通形式的分支②,即已故萨满作为神灵会召唤同一家族中的某个人作为死去萨满的接班人,在北美这种神灵是作为新萨满的守护神而存在的。就神灵召唤这一原则本身而言,它普遍存在于北美各印第安人群体中,不仅包括已故萨满从自己的家族后代或具有潜质的人中抓萨满,也体现在其他神灵或精灵突然出现于被选中之人的梦境或幻象(通常称为萨满梦)之中,并造成其突发的精神失常、昏迷不醒(通常称为萨满病)等症状。印第安人一般认为有潜能或有能力的萨满是突然受到神灵召唤并得到启示的,在很多地区神灵通过折磨即将成为萨满的人逼迫他们接受萨满职位,而他们不能按照自己的意愿加以拒绝。

因纽特人普遍认为萨满是被精灵(可以是已故萨满的守护神,也可以是其他类型的神灵或精灵)选中的人,他们并不需要特别的寻求幻象或祈求神灵的恩赐,正如一位名为"Upvik"的内特希利克因纽特人所理解的那样,"成为萨满并不需要自己强烈的渴望,精灵会主动走近你,特别是在梦境中"③。在阿拉斯加南部的阿留申人和尤皮克人中也是这样,萨满会在被

---

① J. E. Levy, R. Neutra, D. Parker, "Life Careers of Navajo Epileptics and Convulsive Hysterics", In *Social Science and Medicine*, 13B, 1979, p.60.
② Ake Hultkrantz, *The Religions of the American Indians*, Berkeley and Los Angeles, California: University of California Press, 1980, p.94.
③ Knud Rasmussen, *The Netsilik Eskimos—Social Life and Spiritual Culture*, Copenhagen: Gyldendalske Boghandel, Nordisk Forlag, 1931, p.296.

选中之人的梦中或旅途中显现，而且这一过程往往是令人恐怖和迷惑的，表现为一系列的艰难险阻，如在准萨满面前会突然出现不可跨越的岛屿、可怕的峭壁或凶猛的怪兽，又或者感觉自己好像突然置身于悬崖的边缘并准备用力向下跳等。这一切使他们心中充满恐惧，不得不向不断显现的精灵或神灵祈求帮助和怜悯。一般情况下，如果他们不能摆脱神灵或精灵，就得学会跟它们打交道并顺从神灵的意愿成为萨满，但也有梦中与精灵相遇并通过击败精灵而躲避神灵召唤的案例。①

德国地理学家欧雷勒·克劳斯于1882年1月到美国克卢宽的奇尔卡特村庄进行调查时，对特林吉特印第安人渡鸦氏族一位老萨满的丧葬仪式进行了记录。其中在仪式的高潮部分，一位年轻的印第安人，原本位于后排的舞者中，突然前冲，直奔木质鼓而去，他几乎是从火堆中穿过，然后倒在地上失去了知觉，身体开始痉挛、扭曲，当时旁边的人赶快将萨满的一条项链套在他的头上。这之后，他成为新萨满。他这样没有知觉持续了一段时间，而歌声还在继续就好像什么都没有发生一样。当他获得知觉的时候就回到了观众当中，不久之后仪式就结束了。② 这一片段描述了已故老萨满在仪式中挑选新萨满的场面，已故萨满的灵魂通过附体的方式选中继任者。

同样，本尼迪克特认为在加州地区，大多数萨满并不需要通过禁食、离群索居或苦修的方式获得神灵的眷顾，神灵会突然降临使即将成为萨满的人失去知觉、僵直地倒在地上，被选中的人将成为萨满并将成为萨满"看作是拯救她生命的良方"③。同时期的美国人类学家克鲁伯通过调查也发现，在加州部分地区，如尤奇人和萨克拉门托山谷地区的迈杜人中也存在类似情况。一位外出狩猎的猎人可能会突然产生幻象继而失去知觉，回到部落之后还要经受一段时间的精神错乱（demented）或疾病折磨，通过这种方式他获得了超自然能力并在不久之后成为萨满。而且，克鲁伯认为与之

---

① S. A. Mousalimas, "Shamans – Of – Old In Southern Alaska", In *Samanizmus Archivum*, 1988, pp. 6–7.
② Aurel Krause, *The Tlingit Indians: Results of a Trip to the Northwest Coast of America and the Bering Straits*, Translated by Erna Gunther, Seattle and London: University of Washington Press, 1956, p. 202.
③ 〔美〕本尼迪克特：《文化模式》，何锡章、黄欢译，华夏出版社，1987，第33页。

类似的信仰绝不局限于加州地区，至少在其他印第安人群体当中也偶有发生。①

加拿大人类学家马留·巴尔博（Marius Barbeau）于1920年在北太平洋沿岸进行调查时记录了一位名为艾萨克·泰恩斯（Isaac Tens）的钦西安人萨满所讲述的他成为萨满的整个过程，其中包括两次受到神灵召唤而产生幻象的内容：

  我到山上去找木柴。我把木头切成段，那时天色渐黑。弄好最后一堆木头时，在我头顶突然发出一声巨响，chu——，一只巨大的猫头鹰出现在我面前。猫头鹰控制住我，抓住我的脸，试图将我举起。我失去了意识。当我回过神来的时候，才意识到我已经身陷雪中。头上包裹了一层冰，嘴里正在往外淌血。

  我站起来，顺着小路往回走，走得很急，背上背着捆好的木柴。路上，树木好像在摇晃，向我倾斜；高大的树木在我身后缓慢地爬行，好像已经变成了蛇。我能看见它们。来到父亲家门前，我一进门便告诉大伙儿发生了什么。我很冷，在上床睡觉之前先让自己变得温暖一些。然后我陷入了一种昏迷状态。昏迷中，隐约感觉到好像有两位巫医给我做过检查，由此我得以痊愈。但现在，这些在我的记忆中很模糊。当我醒来，张开双眼，还以为自己脸上爬满了苍蝇。我向下看，发现自己不在坚实的地面上，而是漂浮在巨大的漩涡中。我的心脏急速跳动着……当我昏迷的时候，其中的一个人告诉我是时候让我成为巫医了。但是我不同意，所以没接受他们的建议。这件事就这样过去，如同它的到来一样，没有结果。

  还有一次，我去河那边的狩猎场……我抬头一看，看到一只猫头鹰，栖在一棵高大的雪松树上。我朝它开了一枪，它便掉落在离我很近的灌木丛中。当我过去捡它的时候，它消失了，没有留下一根羽毛；看起来很奇怪。我沿着河，越过冰层，走在回村的路上。刚走到之前

---

① A. L. Kroeber, "The Religion of the Indians of California", In *University of California Publications American Archaeology And Ethnology*, Vol. 4, No. 6, 1907, p. 328.

钓鱼的地方，我就听到一大群人围着冒烟的房屋议论纷纷，好像我正被驱赶着，追捕着。我不敢往后看到底发生了什么，只是一直加速往前跑。声音跟随着我的足迹，紧随其后。我猛然转身，向后看。但视线里并没有人，只有树。昏迷再次向我袭来，我倒下了，没有知觉。当我有意识的时候，我的头埋在了雪堆里。我爬起来，越过河上的冰层回到村庄。我遇到了父亲，他是出来寻我的，因为不知道我去哪里了。我们一起回家。然后，我的心脏开始急速跳动，当巫医试图让我变得稳定时，我开始浑身颤抖，就像刚才发生的那一切一样。我的肉体如同在沸水中蒸煮一般，并能听到 Su——的声音。我的身体在微微颤抖。在这种状态中，我开始唱歌。颂歌从我口中传出，我自己无法让这一切停止。不久，我的眼前出现了很多东西：巨鸟和其他动物。它们在召唤我。我看见了一只名叫"meskyawawderh"的鸟和一条被称为"mesqagweeuk"的牛头鱼。只有我能看到它们，屋里的其他人却看不到。这种幻象只有在一个人即将成为巫医的时候才能发生，它们主动发生。这些神歌自然呈现，没人想过为它们谱曲。但我通过重复，学会并记住了这些神歌……[1]

　　类似这种经历突然的神灵召唤而引发幻象，昏迷或失去知觉以及个体经历创伤或疾病之后成为萨满的情况在大盆地、高原、平原及西北沿海地区可谓比比皆是。在大盆地地区，神召以"未寻求的梦"的形式呈现出来，当鹰、猫头鹰、鹿、羚羊、熊、山羊或者蛇等诸如此类的动物多次出现在某人的梦中，便是即将成为萨满的征兆，如果只是梦到一两次，人们并不会去关心它。在梦中，即将成为萨满的人会得到神灵或精灵的指导，不遵照其指示将导致重病，如果继续忽视精灵或萨满力这个人便会死去。平原拉科他人著名的萨满黑麋鹿在9岁时第一次产生幻象，那时他大病一场，失去知觉。但在平原地区，虽然受到神灵召唤的幻象产生的时间都比较早，但对幻象的理解往往需要很长的时间和复杂的过程。高原地区的萨满神召

---

[1] Dennis Tedlock and Barbara Tedlock (eds.), *Teachings from American Earth*, New York: Liveright Publishing Corporation, 1975, pp. 3-6.

发生的时间相对较晚，神灵从那些已经完成青春期幻象寻求的人当中寻找深深吸引自己的继任者。

在北美南部在霍皮人中，突如其来的神召以一种特殊的形式存在，如果某人被雷电击中后生还，他们便自动获得萨满的资格与身份，因为霍皮人认为经过雷击之后一个人才能够看清事物并学习到有关医疗的诸多知识。这种来自神灵的召唤也分两种情况：一种是独自一人的情况下被雷电击中，只要你是体验过禁食行为的霍皮人便可以得到雷雨的救治而复活；另一种是如果某人和遭遇雷击的人在一起，那么没有受伤的人应该马上离开现场，以免延误雷雨对受伤之人的救治。在肖肖尼人中，虽然神召也可以是被雷电击中，但更多的还是其突出的幻象。一个人被雷电击中或离被击中的地方很近，随即失去意识、产生幻象并在幻象中建立与守护神之间的关系。肖肖尼人著名的萨满约翰（John Trehero）便是通过这种方式受到了神灵的庇佑。

（三）自发寻求

与上述前两种成为萨满的方式不同，自发寻求是一种人为的、有意识的、具有诱发性的途径。通过乞求的方式实现对萨满力的追求或通过寻求幻象获得保护神的帮助从而成为萨满，这与我们之前讨论过的守护神信仰或"民主化萨满教"是一致的。从北部的因纽特人到南部的尤马部落，个体以自发寻求的形式进入萨满行列的情况也具有相当的普遍性，而且从态度与具体的程序上来看与常人的幻象寻求并无大异，二者都是有意识地请求神灵或精灵的帮助，但萨满显然在超自然能力的获得以及运用方面要更胜一筹。

毫无疑问，禁食和独处仍旧是最普遍的方式之一。正如迪克森所言，通过这些方法所实现的身体逐渐弱化以及对想象力的刺激几乎被普遍视为与未知世界进行交流最有效的方法之一。在这种情况下，梦境和幻象的内容也相应变得更为丰富和生动，新萨满和各类寻求超自然帮助的人一般都采用这种方法。而且，净化仪式经常作为禁食和独处之前必要的准备工作而存在。寻求者身体的净化可以通过仪式性的沐浴，包括在遥远的湖水或溪流中频繁沐浴、使用蒸汗小屋、用散发香味的植物及其根部来涂抹或薰香身体。而中美洲或南美洲印第安人频繁使用各种泻药或催吐剂净化身体的情况在北美并不常见。可见，通过净化仪式，寻求者更容易达到与神灵或精灵交际的目的，因为各类超自然存在明显更容易为洁净的身体或物品所吸引。除此之外，寻求者可能还要携带祭品和准备祈祷用的器物前往特定地点以向神灵求助，祭品和仪式器物可能呈现出地区差异性，但通常都是比较小件的，如几颗小珠子、烟草或烟斗等。上述情况在幻象模式最为发达的平原地区更为常见。

独处的具体表现形式很多且往往在恶劣的环境中进行，包括于荒野中艰难跋涉，置身于高山或山洞、森林、悬崖、荒漠或冻土带中。在特林吉特人中，想成为萨满的人要独自进入森林或群山中，远离人群待上一段时间，其间主要依靠五加科植物的根部为食。独处时间长短一般取决于精灵何时出现，时间从一周到几个月不等。然而，当上述方法不奏效，精灵迟迟没有出现，那么他会前往一位已故萨满的坟墓并在那里度过一整个晚上，从已故萨满颅骨上取下一颗牙齿或从其小指尖上切下一片肉，将其放入口中以做最后的努力。[1]

根据帕克对大盆地地区帕维欧佐人萨满教的调查，通过自发寻求的方式成为萨满的人往往于当地分布众多的山洞中寻求萨满力，人们所熟知的具有此种用途的山洞便有8处，而且很可能存在更多隐秘且少有人知的山洞。皮拉米德湖保留地的一位中年萨满迪克（Dick Mahwee）这样描述自己首次在山洞中寻求萨满力的情况：

> 在代顿（Dayton，位于内华达州）的下面有一座山……我25岁左右的时候去过那里，并在洞中待了整整一个晚上。当我进入山洞的时候便说明了自己想要什么。我说我想成为萨满，为人治病。躺下之后，我听到各种不同的动物在洞中穿梭的声音。它们会说："有人来了。"

---

[1] Aurel Krause, *The Tlingit Indians: Results of a Trip to the Northwest Coast of America and the Bering Straits*, Translated by Erna Gunther, Seattle and London: University of Washington Press, 1956, p. 195.

之后，我又听到了各种各样的吵闹声。又过了一会儿，我听到有人开始唱歌、跳舞，他们的首领还跟他们讲话。我听了很长时间，觉得有点困。我听见两位首领在跳舞过程中不停地交谈。在下方，悬崖的底部，我看见了一个人，他非常虚弱。一位萨满正在唱神歌为他医治。我听到了萨满的歌声。一位手拿弄湿的艾灌丛枝的妇女在跳舞，绕着火堆跳来跳去，每次跳起来的时候都喊一声"呼"。病人的情况越来越糟，我能听见他的呻吟声。萨满又唱了一些神歌，然后开始悲伤地哭泣。所有的人都跟着哭泣。萨满停止了歌唱，所有的人哭成一团。这时已经过了午夜。人们的哀悼一直持续到拂晓才停止。我躺在一块岩石上，这块岩石开始裂开，就像破冰一样。然后一个高挑的男人站在我的面前，对我说："你想要成为萨满就必须按照我告诉你的去做。首先要弄到鹰羽，然后按照我的吩咐来使用它们。你选择了这条路，就可能很艰难。羽毛会指引你带回死者的灵魂。按照我所吩咐的去做，否则你会过得很艰难。悬崖下面有些水，用它沐浴并在身上喷洒白漆。不要心急，等待我的指示就好。"我按照他所吩咐的做了，他来到了我的梦中教会了我唱神歌以及怎样为人治病。他帮助我医治病人并告诉我应该做什么。[①]

在这里，准备进入山洞的寻求者并不需要禁食或做其他准备工作，进入山洞之后他必须明确说明自己的愿望，并需要有足够的胆量。山洞本身及其中可能出现的各种声音都营造着恐怖而紧张的氛围，加之寻求者需要在傍晚或夜间进入山洞，且至少要待上一整晚，便更需要寻求者能够勇敢面对这些考验，只有这样才能确保自发寻求的成功，如果在天亮之前因恐惧而逃跑即宣告能力寻求的失败。

寻求者以独处或禁食的方式寻求萨满力的方式往往与一些被印第安人视为神圣的地点联系起来。加州和大盆地地区岩画所在地往往被该地区的印第安人视为寻求萨满能力的神圣之地。人们相信这些岩画具有超自然特

---

① W. Z. Park, "Paviatso Shamanism", In *American Anthropologist*, New Series, Vol. 36, No. 1, 1934, pp. 102–103.

性，或出自水孩儿、石孩儿（rock baby）和矮小的侏儒灵之手，或与草原狼等神话人物所代表的古老的创世能力相关。

另外，通过服用具有麻醉和致幻作用的药物来引发昏迷从而获得萨满力的情况也可以视为自发寻求的一种方式。这种方式在南美洲比较常见，而在北美大陆并不普遍，其地理分布与我们之前所探讨的守护神信仰或"民主化萨满教"中的内容较为一致，此处不再赘述。

三 萨满指导与培训

通过上述几种方式，准萨满与神灵或精灵之间建立起某种超自然联系并可能在梦境或幻象中获得类型不同的守护神的培训与指导。但在很多地区，将成为萨满的人或想成为萨满的人向年长且经验丰富的老萨满求教、接受培训学习怎样成为萨满的情况也很普遍，而且这种心理和生理上的指导与培训仍被视为获得完整萨满力、成为真正萨满所必不可少的条件。因为萨满在实际的工作中往往要通过使用一些技术或知识以完成自身的使命，而很多技术和知识都遵从一种较为传统的模式，需要准萨满跟随年长且经验丰富的老萨满加以学习和实践。不同社会中，指导与培训的具体内容、地点、时间、流程与保密性等方面可能存在差异，但一般都与生理、心理或仪式性因素相关。

在内特希利克因纽特人中，萨满通过观察，如果发现并确定神灵选定了某男孩子，便要开始对其进行正规的萨满训练。新萨满要被带入老萨满或师傅萨满的家中并接受身体上的规训，体现在一系列特殊的禁忌当中，如忌在门外吃饭，禁忌食用动物肝脏、头、心脏或肠子，禁止与女性发生性关系等。除此之外，新萨满还要在老萨满的帮助下学习进入神秘体验或与神灵交际的技术，并在幻象中与精灵建立联系。新萨满还要在安静的环境中花上几周时间学习只属于萨满和精灵的神秘语言。最后，师傅萨满会赠给他一个守护神，并在仪式中指导他如何控制并利用自己的守护神，而不是被守护神所掌控。通过这样的指导与培训，新萨满逐渐成为一位技术娴熟的萨满，并获得了守护神的所有能力。①

在培训方面，格陵兰岛的因纽特人与内特希利克因纽特人又有不同，想要成为技术娴熟、受人赞誉的好萨满不仅需要特别的天赋，跟年长的萨满学习与精灵世界建立联系也是很必要的。萨满一般同时收两个徒弟。培训的地点一般选在较为偏僻的地方，通常是裂谷或山洞中而非师傅萨满的家中。在师傅萨满的指导下，徒弟萨满朝着太阳的方向摩擦两块石头，直到三天后有精灵从中出现。与精灵交际之后，徒弟萨满会在巨大的疼痛中死去（昏迷的原因可能源于劳累与恐惧），并于第二天复活。最后一项培训内容对外是保密的，涉及准萨满以反常的行为重新进入社会当中。② 这些反常的行为，包括血从口中流出、吞下巨大的物体等，使其社会成员相信萨满已经完成培训并成为真正的萨满，有着新萨满加入仪式的特征。即使接受同一位师傅萨满的培训与指导，不同个体感受超自然力量的体验也是不尽相同的，但与精灵之间的联系往往是通过战胜恐惧而达成的，这与我们之前论述的以自发寻求的方式成为萨满的情况极为相似。而且，培训中出现的象征性的死亡与重生在典型萨满教地区是新萨满加入仪式的重要组成部分。

帕维欧佐人的例证向我们展示了继承原则与萨满培训相结合的情况：有时，一个年轻人也可以在其父亲在世的时候通过学习而成为萨满。父亲会告诉儿子如何成为萨满并指导其进入昏迷状态。经过很长一段时间幻象体验的培训，他的父亲开始教导他为人治病的方法和技巧，由此父子二人都成为萨满。这种父子之间的萨满传承尽管体现了一种继承原则，但显然后天的引导与培训在其中发挥着重要的作用。

在西北沿海的钦西安人中，家人要请一位甚至几位萨满来为受到神灵召唤的人治疗，并在接下来很长时间内对其进行培训和指导，地点一般在新萨满家中且以较为隐秘的方式展开，一般只有师傅萨满能与准萨满接触。

---

① Asen Balikci, "Shamanistic Behavior Among the Netslik Eskimos", In J. Middleton's *Magic, Witchcraft and Curing*, New York: The Natural History Press, 1967, p. 194.
② Mariko Namba Walter and Eva Jane Neumann Fridman (eds.), *Shamanism: An Encyclopedia of World Beliefs, Practices, and Culture*, California: ABC-CLIO, Inc., 2004, p. 298.

第三章　北美印第安人萨满及其特征

在新萨满能够利用超自然能力为别人治疗之后，师傅萨满的指导也没有中断，仍旧指导新萨满外出寻求幻象以及观摩并参与其他萨满的治疗仪式等，在实践中学习与神灵交际的能力以及治疗和仪式中的程序与技巧。[1]

相对于神灵的召唤，在一些地区新萨满是由年长的萨满选出并加以培训的，有关萨满教的知识通过这种方式传承下去，在这里新萨满的人格特质往往成为决定性的要素。当克里克人萨满感觉自己年事已高，便开始考虑萨满传承的问题，他们会拜访自己通过多年观察而选中的人。也就是说，在克里克人中，是否成为萨满往往是由老萨满决定的而非神灵的意愿。老萨满至少会选择 4 人，一般是 7 名候选人加以培训。著名的萨满熊心（Bear Heart）便是通过这种方式被两位老萨满选中并加以培训的。其中一位名为小海狸（Little Beaver）的萨满这样解释选中他的原因，"我选择你是因为你不是一个复仇型的人。你能够掌控可对人造成伤害的能力。如果有人轻视你，你不会被诱惑使用能力还击。这并没有那么容易，因为我们是人——我们有感情，我们会受到伤害……"[2] 两位老萨满对其培训的内容涉及很多方面，包括道德素养，如不能为一己私利或出于邪恶的目的而使用萨满力；与病人交流的心理技巧；与精灵交际的技术，如定期禁食、于黑夜的河流中寻求幻象；使用古老的语言唱诵神歌并学习识别各类草药；各类治疗疾病的方法和致病的方法（学习后者主要也是为了治疗）等。作为回报，熊心每次前往师傅萨满家中都要携带礼物，如烟草等作为师傅萨满对其进行培训的回报。通过长达 14 年的培训与指导，熊心终于成为一位克里克人萨满。同一文化区内的乔克托人也存在类似的萨满培训，都采用较为正规的方式训练萨满。培训结束之后，萨满要在森林中通过独处禁食的方式祈祷与精灵之间建立某种超自然联系。

与被动地受到神灵召唤或被老萨满选中不同，在密苏里河上游的拉科他人那里，有潜力的萨满往往主动拜访年长的萨满，并在获得超自然体验

---

[1] Dennis Tedlock and Barbara Tedlock (eds.), *Teachings from American Earth*, New York: Liveright Publishing Corporation, 1975, pp. 5–6.
[2] Bear Heart and Molly Larkin, "In the Footsteps of My Teachers: Lessons with Little Beaver and Old Seer", In Shaman's *Drum*, Spring, No. 41, 1996, p. 20.

之前请求老萨满收他为徒弟。在其他的平原印第安人中，这种主动拜访萨满寻求培训与指导的情况也很普通，而拜访者之前是否有过幻象体验并不重要。

在北美南部的广大地区，萨满往往兼具祭司的特征，标准化的仪式和遵循的固定程式，使个人更容易加入其中并通过培训的方式成为和他们一样的宗教专家，在霍皮人、拿瓦侯人、普韦布洛人等印第安人中便存在这样的情况。特别是拿瓦侯人的唱诵者，对他们来说复杂的仪式程序和仪式中的每一个动作、唱诵的每一段歌词都是以非常严格的形式传承下来的，模仿和记忆是两种主要的技巧。想要进入普韦布洛印第安人的萨满教团体当中，禁食和为期四天的培训总是必不可少的。

综上所述，对萨满的培训与指导涉及心理、生理和仪式性等要素，怀着一种实践的目的，主要围绕疾病治疗和与神灵交际技能的培养并最终与超自然世界之间建立起一种适当的关联。

第二节　北美印第安人萨满类型

根据不同的划分标准，北美印第安人的萨满可以被分为多种类型：根据萨满的组织形式可以分为个体萨满和以团体形式结成的萨满集合体；根据与超自然能力交际的程度可以分为入迷型萨满和幻象型萨满；根据社会群体对萨满的不同评价可以粗略将萨满分为善萨满和恶萨满。从不同印第安人群体内部来看，萨满亦可被划归为不同的等级。通过类型划分，可以进一步加深我们对北美印第安人萨满普遍性与特殊性的理解。

一　个体萨满与萨满团体

从组织形式来看，北美印第安人萨满既包括以个体形式独立存在的萨满，又体现为以集体形式出现的萨满团体。萨满团体通常以医疗团体或秘密团体的形式出现，有着与个体萨满极为相似的功能，特别是在利用超自然能力治疗疾病方面。从整个北美洲的情况来看，萨满教在原始狩猎文化中占据主导地位，在东部地区部分地以公共的形式存在（各种类型的萨满团体），在受集体性农耕影响并不明显的北部和西部地区个体倾向显然要更突出一些。各类仪礼社团（ceremonial society）可能在北美南部较为发达的农耕社会中代替个体萨满在医疗方面的作用，特别是在普韦布洛印第安人中。

20世纪的民族志资料从仪式的角度将东北部易洛魁人的萨满教分为两类：公共的年度仪式（其中的一部分）和于私人室内、由秘密团体成员举行的仪式，所谓"秘密"是指团体成员信息对外是保密的，只有内部成员才了解团体的构成。尽管人类学家对这些团体之间的相互关系的认识仍存在分歧，但总体来说，易洛魁人的萨满教团体主要有六种：震动南瓜（Shake the Pumpkin）、小水医疗团体（Little Water Medicine Society）、小矮人团体（Little People Society）、神秘动物集会（Company of Mystic Animals）、玉米皮面具（Husk Faces）和假面团体（False Faces）。每个团体都有自身的特点：震动南瓜通常包括后五种团体，是对各种秘密团体的总括；小水医疗团体以发放与水相结合的动物能力著称；小矮人团体的成员专门召唤矮小的精灵；神秘动物集会是其中唯一一个女性团体，以召唤神秘动物——主要包括熊、野牛、鹰和水獭——的能力为特征；玉米皮面具，顾名思义，团员佩戴用玉米外皮做的面具，是农耕文化的体现；假面团体的成员则佩戴木制面具。每个团体都有自己的起源传说、一套歌曲、仪式舞蹈和服装，并通过特定的仪式、凭借超自然力达到疾病治疗的目的，有着明显的萨满教特征。

其中，假面团体最引人关注，因为从某种意义上来说它并不属于秘密团体，成员公开出现在于每年春、秋两季举行的为全体成员驱赶疾病、净化民众的公共仪式中，在新年仪式中更新他们的能力并在冬至仪式中播撒用于治疗的热烫灰烬。由于公开露面，假面团体成为最为外界所知的萨满团体。假面团体擅长治疗鼻出血、中风和肌肉抽筋等疾病，有这些病症的人如果梦到假面精灵或在森林中遇到这类精灵便要求假面团体为其举行治疗仪式。所有佩戴面具的团体成员都可以在仪式中为他人治病。仪式中戴着面具的舞者往往被视为萨满，歌者一边用手摇动龟甲沙锤一边歌唱，舞者跳舞并将手伸入余火当中，用鼻音发出哀鸣声，双手揉搓热烫的灰烬，吹向病人身体的各个部位，有时还要将灰烬涂抹在病人身上以达到治疗的效果。同个体萨满一样，戴面具的舞者自身的天赋也影响着治疗仪式的效果。从新成员的选拔来看，那些被假面团体成员治好的病人才有资格成为其中一员，新成员入会一般遵循着较为固定的模式——邀请、集会中说明入会意图、向精灵敬献烟草祈祷并请求与它们合作、特定的仪式和最终的宴席。① 其他的易洛魁人萨满团体大多也从其治愈的病患当中选择新成员加入。这与某些地区，特别是西北海岸的萨满团体结成的方式有所不同，共同的守护神是萨满结成秘密社团的重要依据。②

易洛魁人重视梦境这一事实是众所周知的，在萨满团体的医疗实践中，梦境也有着非常重要的作用。受到塞内卡人热情礼遇的美国民族学家弗兰克·G. 斯佩克（Frank G. Speck）生病时，他的塞内卡人朋友希望为他举行一个治疗仪式。仪式之前他们最关心的问题是弗兰克最后所做的梦的内容，当他回答说自己梦到一只类似鹰的鸟时，塞内卡人决定让露水鹰（Dew Eagle）团体的成员为其举行治疗仪式。仪式中，两位舞者穿着印第安人服装，头戴插有鹰羽毛的帽子，进入仪式中心区域并模仿鹰蹲坐的姿势，面对面，和着歌者的节奏摇动沙锤，手拿羽毛上下摇动。由此可见，梦境的内容揭示了神灵所要传达的有关仪式的信息，从而在易洛魁人萨满教中发挥着重要作用。

尽管经历了 500 年的历史冲突以及与欧美文化并存的状态，但本土易洛魁人的宗教和文化传统仍旧在一些保留地中完好无缺地保留着，保留地中仍实行世袭制的管理方式。尽管每个保留地情况不同，但本土萨满教传统仍存于现今复杂的易洛魁人社会当中。

由于西南部的普韦布洛人的萨满教实践一般是对外保密的，其内部成员一般拒绝向外界透露有关灵性实践的相关信息，因此以往的人类学家或民族学家在调查中涉及的内容较少。但可以肯定的是，在普韦布洛人中存在专门由萨满组成的以医疗为主要目的的团体。与易洛魁人的萨满团体不同，普韦

---

① William N. Fenton, *The False Faces of the Iroquois*, Norman: University of Oklahoma Press, 1987, pp. 23 - 24.
② Ake Hultkrantz, *The Religions of the American Indians*, Berkeley and Los Angeles, California: University of California Press, 1980, p. 101.

布洛人的萨满团体在属于自己的集会空间而非病人家中会面或举行仪式。每一位成员都与玉米神建立了联系，在他们的集会地点有一处圣坛，上面供奉着"玉米母亲"像。团体成员可以像个体萨满那样单独进行治疗实践，但由于其个人能力有限只能治疗一些小病小灾，如果病人的病情严重或已经拖延了很长时间，那么就需要几个团体成员共同协作吸吮出引发疾病的物体。可见，普韦布洛人萨满团体典型的治疗方式是带有巫术性质的吸吮疗法。

在霍皮人的语言中，萨满往往与表示"眼睛"的词相关，可被理解为"能够看到的人"或"有一只眼睛的人"，萨满预言所使用的法器水晶有"萨满的第三只眼"的含义。因此，预言以及与预言相关的疾病诊断与治疗往往被视为霍皮人萨满的主要功能。历史上，所有的霍皮人萨满曾一度都要加入被称为"眼睛团体"的萨满团体，成员都是男性。那时如果人们生病便去找萨满团体的成员进行治疗，疾病的治疗与时间有关，如果病人病情不是很严重，萨满可以在一天中的任何时间为他诊断和治疗，如果病情严重，诊断和治疗便只能在夜间进行。与一般萨满团体纳新的原则一致，被团体成员治愈的病人才有资格进入团体并开始给人治病。19世纪末来自美国沃尔皮第一梅萨社区有关霍皮人的民族志材料向我们证明了，眼睛团体逐渐消亡的态势，只有几位成员健在。

无论萨满团体以公开的还是保密的形式存在，其成员作为萨满的特征和功能并没有发生多大变化，而且显示出一种明显的职业化倾向。

二　入迷型萨满与幻象型萨满

在北美印第安人萨满的分类问题上，哈尔特克兰兹的相关研究为我们提供了重要的参考。他曾经以典型萨满教流布地区的萨满为参照，反对将所有的北美巫医都视为萨满的做法，并以能否进入入迷状态这一深度的精神体验作为划分萨满与美洲巫医的重要标准。在此基础上，他将北美巫医划分为两种：能够产生幻象的巫医（visionary）和能够进入入迷状态（ecstatic）的巫医。前者的入迷状态较为平缓且能够在幻象中获得指示，具有很强的洞察力；而后者能够与神灵对话或者灵魂能够脱离自己的身体进入深度入迷状态，有时也表现为身体被其守护神所占有，即附体。① 这样一来，只有后一种巫医才被他视为真正意义上的萨满。

按照上文我们对北美印第安人萨满界定中所采用的广义视角，哈尔特克兰兹在之前有关北美萨满教的分类及相关说明当中所表达的理念似乎更有助于帮助我们从精神和心理角度对北美印第安人萨满类型加以把握。在《精灵小屋——一场北美印第安人的萨满教降神会》一文中，他将北美印第安人萨满教划分为"一般萨满教"和"北极萨满教"两种类型。前者普遍存在于世界各地不同的人群之中，其特点是存在大量变体与低强度的表现形式；而后者以一致性和强烈的表现形式为特征，但从地域分布上来看具有明显的局限性，从北美地区来看可能更局限于北部的因纽特人和西北沿海部分地区的印第安人群体当中。在二者的关系问题上，他认为一般萨满教显然是作为萨满教更为古老而基础的形式存在着的，北极萨满教是在一般萨满教的基础之上发展起来的，甚至可以被定义为一般萨满教在特定生态条件下的特殊形式。② 这一推论与我们所观察到的北美印第安人的萨满教情况基本吻合。

很显然，尽管在有关北美巫医与萨满关系的论述中，哈尔特克兰兹采取了一种不是很彻底的广义界定，而在北美萨满教的类型讨论中，他几乎是采用一种与迪克森如出一辙的广义视角。笔者对北美不同印第安人群体中萨满的讨论也是建立在这一理念之上的。哈尔特克兰兹区分的两种类型的北美巫医与两种类型的北美印第安人萨满教形态是完全一致的，按照前文中对北美印第安人萨满的界定，我们有理由将北美印第安人萨满分为幻象型和入迷型两类。前者与北美印第安人萨满普遍的幻象体验相对，与西伯利亚萨满教相比，北美印第安人萨满教显然有着更为分化的结构，相应地对深度入迷这一通灵状态的要求既没有那么高也没那么频繁；而后者仍是从比较宗教学的视角以典型萨满教中的萨满入迷的精神体验特征作为主要参照，并将神灵附体的情况包含在内。因为从本质上来说，神灵附体也是萨满与神灵进行深入接

---

① Ake Hultkrantz, *The Religions of the American Indians*, Berkeley and Los Angeles, California: University of California Press, 1980, p.87.
② Ake Hultkrantz. "Spirit Lodge, a North American Shamanistic Séance", In Carl-Martin Edsman's *Studies in Shamanism*, Stockholm: Almqvist and Wiksell, 1962, p.35.

触的方式之一，一般表现形式较为激烈，对萨满习惯性进入改变意识状态能力的要求比较高也比较频繁。

三 社会评价体系中的萨满分类

世界上所有信仰萨满教的族群几乎都有按照社会道德原则对萨满进行善恶判断的倾向，如将萨满分为白萨满与黑萨满，北美印第安人也不例外。人们根据萨满施法的目的与效果，将那些出于善的目的并利用自己的超自然能力为社会成员提供各种帮助的萨满视为善萨满；而那些出于恶的念头且经常利用巫术对人加以毒害的萨满便为恶萨满，或直接称为巫师，尽管巫术并非恶萨满的专利。

划分萨满善恶的标准并不单一，包括萨满个人的道德素养、萨满守护神的伦理特征、社会规范对萨满的约束程度等方面。从萨满自身的道德修养方面来看，那些为恶念所操控的萨满往往恶意地使用自己的超自然能力，并对社会成员或社会群体造成危害。印第安人认为导致疾病的一个重要原因便是恶萨满使用巫术对人加以毒害，如将某种制作的有害物质或蜥蜴、蛇等有害动物放入人体，夺走敌人或对手的灵魂，通过制作人偶、赠送食物、获得受害者的头发和衣物等方式导致受害者生病或死亡。总之，邪恶萨满的本性是善妒的、好报复的、不怀好意的，他们希望疾病和死亡降临人间，随意使用甚至滥用萨满力。因此，在有些社会当中，如克里克人，老萨满十分看重未来萨满人格品质方面的特质，并挑选那些将来不会滥用自己超自然能力的人作为萨满的继任者，且在对萨满的培训中一再强调作为萨满的职业操守，即不能滥用萨满力做危害他人和社会的事情，可见特定社会的行为规范对萨满具有一定的约束作用。

从萨满守护神的伦理特征来看，守护神的善恶在某种程度上也决定了萨满的善恶。早在18世纪初，法国的拉菲托神父便将居于现今加拿大境内的易洛魁和休伦印第安人萨满划分为恶、善两类，认为恶萨满通过与恶魔的交往危害人类，而善萨满凭借与精灵的交往为部落成员造福。在这种情况下，萨满守护神自身的伦理特征对萨满的善恶属性往往有着决定性的作用。特林吉特人对萨满和巫师进行了明确的区分。人们认为巫师从渡鸦那里学习到巫术技能并专门用巫术来害人，因此巫师是邪恶的，而萨满一般凭借神灵或精灵的帮助行善。

从各类民族志资料来看，这种分类往往并不具有决定性。在很多印第安人群体中，萨满普遍被其社会成员认为是友善的，人们非常感谢萨满为他们所提供的各类帮助，但同时萨满也因其自身所具有的超自然能力被认为具有潜在的危险性。而且萨满施法所凭依的守护灵本身也往往具有善恶杂糅的特点，在特定情况下可以相互转化。因此，人们对萨满的感情很复杂，往往是既尊敬又恐惧，很少有人有勇气冒犯萨满。尽管印第安人还是将善萨满和恶萨满明确区分开来，但事实上，只要是萨满就具有行善与行恶两种能力，即使是在社会规范约束力较强的社会中也是这样。从最简单的意义上来说，善萨满只有了解了恶萨满怎样使受害人生病，才能以合乎逻辑的方式为其治疗，因此害人的巫术有时也是善萨满必须学习和掌握的技巧之一。而且，即使一个平日里乐于助人的萨满也有可能无法控制自己的能力，特别是当他情绪不稳定的时候，很多善萨满也都承认在自己的萨满生涯中曾有过侵犯性行为从而给他人造成伤害。人们很少因为萨满不经意的失误或者对守护神失去控制而将他视为恶萨满。

有时，外部的作用也会促使人们对萨满善恶的态度发生转变。如19世纪初，乔克托人萨满受基督宗教影响被人们认为是恶的，由于各种各样的原因，萨满对于个人及社会群体有益的方面全部被抹杀，萨满被视为作恶的巫师、"杀人者"和"圣物破坏者"，威胁着整个社会的安全，很多无辜的萨满因受到指控而被杀害。

在道德伦理和社会规范对萨满失效的情况下，萨满在道德上的模糊性体现得较为明显，如南阿拉斯加的萨满可以治愈疾病也可以伤害他人，甚至利用自己制造的巫术娃娃杀人。在霍皮人中，因为善萨满与恶萨满的道德界限模糊不清，萨满几乎是被社会排斥在外的人。[1] 在有些群体当中，甚

---

[1] Ake Hultkrantz, *The Religions of the American Indians*, Berkeley and Los Angeles, California: University of California Press, 1980, p.87.

至萨满之间也会相互施巫术,很多萨满因在这种能力对抗中处于弱势而被杀。

在对待恶萨满的问题上,不同的社会做出的反应也不尽相同。在加州的一些印第安人群体中,出于对萨满的恐惧,也或许是人们意识到萨满潜在的有用性,只有在非常极端的情况下,恶萨满才会被处以死刑。在尤科特人中,施行巫术的萨满如果获得部落首领的赦免便不会受到惩罚。在大盆地的帕维欧佐人中,对于臭名昭著的恶萨满,整个群体会联合起来,齐心合力将其杀死。而南阿拉斯加的因纽特人很少杀死或驱逐令人畏惧的恶萨满。内特希利克人相信危险的萨满所使用的恶灵会转而袭击自己的主人,并令恶萨满很快死去。另外,他们还有可能请来一位善萨满,用超自然方式控制恶萨满,同时也存在社会成员处决或驱逐恶萨满的情况。

第三节 北美印第安人萨满的功能

正如本尼迪克特所指出的那样,最成功的萨满表现为其通灵资源(psychic resources)能够最大限度符合族群成员的期望①,这说明萨满所发挥的功能对社会群体的重要性。作为人与超自然能力之间的中介,萨满的功能很复杂,从各方面为社会群体提供服务,因而常常身兼数职,特别是在社会文化发展水平较低的社会中,萨满兼为医者、巫师、预言家、教育家和祭司。但在不同的文化和社会群体中,出于群体的需要,萨满的功能也有着不同程度的侧重。从总体的情况来看,萨满作为医者的情况最为普遍,治疗疾病也是北美印第安人萨满最为重要的职责。

一 医疗功能

作为医者可能是美洲萨满最为外界所知的重要特征。北美印第安人一

---

① Ake Hultkrantz, *The Religions of the American Indians*, Berkeley and Los Angeles, California: University of California Press, 1980, p. 91.

般认为疾病是由某种超自然因素所造成的，因此，北美印第安人萨满与西方医疗体系中的医生不同，他们有着超自然的天赋并将其用于疾病的治疗。这也是我们从宗教角度来理解萨满医疗功能的原因所在，正如哈尔特克兰兹所说，"在北美，医疗和宗教是一枚铜板的两个面"[1]。尽管大多数治疗都涉及不同程度的超自然因素，但这些治疗形式经常伴随着实际的治疗方法和后期的护理，体现为对草药的利用以及外科手术等。从逻辑上看，印第安人对导致疾病的原因及其相应治疗方法的认知是一致的，针对不同的病因往往采取不同的治疗方法。

（一）触犯禁忌与治疗方法

有关疾病源于触犯禁忌的观念在北极文化区的因纽特人中非常普遍，萨满通过举行降神会等方式召唤精灵并在其帮助下指认触犯禁忌的人，通常在病人向萨满承认触犯禁忌之后，病人便会康复。

内特希利克人视乱伦为不幸的源头，一个关于违反乱伦禁忌的故事向我们展示了萨满通过揭示违反禁忌之人的罪行来治疗的情况。乱伦发生在一对内特希利克人母子身上，儿子因此病了整整一个冬天。母亲请来几位萨满都没能正确揭示导致疾病的原因，儿子和母亲都拒绝承认自己有罪，最后一位名为"Ivaiarak"的萨满在精灵的帮助下一再地指控他们两人触犯了乱伦禁忌，尽管一开始他们仍极力反对这种说法。最后将死的儿子不得不承认自己的罪行："我一直等待某人能够说出来，但没人这样做，所以我还是在死之前说点什么吧。"然后母亲也补充道，"哦，我想起来。我非常爱我的儿子，当他要求我陪他睡一次的时候，我同意了。"[2]

在这一案例中，尽管最后儿子和母亲承认了自己所触犯的禁忌，但儿子还是死了。可见主动向萨满承认罪行是非常重要的，一般情况下，在萨满指认触犯禁忌者之后，如果这个人能够积极承认自己所犯过错，便不会

---

[1] Ake Hultkrantz, *Shamanic Healing and Ritual Drama—Health and Medicine in Native North American Religious Traditions*, New York: The Crossroad Publishing Company, 1992, p. 1.
[2] Asen Balikci, "Shamanistic Behavior Among the Netslik Eskimos", In *J. Middleton's Magic, Witchcraft and Curing*, New York: The Natural History Press, 1967, p. 202.

因疾病而死亡。

在因纽特人的不同群体中，因触犯禁忌而导致疾病的案例非常多，特别是触犯禁忌与恶灵（鬼魂或精灵）入侵相结合的情况。人们相信疾病的产生是因为触犯禁忌而惹怒了恶灵，于是恶灵以个体或群体的形式寄居病人体内导致其生病。这种情况下，萨满仅仅揭示触犯禁忌者是不够的，通常还要举行降神会，通过召唤自己的一个守护神来驱赶恶灵。萨满首先让守护神（通常是已故萨满的善灵）进入自己体内，并凭借萨满之口以神秘的精灵语言诉说病因，然后派出自己的守护神追赶逃脱的恶灵并将其赶回仪式空间。仪式中萨满手持雪刀砍杀恶灵，手上沾满的鲜血是战斗胜利的表现。

通过这种方式，病人一般都会康复。如果病人不幸死亡，萨满也有自己的解释，如恶灵数量太多，萨满并没有将其全部杀死，或者病人的亡故源于降神会之后其他恶灵再次攻击病人等。

另外，据哈尔特克兰兹考证，在平原拉科他人中也存在类似导致疾病的情况，只不过疾病是由犯错的祖先引起的，可见，违反禁忌的恶果延伸于代际。

（二）入侵型疾病与抽取疗法

当印第安人认为精灵或者其他外物的入侵是导致疾病的主要原因时，便会请萨满为病人治疗。之所以会得出这一结论，是因为北美印第安人相信疾病是由邪恶的巫师（或萨满）或不友好的精灵将某种有形或无形而神秘的物体放入病患体内所引起的。如果疾病由外物入侵导致，病人通常要遭受外部创伤和病痛的折磨，但并不会有明显的意识变化。

对于此类疾病而言，最合乎逻辑的治疗方法便是萨满将这个物体从病人体内抽取出来。首先，萨满要通过洞察或进入幻象状态确定入侵之物的位置和性质，然后才开始抽取工作。最普通的方法是吸吮（sucking），有些萨满直接用嘴吸，有的萨满利用吸管吸。除了吸吮，还有将疾病或疼痛吹走（blowing）的方法，或者通过摩擦和掐捏，有时萨满还需要在病人身体的某个部位切一个切口，以方便致病物体呈现出来。被抽取出来的致病体可能是某种有形的物体,如羽毛(羽毛的末端在病人身体上而另一端在萨满嘴里)、绳子、石块、骨头碎片、尖刺、丝状物(像头发丝一样细)、小蠕虫或其他小动物。不管致病体具体表现为何种物体,它对人类都是有害的,一旦被抽取出来便要尽快加以处理,通过焚烧、扔入水中或埋葬等方式将其毁掉。处理致病体的工作可以由萨满自己完成,也可以展示给病人及其亲友并委托他们进行处理。

但有时人们并不能看到有形的致病体,特别是疾病由恶灵入侵引起时,只有萨满才能看到从病人体内抽取的致病体。阿帕奇人的萨满经常在此类情况下充当招魂者或驱魔人的角色。病人之所以生病,是因为亡魂抓住了病人,表现为身体局部的疼痛。萨满的任务是要将邪恶的亡魂从病人体内赶走。于是萨满在治疗仪式中,或击鼓或手摇沙锤,口中唱着神歌,在确定亡魂的位置之后,便通过吸吮该身体部位对疾病进行处理,治疗结束后病人身体被吸吮的部位可能会起水泡。[①]

抽取疗法不仅为个体萨满所使用,一些萨满团体的成员也采用此类方法为人治病。从地理分布上看,几乎所有的印第安人群体中都存在此类对疾病的认识及相应的疗法。

(三)灵魂丢失与入迷治疗

如果疾病表现为病人的意识状态偏离常态,如精神错乱或处于失去知觉的昏迷状态时,人们便会请来具有超凡能力的萨满为病人治疗。

这类疾病被认为是由于病人灵魂丢失而引起的。病人的灵魂,通常是自由魂,有时会自然离开身体并在周围游荡,而有些情况下确是被邪恶的精灵(一般是亡灵)带走而被迫离开身体。在这种情况下,为了找回病人的灵魂,萨满也必须将自己带入一种异常的或改变的精神状态中,即深度入迷的状态之中,派出自己的灵魂或助手灵进入不可见的他界追回病人的灵魂,从而与病人的灵魂之间建立联系。比较严重的情况是,被亡灵带走

---

① John G. Bourke, "Notes upon the Religion of the Apache Indians", In *Folklore*, Vol. 2, No. 4, 1891, p. 431.

的病人灵魂如果穿越了界限而进入阴间便面临着死亡的危险,这时只有能力强大且技术娴熟的萨满才有可能从阴间将病人的灵魂追回。尽管面临着被亡灵抓住而无法返回人间的危险,萨满还是要与亡灵对抗,带回病人的灵魂。这种情形在很多描述萨满怎样为了救人脱离死亡而与他界精灵战斗以及他们又是怎样在返回人间的途中被亡灵追杀的传说故事中都可以找到。伊利亚德在其经典著作《萨满教——古老的入迷技术》一书中列举了很多相关的例证,如戴着面罩、沿着祖先的道路前往阴间为夺回病人灵魂而与亡灵战斗的汤普逊印第安人(不列颠哥伦比亚)萨满、穿越地下世界与精灵战斗的华盛顿(Washington)的特瓦纳印第安人(Twana Indian)萨满,潜入海底寻找失窃灵魂的努特加印第安人萨满等。[1]

治疗由于灵魂丢失而导致的疾病还有一种较为特殊的方法,在普吉特湾(Puget Sound)附近的萨利希人中,萨满通过一种生动的模拟仪式来找回丢失的灵魂:象征性地划着独木舟,表演前往阴间与死灵战斗,重新带回被劫持之灵魂的航海之行。在这里,入迷疗法的痕迹仍依稀可见,但萨满深度的入迷体验已经被自觉的仪式化程序所取代,因而有学者称为"模拟化的萨满教"[2],可视为入迷疗法的一种特殊的演变形态。

尽管如此,在北美,萨满通过入迷、附体或降神的方式进行疾病治疗有时也能达到显著的效果,甚至有些在形式上与典型萨满教流布地区的萨满教医疗一样强烈,特别是在因纽特人当中。尽管这种方法的使用散见于北美各地,但显然在北美的北部和西北部地区的印第安人群体中最为普遍。因此,从北美的整体情况来看,较之于灵魂丢失及与其相对的入迷诊断来说,入侵型疾病与抽取治疗的方法更为常见。

(四)程式化的仪式疗法

与上述几种治疗方式不同,程式化的仪式疗法更多地借助于仪式自身

---

[1] Mircea Eliade, *Shamanism—Archaic Techniques of Ecstasy*, Princeton, N. J.: Princeton University Press, 1974, p. 309.
[2] Ake Hultkrantz, *The Religions of the American Indians*, Berkeley and Los Angeles, California: University of California Press, 1980, p. 91.

以及仪式中被唤起的古老的超自然能力,表现为一系列复杂而精密的程式化的仪式行为,相对来说较为简单。作为部落中谙熟传统的权威,萨满通过此类仪式进行治疗的情况在加州部分地区以及北美南部地区较为常见。

在加州西北部,特别是在切罗基人中,疾病治疗不是通过从病人体内取出可见的物体,也不需要萨满调动所有的心理和生理资源进入入迷状态,而仅仅通过准确复述一种传统的程式,复述神话时代类似疾病的出现以及某种超自然存在对第一位患此类疾病的人进行治疗的具体情况。在复述神话的过程中往往还伴随着对此类超自然存在进行简单的献祭,以及以纯粹仪式的方式使用特定的药草,从而减缓病患的痛苦。在这里,萨满自身所具有的超自然能力变得不是那么重要,治疗的功效取决于仪式性的重复或展演当中以及神话时代古老而强大的超自然存在。

这一观念在南部的拿瓦侯人和阿帕奇人社会中得到高度发展。众所周知,他们善于使用一系列数量众多、引人注目且程序复杂的仪式,表现为数以百计的歌曲、舞蹈和精密的沙画,整个仪式要持续很多天。怀曼和克拉克洪认为在拿瓦侯人中至少存在35种用于治疗目的的仪式[1],而且很多附属类型还没有包括其中。这些仪式以及歌曲、装扮和沙画,涉及的是与大神或伟大的奥秘较为相似的一种原始的超自然能力,拿瓦侯人称为"hozho",这一术语很难用其他语言解释清楚,英语中通常翻译为"beauty",表达了一种与宇宙秩序和谐共处的内在精神状态。[2] 尽管难以理解,从描述神话时代神圣事件的仪式展演和歌曲唱颂中,我们可以发现这种能力代表的是一种创世之初古老的灵性力量,并被拿瓦侯人以神圣故事的方式制定下来,世代传承。由于回忆是唤起这种能力的重要方式,因此这些仪式包括其中的行为、歌曲和沙画等最忌讳被萨满改动,甚至连举行仪式的棚屋都要按照传统的方式建造且一般只能在这类传统建筑中举行仪式,人们认为违反这一禁忌可能会带来灾难性的后果,尽管在具体的操作中改

---

[1] 对拿瓦侯人祭仪的分类目录参见乔健编著《印第安人的诵歌》(张叔宁译,广西师范大学出版社,2004,第178~179页)。
[2] Mariko Namba Walter and Eva Jane Neumann Fridman (ed.), *Shamanism: an encyclopedia of world beliefs, practices, and culture*, California: ABC-CLIO, Inc., 2004, pp. 319-320.

动是不可避免的，但对古老神圣力量的强调往往迫使人们减少任何可以避免的改动。

需要提及的是，这类仪式虽然最初是针对个体举行的，但其他人也可能分享仪式及仪式中各要素所唤起的能力。萨满虽然也在其他领域从事萨满教实践，但在这里显然更像是一位祭司。至少，从理论上来说，其他人通过使用这样的程式也可能产生同样的结果。事实是，在现今的拿瓦侯人社会中，并非只有萨满可以举行此类治疗仪式，其他人通过专门的培训与学习也可以进行此类实践并因良好的治疗效果而获得很好的口碑。

（五）对草药的利用和其他疗法

在北美，除了自然条件较为恶劣的地区，很多印第安人群体中都存在一些精通具有药物属性植物的草药医生，人们一般认为他们的医疗能力远远不及萨满。因为萨满不仅能够运用超自然能力为人治病，而且同样能够发挥草药医生、外科医生的职能。

阿帕奇人萨满对草药、植物根部和花的医疗属性非常了解，熟知人类和动物解剖学。伤筋动骨的人也可以找萨满治疗，萨满会用嫩柳枝做成夹板固定骨头。他们对发汗剂、灌肠剂、催吐剂使用的时机和方式也了如指掌。对于一些小病，萨满还会建议病人采取类似蒸汗小屋的治疗方法，让病人赤裸地待在湿热的棉布帐篷中从而得到缓解或治疗。[①] 克里克老萨满培训新萨满的主要内容之一便涉及对草药的识别和运用，萨满要学习有关草药、树皮、树的内部结构、树叶以及怎样在不同的季节辨识出它们、在何种情况下使用这些植物的知识。因此，克里克萨满的房屋周围往往挂满了草药。在实际的治疗中，克里克萨满会给病人开各种较为成熟的草药处方，并告诉病人用药的具体细节，如病人在服用过程中应该朝哪个方向，而且在病人服用之前萨满还要将自己的治疗能力吹入药物当中，这与中国内蒙古地区的达斡尔族萨满的治疗方式极为相似。

[①] John G. Bourke, "Notes upon the Religion of the Apache Indians", In *Folklore*, Vol. 2, No. 4, 1891, p. 431.

在加州，虽然人们将根本的病因归结于超自然作用力，而且大多数治疗都需涉及不同程度的超自然治疗，但是这类治疗几乎总是与实际的医疗方法和治疗后的护理结合在一起。因此，加州萨满往往掌握着包括熟练使用草药在内的多种疗法，特别是在那些没有明显的自然原因造成的疾病中，草药疗法总是与超自然疗法共同使用，而且还配合以按摩、加热、卧床休息、外科手术等治疗方法。

19 世纪末 20 世纪初，很多白人进入印第安人社会之后，发现当地有些萨满的医疗水平远远超出白人医生。一位左眼患泪囊瘘的法国病人在医院接受多次治疗且都以失败告终之后选择了纳奇兹人萨满来为他治疗。这位萨满每天给他治疗眼睛，用了八天，将一种浸过水的混合物滴入他的眼中，并最终治好了他的眼疾。对此，这位法国病人给印第安人萨满以很高的评价："这些医生还做了大量其他的治疗，将这些都叙述出来可能需要单独一卷；我只介绍其中我能想起来的三件事，让大家看看在法国医学界几乎被认为是不能治愈的疾病，即使治愈了也要经过很长时间且需经受巨大的折磨，而这种病在路易斯安那的土著医生那里不仅能被治愈而且用时很短且不用经历痛苦的手术"[1]。

当然，在萨满治疗中，使用药物以达到医疗效果的情况相较于超自然治疗方法还是比较少的。有时草药的使用往往出于仪式的目的，如焚烧有芬芳气味的植物根部和药草，擦在病人身体上或吹向病人身体等。

针对上述多种治疗方法，有一点可能需要特别说明，即从疾病治疗的程序上来看，萨满首先需要对病人的病情进行诊断，然后才能"对症下药"，根据病人的不同表现来决定采用何种方法对其进行治疗。一般的萨满教医疗都遵循着这一逻辑，医治疾病同时包含有诊断和治疗两部分。但在北美部分地区的萨满教医疗实践中，存在对疾病诊断与治疗能力加以区分的情况。在加州、高原和北美南部的部分印第安人群体中，这种区分很明显，人们一般需要先请一位萨满确定疾病的本质和起因，然后再请另一位

---

[1] William S. Lyon, *Encyclopedia of Native American Shamanism: Sacred Ceremonies of North America*, California: ABC-CLIO, Inc., 1998, pp. 8-9.

萨满进行治疗。

二 丰产功能

除治疗功能之外，通过超自然能力确保族群经济的发展，即丰产也是萨满的重要功能之一。在狩猎社会中，萨满通过揭示触犯禁忌的行为、与兽主建立超自然联系、利用魔法诱惑猎物、确定猎物或控制天气等方式来促成狩猎的成功。在农耕文明较为发达的社会中，萨满往往扮演着雨师、丰收仪式的监督者等角色以确保农作物的丰收。

（一）促成狩猎成功

在狩猎传统保存最好的因纽特人中，与萨满联系最为频繁的一项任务便是促成狩猎成功以防止整个群体陷入饥荒的恐慌之中，从而保证社会的正常运行。前文中，我们多次提到存在于北美诸多印第安人群体中的兽主崇拜，对经济生活高度依赖猎物的社会来说，通过与猎物掌管者之间建立超自然联系并为族人带回猎物被视为萨满最伟大的功绩之一。对因纽特人来说，"海兽之母"（Takúnakapsâluk）带来人类最为需要的食物——海兽的肉；她还带来了海兽脂，不仅温暖了寒冷的雪棚屋，还在北极漫长夜晚笼罩大地的时候使灯亮了起来；她还带来了大海豹的皮毛，对那些要全年在结冰的海上活动的猎人们来说，这些动物皮毛是制作衣服和靴子底不可缺少的材料。但如果人类没有按照她的意愿生活，如触犯禁忌会让她感到愤怒，她便引来暴风雪让人们不能狩猎，或者将人们寻找的动物藏在海底由她掌管的水潭中。这时，萨满要举行特定的仪式，通过出神旅行潜入海底去见"海兽之母"并使出浑身解数来抚平她的怒气以确保风调雨顺并恳求她释放被圈禁的动物供猎人猎捕。[1]

内特希利克人萨满能够揭示触犯禁忌的行为从而避免对狩猎可能产

---

[1] Dennis Tedlock and Barbara Tedlock (eds.), *Teachings from American Earth*, New York: Liveright Publishing Corporation, 1975, pp. 13–19.

生的影响。在这一群体中,海豹是他们最主要的食物来源之一,在秋季禁食鲑鱼内脏被视为严格的禁忌,若触犯禁忌会使海豹远离狩猎营地。如果萨满的守护神发现有人触犯这一禁忌便会告知萨满,由萨满在族人面前当众揭发。与揭发禁忌行为治疗疾病的情况相似,只要触犯禁忌之人承认了自己的罪行便不会对群体的狩猎行为产生不好的影响。[1] 除此之外,内特希利克人在打不到猎物的时候也会去找萨满,在精灵的帮助下萨满召唤海豹或驯鹿等动物并找出动物栖身之所,为猎人指明狩猎的方向,或指导自己的守护神在远海杀死海豹并送到岸边,供族人食用。而且,人们还相信法力强大的萨满能够控制天气、平息暴风雪,排除阻碍狩猎的自然因素。

在大盆地的帕维欧佐人中,人们认为能力最强大的萨满能够控制天气。但此类天气萨满(weather shamans)从不因为狩猎的目的而施法。对他们来说,练习对风、雨的控制是展示其超自然能力的好机会。与狩猎相关的萨满是羚羊萨满,羚羊通常是作为其守护神而存在的,他从羚羊那里获得了自己的萨满力,特别是春季食物来源不足的时候,人们对羚羊萨满实践其能力的需求会更为强烈。帕维欧佐人通常在羚羊萨满的带领下进行群体的狩猎羚羊的活动,人们用灌木丛枝建造了一个牲畜栏,绳套是用艾灌丛树皮制作的。在准备驱赶羚羊的前一晚,人们要在羚羊萨满的领导下跳一种舞,目的是吸引羚羊驯服地走进圈地。萨满除了告诉人们应该做什么,还以禁忌的形式告诉人们不要做什么,如所有的孕妇和经期的妇女都要离开,这一晚男子不允许与自己的妻子同房。这一晚如果有人想要小解,就必须到牲畜栏里面。萨满还告诉人们,这一晚如果有人丢失了东西,栅栏的某一处就可能松动,而羚羊便可能破栏而出。萨满开始唱神歌,族众便要跳舞。此后,萨满便进入了一种出神状态,这是萨满的灵魂出去寻找羚羊群的时刻。在这种状态中,萨满手中拿着羚羊的鬃毛,以显示他已经控制了羚羊。之后,萨满继续唱神歌,其族众跳舞,这样的活动可能要持续一整

---

[1] Knud Rasmussen, *The Netsilik Eskimos—Social Life and Spiritual Culture*, Copenhagen: Gyldendalske Boghandel, Nordisk Forlag, 1931, pp. 298 – 299.

晚。这样，人们便能够捕获足够的羚羊，保证群体有充足的食物来源。[①] 在加州的米沃克人中，存在一种有能力使鹿增产的萨满，与羚羊萨满的功能类似。

有了马匹之后，平原波尼人的狩猎季节延长了，不管夏季还是冬季都能够向西前往大平原狩猎野牛。狩猎活动是在萨满的领导下进行的，一般锁定野牛群位置后，猎手要等待部落萨满的指示，直到萨满确定最有利于狩猎的时间，狩猎活动才能开始。但在萨满给出信号之前，猎手不能杀死任何一头野牛，违反禁忌的人要受到重罚，因为这会影响到群体狩猎的结果。[②]

尽管在个体守护神信仰比较盛行的地区，作为个人的猎手也可以通过其守护神获得狩猎方面的好运，但萨满在部落中所发挥的作用并没有因此而大大削弱，保证部落社会正常运行的群体性狩猎活动仍需在萨满的帮助下完成。

（二）确保农作物丰收

并不是所有的北美印第安人都种植植物，在种植农作物的地区以及农耕文明高度发达的地区，人们也需要凭借萨满的超自然能力控制天气，特别是控制雨水来促进农作物的生长。

加州的米沃克人对存在于其社会之中的诸多萨满进行了分类，主要是根据不同萨满所发挥的不同功能，其中有能力控制雨水的萨满被称为"alini nukai"。淡季的时候，人们会请这类萨满来帮助米沃克人种植农作物。萨满在仪式中手持蚕茧沙锤，唱一整晚的神歌便会带来四天四夜的雨。另外，当地还有萨满拥有促进橡树增产的能力。[③]

在干燥的西南部地区，乔克托人萨满为了祈雨，会离开居住地进入森

[①] W. Z. Park, "Paviatso Shamanism", In *American Anthropologist*, *New Series*, Vol. 36, No. 1, 1934, pp. 108–109.

[②] W. P. Clark, *The Indian Sign Language*, Lincoln: University of Nebraska Press, 1982, p. 444.

[③] William S. Lyon, *Encyclopedia of Native American Shamanism: Sacred Ceremonies of North America*, California: ABC-CLIO, Inc., 1998, p. 9.

林，并在那里举行仪式，花上四天四夜的时间召唤风神和水神将雨水带回干渴的玉米田。在控制农作物方面，特别是通过唤醒超自然力量以帮助农作物栽种、成长和收获方面，作为单独个体的萨满通常要屈从于被精心组织起来的一系列祷告与仪式，以促进植物生长。在这种情况下，萨满再次表现出祭司化的特征，仪式变得越来越重要。在祖尼人中，每位农民都会因农作物的耕种而向萨满—祭司求助，美国人类学家库欣记录了相关的仪式过程：

> 萨满用特别准备的专门颜料象征性的标记已用羽毛装饰起来的祈祷杆，并为填满野生烟草的一小节竹竿涂上颜料，人们认为野生烟草是由雨水种植的，因此是神圣的。一旦祈祷杆准备就绪，萨满便往祈祷羽毛上吹气，神圣的"香烟"将能力灌输给竹竿，之后萨满将它们交给农民。农民小心翼翼地用左手拿着，走向自己的新田地。在土方最低处的旱谷中心找一个点（灌溉坝），他跪在或坐在自己的毯子上面向东，然后点燃自己的竹节烟草，并向北、西、南、东，上方和下方分别吹冒出来的烟。然后，将烟桩（smoking stump，即之前抽剩下的竹节烟草）和插着羽毛的祈祷杆举在胸前，开始祈祷。祈祷的对象是与雨水相关的各类神灵，希望神灵不要拒绝给予"饱含水气的呼吸"。之后，他将烟竹（smoke-cane）和祈祷羽毛种下去，相信、渴望并祈求丰收的好运。①

在霍皮人中也存在着类似的仪式，在萨满的指导下他们制作祈祷羽毛或木杆，并将自己的祈雨愿望吹入其中。为了使仪式效果更好，人们要将两种土生土长的烟草和其他的植物混合在一起使用，这种混合物被称为"yoyviva"，意为"雨烟"（rain tobacco），或"omawviva"，意为"云烟"（cloud tobacco）。人们从来不直接吸入这种浓烟滚滚的烟草，只是仪式性地加以利用，他们认为这样的浓烟与云雨相关并因此能带来降水。

---

① William S. Lyon, *Encyclopedia of Native American Shamanism: Sacred Ceremonies of North America*, California: ABC-CLIO, Inc., 1998, pp. 2-3.

三 预言功能

除上述两种功能外，萨满对未来的预见对北美印第安人的社会生活也有着重要影响。预言的本质是萨满通过与超自然世界的交往被示以幻象或给予歌曲，并将这些来自超自然存在的信息与群体成员在仪式中共享或用于个人的治疗仪式当中。在殖民接触之前与之后，北美印第安人萨满的预言功能所涉及与强调的内容发生了重大变化。

（一）一般性的预言功能

萨满的超自然能力包括对未来的预见，做梦或幻象是预言最常见的两种方式。萨满在梦境或幻象中得到有关死亡、疾病、疫情的出现、战争和远征的结果等方面信息，还有些萨满能够确定被盗之物的位置，在清醒之后萨满将预言告诉相关之人或与整个部落群体分享。一般情况下，萨满预言的内容是对个体或部落群体有害的事件或活动，成功或有利的事情往往不能被预见。

对疾病的诊断往往涉及预言，以拿瓦侯人中的拥有抖手（Hand-trembling）技术的萨满为例：抖手者自动进入一种改变的意识状态并在治疗仪式中呈现出特有的抖动和抽搐而被人们视为具有预言的天赋。在改变的意识状态中，其正常的个性被掩盖，还会看到暗示疾病产生的原因和救治方法的各种图像，并在地面上画出预见的各类图案，闪电、圆圈或一个洞都可能是诊断的暗示或预言（有点类似中国古代的占卜技术——扶乩），决定着萨满具体需要采用哪种方法对病人进行救治。

一位帕维欧佐人向人类学家讲述了作为萨满的父亲在帮助他人寻找丢失之物方面的预言："我的父亲（Billy Roberts，住在皮拉米德湖）是一位萨满。他能找到丢失了的或者被偷的东西。人们花钱来让他做这件事。如果有人来找我的父亲并告诉他自己丢了东西。我父亲会让那个人第二天再来，他总要先睡一觉。那一晚父亲的萨满力会告诉他丢失的物品现在在什么地方。如果东西是被偷走的，萨满力会告诉他谁是那个小偷。"①

一些帕维欧佐人还声称白人的到来也早已被萨满预见到了，如在皮拉米德湖有一位叫作 Toiyap 的萨满。在预感到某些事情之后，他高声唱神歌并告诉他的连襟召集齐所有的人。他们点燃一大堆篝火，然后萨满便在火堆旁进入了出神状态。清醒之后，萨满告诉人们皮肤白皙、脸上长有白胡子的人即将来到这里，他们带着大耳朵的白山羊。而 30 年之后，白人果然来了。②但同时也有很多人明确表示，现在很少有萨满能够做出这样的预言，因为他们的法力无法与以前的萨满相比。

殖民接触之后，不同部落中萨满所从事的一般性的预言活动并没有终结，而且为应对新的历史条件，新的预言方式和预言内容逐渐形成并越发为印第安人所重视，也越发为外界所关注。

（二）预言舞和幽灵舞

预言舞（Prophet Dance）涉及的是殖民接触前后的萨满教体验。幻象及其预言的内容大多涉及面对殖民统治，北美印第安人应该怎样行动以避免预测的或已经出现的各类危险，如生态环境的破坏、生活方式的改变、分裂或疾病的危险等。在殖民接触之后，各印第安人部落中萨满的预言功能突出地体现在预言舞当中。事实上，从北美印第安人世界观的介绍当中我们可以发现，很多部落将现在的世界称为"第四世界"，表明在人类历史上曾经出现过其他世界并经历了改造、消亡与再生的过程，因此大多数北美印第安人的萨满教文化中都包含维持宇宙和谐运转、人与自然和谐共处的内容，而预言舞的出现显然是对欧洲殖民主义及其对本土生活方式的威胁所作出的对策性反应。

相关研究表明，萨满对印第安人命运的预言最早可能发生在易洛魁人联盟当中，时间大约在与欧洲殖民者接触前后，预言的内容显示了易洛魁人将迈入一个崭新的时代，并处于和平的环境之后，但并没有涉及现世灭

---

① W. Z. Park, "Paviatso Shamanism", In *American Anthropologist*, New Series, Vol. 36, No. 1, 1934, p. 109.
② W. Z. Park, "Paviatso Shamanism", In *American Anthropologist*, New Series, Vol. 36, No. 1, 1934, pp. 109–110.

亡的内容。这一预言是由易洛魁人萨满 Dekangivida 给出的。但随着欧洲殖民者的迁入，易洛魁人的生活并没有呈现出预言中所预见的景象，由此催生了新的预言活动。1760 年和 1790 年，在东部阿尔冈昆印第安人中，主要是特拉华人和肖尼人中出现了预言舞，因为他们被迫离开自己土生土长的家园大西洋沿岸而迁入俄亥俄州和萨斯奎哈那河附近，因此预言和舞蹈与军事和政治目的联系在一起，旨在驱逐或禁止白人的涌入。但他们最终失败了，并被迫迁入堪萨斯州和俄克拉荷马州的保留地内。

美国人类学家莱斯利·施皮尔（Leslie Spier）指出预言舞脱胎于北美西北高原地区的萨满教，萨满教思想是此类预言运动的核心，内容主要涉及非暴力主义、避免灾难和世纪末日等。① 19 世纪初，预言舞由钦西安人等群体向北传至特林吉特人和海达人，以及亚北极文化区的海狸人当中，这些群体引入预言舞的目的基本相似——预言可能发生的改变并希望和平的生活。

之后，由于共同的历史遭遇和历史使命，预言舞几乎在所有的印第安人群体当中盛行起来，传播的过程中逐渐出现多种变体，幽灵舞（Ghost Dance）便是其中之一。1889 年，一位派尤特人萨满沃沃卡（Wovoka），造就了经典的幽灵舞，并很快以燎原之势传遍平原地区。他的预言带有典型的泛印第安主义色彩，要求各地所有的印第安人联合起来，通过不停跳舞迎接主灵的降临，那时所有已故的印第安人都获得再生，而且白人将不能再伤害印第安人，所有的白人都将被洪水淹没而死去，待洪水退去，只有印第安人和各类猎物可以生存下来等。② 幽灵舞特别受那些亲人在奔波中亡故之人的追捧，人们在舞蹈中体验失去知觉的状态并以这样的形式与已故亲人重聚。由于幽灵舞被殖民者误解为旨在消灭白人的武装运动，因而被视为非法，并于 1890 年冬举行幽灵舞的仪式现场杀死了很多跳幽灵舞的男女老少。

---

① Leslie Spier, "The Prophet Dance of the Northwest and Its Derivatives: The Source of the Ghost Dance", In *Anthropology*, No. 1, 1935.
② Alexie Sherman, *The Lone Ranger and Tonto Fist Fight in Heaven*, New York: Atlantic Monthly Press, 1993, p. 104.

由此可见，预言舞与幽灵舞虽然包含一般的萨满预言的要素，但又明显区别于以往的萨满预言，在其传播与发展中逐渐呈现出泛印第安主义的色彩，是无力改变自身历史命运的北美印第安人对殖民主义影响所作出的消极回应，同时也体现了他们对传统生活方式的美好追忆。正如拉科他人著名的萨满黑麋鹿所言："还有别的东西也死于血泊之中，并被暴风雪掩埋。一个民族的梦就在那里葬送了，而且是个很美的梦。"①

当然，北美印第安人萨满在社会生活中所发挥的作用远不仅于此，有时战争的胜负也取决于萨满法力的强弱，如肖尼人中的著名萨满Tenskwatawa，为确保战争胜利，他身挂护身符，站在山顶，背对战阵，诵唱神歌并将插满羽毛的矛指向敌人。有些萨满还被认为能够帮助不孕的妇女受孕、施行爱情魔法帮助人们选择配偶等。总之，对于北美印第安人来说，哪里需要萨满及其对超自然能力的运用，萨满便会在相关领域发挥重要作用。

第四节　北美印第安人萨满服饰与器具

萨满的标志物是有特殊的服饰象征的，而萨满与超自然世界建立联系的器具则包括萨满在各类萨满教仪式中所使用的器械和服务于仪式的参与者所使用的器具。这些物件既作为萨满身份的标志，也作为萨满行为的辅助工具。

一　萨满服饰

伊利亚德认为，因纽特人萨满教与东北亚萨满教之间的细微差别还体现在萨满服饰和萨满器具上，因纽特人萨满教缺少严格意义上的仪式服装和鼓。事实确实如此，在格陵兰地区的因纽特人中，萨满举行降神会时一般是半裸的，其他文化中精心制作的萨满服在这里毫无用处。通过培训的

---

① John G. Neihardt, *Black Elk Speaks: Being the Life Story of A Holy Man of the Oglala Sioux*, Lincoln: University of Nebraska Press, 1988, p. 230.

第三章 北美印第安人萨满及其特征

内特希利克人萨满，仅从其父母那里获得一顶头饰和一条腰带，仅此而已。① 这一传统在南阿拉斯加地区的萨满身上也有体现，阿留申人、楚加奇人和尤皮克人等族群中，萨满服饰几乎没有装饰或少有装饰，很多萨满身着普通的用动物肠子做成的大衣或裸体进行表演。精心制作的萨满服或许只是腰间简单而少数的兽皮挂件，一些楚加奇人萨满腰间挂有鸟喙。

不仅如此，与典型萨满教流布地区的萨满服相比，大多数印第安人群体的萨满服饰都略显简陋。在高原特奈诺人中，当萨满要施展一种特殊能力的时候通常佩戴象征这种能力的守护神的衣饰，如熊爪、鹰羽、响尾蛇尾端的响环等；塞内卡人萨满与之很相似，在举行治疗仪式的时候往往穿着普通的民族服饰，同时佩戴象征守护神（一般是动物）的饰品，如果萨满需要借助鹰神的力量，便在头饰上插几根鹰羽；如果初马士人萨满的服装算得上华丽的话，不在于其用动物羽毛制作的头饰、用穿成串的小珠子制作的围裙或手中的响器，而往往是因为他们将白色的颜料涂抹在自己身上当作萨满服，其实他们的上身是赤裸的。

相比之下，西北沿海印第安人萨满的服饰要精致得多，特别是特林吉特人萨满。特林吉特人萨满平时的扮相就很与众不同，很容易辨认。他们一般发长及地，头发凌乱，在脑后系成一股或简单打个结，从不梳头发，也不剪头发，头发被认为是萨满灵魂的栖身之所。即使在极度悲痛的情况下，他也只是剪下前面的头发。② 特林吉特人萨满服装包括用动物的角或树枝等制作的头饰、用动物骨头等做成的项链、用晒黑的动物皮或篮筐编织物制作的大衣，配以动物的爪、牙齿、羽毛以及一些制造音效的响器，有的萨满鼻子上还穿有骨钉。德国地理学家欧雷勒·克劳斯向我们简单展示了特林吉特人萨满服的一般特征："……行李架上挂着所有的萨满服饰，上面挂满了牙齿、鸟喙和各种响器，这些是挂在脖子上的，头饰上的貂皮毛

---

① Asen Balikci, "Shamanistic Behavior Among the Netslik Eskimos", In J. Middleton's *Magic, Witchcraft and Curing*, New York: The Natural History Press, 1967, p.194.
② Aurel Krause, *The Tlingit Indians: Results of a Trip to the Northwest Coast of America and the Bering Straits*, Translated by Erna Gunther, Seattle and London: University of Washington Press, 1956, p.194.

一直垂到背部，用山羊毛编制而成的舞裙，还有各种面具和其他东西。"①动物的骨头、牙齿、爪和羽毛通常象征着萨满的某位守护神，衣服上的响器与鼓和沙锤的作用类似，也是用来召唤精灵的。一位萨满可以拥有多件萨满服，用于召唤不同的精灵。有时，在仪式中，萨满也会赤裸上身，外面只裹着一条舞毯。西北沿海其他地区的萨满服通常也很长，可以及地，珠子、贝壳、羽毛和用动物毛发装饰的腰带是比较常见的饰品；在头饰制作方面，有的萨满选黑色或红色且体积较大的啄木鸟的头皮。

阿帕奇人萨满的萨满服上也有着非常丰富的图案，通常以人物形象为主，象征具有超自然能力的萨满或神话中所描述的第一位萨满。②

在各类民族志作品中，对北美印第安人萨满服饰加以描述的材料相对较少，这可能也从一个侧面反映出在制作工艺、精美程度、饰品种类及其所表达的象征意义的丰富性方面，北美印第安人的萨满服都要略逊一筹。

二 萨满器具

在具体的萨满教实践中，萨满与神灵世界的沟通往往要凭借多种器具，不同的印第安人群体中，萨满所使用的器具往往有所差别，即使是同一地区，萨满所拥有的器具也可能表现出多样性的特征。但从北美的总体情况来看，鼓和沙锤等响器、各式各样的面具以及作为守护神象征的法物袋是分布最普遍也是最重要的三种器具。

（一）鼓和沙锤

鼓和沙锤（rattle）在辅助萨满与超自然世界建立联系的过程中发挥着重要作用。鼓的使用最初只限于北美地区，而沙锤在南北美洲的萨满教活

---

① Aurel Krause, *The Tlingit Indians: Results of a Trip to the Northwest Coast of America and the Bering Straits*, Translated by Erna Gunther, Seattle and London: University of Washington Press, 1956, p. 202.
② Esther Pasztory, "Shamanism and North American Indian Art", In Zena Pearlstone Mathews and Aldona Jonaitis' *Native North American Art History*, California: Peek Publications, 1982, p. 14.

动中都有使用。

心理学相关研究表明,鼓在改变人的意识状态方面可能发挥着某种效用,尽管欧美学界对这一问题的最终结果尚存在争议。我国萨满教学者郭淑云在其有关国外萨满心理生理研究的论文中列举了三位美国学者在这方面的研究成果。20世纪60年代初,安德鲁·内赫开始从事击鼓对脑电图作用的实验,并成为这方面研究的先驱。通过实验,他发现击鼓包含许多频率,从而像电流一样同时刺激大脑的感觉区域和动力区域,而且击鼓主要包含低频律,从而在不引起疼痛和伤害的情况下提供大量的能量输入,如果是相同振幅的高频音响,就会引起疼痛和伤害,并由此得出击鼓能引起中枢神经系统发生异常变化的结论。美国精神病学家沃尔夫冈·吉列克在对西北沿海萨利希人萨满精灵舞疗效进行研究时发现,萨满成巫的仪式过程中,鹿皮鼓每秒钟被有力地敲击4~7次。他认为这属于脑电波频率范围,是导致出神状态最有效的范围。美国萨满研究基金会的创始者、核心萨满教的提倡者迈克尔·哈纳在有关击鼓实验中发现,鼓在改变萨满的意识状态方面与致幻剂有着类似的功效,只需掌握适当的技巧和训练。而一种平稳的、单调的击鼓声,大约每秒钟3~6次的频率对于萨满的他界旅行是最有效的。①

在格陵兰地区,鼓是萨满最重要的仪式器具,能够帮助萨满进入改变的意识状态之中。其萨满鼓由鼓圈和鼓面两部分组成,鼓圈和鼓槌一般都是木制的,鼓圈呈圆形,鼓面是由熊膀胱或海豹肠衣缝制而成。萨满举行仪式之前,通常要将鼓面弄潮湿,这样击鼓时便会发出低沉而有力的声音。在奥吉布瓦人中,鼓与起源神话相关,人们认为击鼓能够召唤马尼托能力并帮助萨满进入昏迷的状态。在神话中,鼓有着比沙锤更强大的能力,因为沙锤发出的响声不足以吸引精灵。在神灵的指导下一位印第安人长者化身为鼓,用来召唤精灵,在仪式中鼓不仅受到尊敬,而且鼓本身被视为进入昏迷状态召唤马尼托能力的萨满的治疗能力。② 海狸人萨满鼓上的图案体现了完整的宇宙空间结构,为萨满遨游他界打开了通路。

---

① 郭淑云:《国外萨满生理和心理问题研究述评》,《民族研究》2007年第4期,第94页。
② John A. Grim, *The Shaman—Patterns of Religious Healing Among the Ojibway Indians*, Norman and London: University of Oklahoma Press, 1983, pp. 159–161.

在有些印第安人群体中,频繁用于萨满教实践的响器是沙锤,但尚未有相关研究结果证实沙锤在萨满的意识状态改变方面是否发挥着与鼓同样有效的作用。大盆地的帕维欧佐人萨满在仪式中基本不使用鼓,沙锤是帮助萨满进入改变的意识状态最主要的器具。沙锤主要有两种:一种是鹿蹄沙锤,顾名思义,是用鹿的小蹄子做成的且能发出叮当的响声。制作一个鹿蹄沙锤大概需要15~50个鹿蹄,从末端打通一个小洞,将打好结的鹿皮条从中间穿过去,最后将每个经过处理的鹿蹄绑在柳树枝或灌木枝上。另一种沙锤的制作原料是晒干的鹿耳皮。首先将皮上的毛刮净,浸泡在水中,然后沿边缘缝起来,在里面装上沙子晒干。直到它变得很坚硬才能把沙子取出来,顺着中间留出的口插入灌木枝或柳树枝作为沙锤的手柄,大约8英寸长,最后放入小卵石后将开口缝合。现在的萨满可能用一块圆形的鹿皮代替鹿耳皮,也可能制作双头沙锤。[1] 在一些因纽特人和特林吉特人群体中,相互敲击的木棒、动物的角等有时代替鼓和沙锤发挥类似作用。

在大多数印第安人群体中,萨满举行仪式时会同时使用鼓和沙锤。人们普遍认为这些器具能够帮助萨满召集助手灵或者驱除邪恶的精灵,甚至发挥着提升萨满能力的功能,如特林吉特印第安人认为萨满之所以在仪式中使用鼓和沙锤,是因为所有的精灵都喜欢它们发出的声音。

(二) 面具

对于缺少精致萨满服的因纽特人来说,面具的使用也不是很普遍,在格陵兰地区的因纽特人中,萨满几乎不使用面具。在阿拉斯加南部的阿留申人、楚加奇人和尤皮克人等族群中,萨满只有在举行一些最为重要的仪式时才佩戴木质面具,如迎接萨满最强大的助手灵的降神会或特别关注某类精灵的仪式等。但在尤皮克人中,面具的种类较多,使用似乎更为频繁一些。各类面具大小不一,最小的只能遮住半边脸或者前额,而最大的面具可能有80厘米那么高,此外还有一种手指面具(finger masks),像沙锤

---

[1] Willard Z. Park, *Shamanism in Western North America—A Study in Cultural Relationships*, New York: Cooper Square Publishers, Inc., 1975, pp. 33 – 35.

一样可以握在手中。在这一群体中存在两种类型的面具：一种纯粹是供人娱乐的，面具形象主要是人物、鸟类或者海洋动物；另一种则与萨满教相关，是萨满幻象或超自然体验的再现。萨满或自己雕刻面具或委托技艺娴熟的雕刻者在面具上呈现自己的幻象。仪式中佩戴面具的萨满载歌载舞，重演着自己的超自然体验或追溯神话中早期的英雄或神灵，从而与超自然世界建立联系。狩猎之前，萨满也会举行仪式抚慰兽主以保证狩猎成功。在这类仪式中，萨满佩戴的面具是兽主之类神灵的象征，上面可能绘有用嘴衔着或用爪抓着其他动物的渡鸦，又或者圆形面具的周围挂满了象征动物的饰品。萨满不是通过前往他界的灵魂之旅与兽主取得联系、询问猎物的下落，而是通过佩戴象征兽主的面具迎接神灵的降临，在与神灵融为一体之后，神灵便通过萨满之口直接宣布其决定。①

与之类似，特林吉特人萨满也通过佩戴面具召唤他们的守护神。与萨满服的穿着规则类似，在召唤不同的神灵时他们所使用的面具也不同，萨满为每个精灵准备了不同的面具，佩戴面具是为了吸引精灵。当萨满看见神灵的时候就戴上面具，然后在篝火旁表演一段野性的舞蹈，强烈地扭动着他的身体。

易洛魁人的面具非常著名，其社会成员因佩戴着荒诞不经的木质面具而被命名为"全民皆萨满"的社会，面具象征着各类超自然存在。不同的易洛魁人群体对面具的称呼也不尽相同。塞内卡和莫霍克人称呼面具的词意为"脸"，而奥内达加人将面具称为"Hadui"（驼背者）——一个神话中的人物。对于假面团体的成员来说，面具本身是树神的象征。在古老的起源神话中提到树神将易洛魁人从地下世界带入现世，因此萨满团体的成员对待面具要像礼遇客人一般，不能有丝毫怠慢。一般成员将自己的面具放在法物袋中，和龟形沙锤放在一起，以保护面具不受伤害。每个面具都要饰以充足的烟草，保存的时候面具的正面朝下，龟甲沙锤放在面具后面中空的位置，然后再将法物袋用布包起来。不使用面具的时候，要将其好好保存起来，以免某人突然被神灵附体或看到神灵受到惊吓。对被保存起

---

① Mariko Namba Walter and Eva Jane Neumann Fridman (eds.), *Shamanism: An Encyclopedia of World Beliefs, Practices, and Culture*, California: ABC-CLIO, Inc., 2004, pp. 359-361.

来的面具要定期提供玉米糊，用烟草献祭，用葵花籽油擦拭面具。面具可以继承，但如果没有合适的继承人，面具的拥有者便要将面具掩埋起来。

祖尼人的萨满教团体——卡齐纳社团（Kachina Society）成员也是通过面具与祖先神取得联系的。成员们每年至少要参加一次佩戴面具跳舞的仪式，仪式中，祖先神通过面具返还人间，进入跳舞者的面具当中，如果有人在跳舞过程中突然死去，那么人们便认为那是他的灵魂被祖先带走了。

尽管面具已经成为某些印第安人群体的重要标识，且在这些社会的萨满教实践中被赋予了高度重要性，作为神灵降临或附体的通道而被视为萨满最重要的法器之一，但对面具的使用与强调萨满附体的情况具有一致性，似乎只存在于非常有限的地区和群体之中，大盆地、高原以及平原等地区的萨满几乎很少使用面具。

（三）法物袋

法物袋一般被翻译成"medicine bundle"或"medicine bag"，这一译法显然与早期殖民者和传教士对北美印第安人萨满利用法物袋进行治疗的直观印象有关。在之后的萨满教实践与学术研究的互动当中，"medicine"一词逐渐被赋予了萨满教的含义，特指美洲原住民群体中的萨满教实践与信仰，以及与其相关的神圣事物。从人类学家和民族学家对这两种译法的使用情况来看，基本上没有区别，都用来指涉个体或集体与超自然能力之间的某种神秘关联。

从本质上来说，法物袋并非萨满的专属之物。对于普遍注重神圣体验与信奉个体守护神的北美印第安人来说，守护神所赐予的护身符——法物袋（用于盛放一种或多种法物）兼有个体性与集体性特征。乌鸦人可以通过自身的幻象体验或以买卖的方式获得法物袋，因此与其他平原印第安人相比，其所拥有的法物袋数量要更多。在平原北部，也存在通过买卖或转让的方式获得法物袋的情况，一位黑脚族印第安人可以从其部落成员那里买来法物袋，不仅包括有形的法物还包括一系列配套的神歌。如果部落群体中的某位重要人物受幻象或梦境启发而获得某种法物，那么它便可能成为整个部落的财产从而具有了集体性特征，如存在于不同印第安人群体之中的石刻雕像、神圣柱、烟斗等。不管是为个人还是集体所有，神圣的法物或法物袋都是人与其守护神之间联系的一个符号，构成人与神灵或精灵之间保护与被保护关系的象征。因此，人们对它的态度也是虔诚而恭敬的，制作或打开法物袋都要以仪式的方式进行。普韦布洛印第安人甚至还要用食物对其献祭，而作为回报，守护神会赐予他们好运。

尽管如此，对于萨满来说，法物袋无疑是其所拥有的超自然力的象征，并在萨满教实践中发挥重要作用。拉科他人萨满 Sword 认为萨满或者祭司都是瓦肯存在的代言人，瓦肯唐卡赐予他们能力并使萨满也成为瓦肯，每位萨满都有一个盛放具有超自然力之物的包裹，即法物袋，其中法物能力的大小决定了法物袋能力的强弱，是萨满进行实践的器具之一。"但是白人将其称为医药包（medicine bag），这是错误的，因为里面没有药物。医药包是医生放药物的包。"[①]

一般情况下，新萨满会做有关法物袋的梦，准备自己的萨满法物而且要听从助手灵的指示。萨满的法物袋内有烟斗、烟草、沙锤、小珠子、骨头、羽毛和羽绒等，这些物件都放在用獾、水獭或臭鼬的皮做成的包里。萨满一直守护着这个包并放在自己身边。萨满要严格遵从梦中的指导，否则可能会失去助手灵赋予的能力，还有可能生病或死亡。

以下是帕维欧佐人萨满法物的收集与使用情况：

> 萨满在梦中被告知要准备的典型物件包括沙锤、鹰的尾羽、喜鹊或其他鸟类同一种鸟的绒毛、石头、贝壳、骨珠、管状烟斗、野生烟草，通常还有一块奇形怪状的石头，鸭子或鹈鹕的空心翼或腿骨。当然不同的萨满被要求收集的物件可能各不相同，因为他们在梦中得到的指示是不同的。但有些物件是很基本的，几乎在所有的萨满那里都可以找到，如烟斗、烟草、沙锤、珠子、羽毛和绒毛等。这些仪式器具被放在一个用獾皮制作的包里，如果找不到獾皮，水獭或鼬鼠的皮也可以，再次是鹿皮。法物袋是用动物的原皮制作的。首先将生皮的边缘缝起来，只留一个小口，然后晒干。每一件法物在被放入法物袋

---

① Dennis Tedlock and Barbara Tedlock (eds.), *Teachings from American Earth*, New York: Liveright Publishing Corporation, 1975, p.207.

之前都要单独被包裹好。萨满总是随身携带他的法物，晚上睡觉的时候放在枕下，现在也有些萨满将其置于床下，丢失了法物中的任何一件都有可能导致萨满生病。尾羽的一端用鹿皮条将其与豪猪刺绑在一起，绒羽也被固定在皮条上，一两颗骨珠、贝壳或石头串在离羽毛很近的地方。萨满在给人治病的时候便将这种经过处理的尾羽用鹿皮条绑在一根三四英尺长的柳杆上，立在病人旁边，一般鹰的尾羽被使用的频率比较高。因此，人们可能为了获得鹰羽而捕鹰、养鹰，但他们从不杀鹰，鹰以及其他鸟类都被认为是神圣的存在，能够在治疗当中发挥重要作用。萨满烟斗的柄一般是木质的，现在人们在萨满教实践中一般使用香烟代替烟斗和烟草。烟斗的用处很多，不止用于医疗这种神圣的场合。烟草也一样，可以被仪式性使用也可以用于日常生活。先将烟草放在一个小包里，然后和其他法物一起装入法物袋。治疗仪式中，萨满可能会将烟草与其他的叶子或植物混合起来使用。通常萨满要在离营地很远的地方采集并晒干烟草，使用时要避免经期的女人在场，这被认为是危险的，会威胁到萨满治疗的能力。除了这些标准的配置，有些萨满可能根据梦境中的指示使用骨质口哨，一般用鹰或比较大型的鸟类的翼骨制成，在治疗仪式开始的时候使用它来召唤能力。另外，还有骨制或木制的吸管，通常 6~12 英寸长，平时不用的时候要用羽毛填充其中。所有的物件都要被小心保管，并根据梦中精灵的指示使用。[1]

在一些农业较发达的社会中，如波尼人中，萨满制作的法物袋中通常装有玉米穗或玉米棒，很多仪式中都会用到，以保持波尼人与自然及其与神灵或精灵之间的和谐关系。当然，地域不同，萨满所凭借的法物也存在差异，如在平原地区萨满会按照梦中精灵的指示制作一种大长笛子用于爱情魔法。南阿拉斯加的萨满制作一种用于治疗的娃娃，功能与吸管差不多，主要用于取出入侵身体之物等。总之，法物袋及其中的法物是精灵在场的

---

[1] Willard Z. Park, *Shamanism in Western North America—A Study in Cultural Relationships*, New York: Cooper Square Publishers, Inc., 1975, pp. 33-36.

可见标志，当萨满需要精灵帮助或保护的时候便会在仪式中打开法物袋，取出象征相应能力的法物用于治疗等用途。

  上述这些象征物是萨满教观念的物化形式，也是萨满进行萨满教实践活动的有神秘力量的工具。各种萨满服饰和萨满器具所采用的材料和制作的形状，对识别萨满文化的类型、探索不同族群萨满文化的发展及其相互影响的关系很有价值。

第四章
当代乔克托人萨满及其萨满文化实践
——以女萨满苏珊为例

本章将引入一个现代个案研究的实例,个案研究的对象是一位乔克托人女萨满——苏珊·萝丝·格里马蒂尔(Susan Ross Grimaldi,以下简称苏珊)。作为北美本土乔克托人萨满文化传承人,她不仅凭借卓有成效的萨满文化实践赢得了族人的认可,而且活跃于当代美国社会的萨满文化活动当中,可被视为北美印第安人"标志性文化"(萨满文化)的杰出代表。对其个体"生命史"进行剖析与研究,无疑可增强我们对于具体历史背景下特定印第安人群体萨满文化现象的认识,同时也是我们理解作为"整体"的北美印第安人萨满文化之关键所在。进行个案分析之前,我们有必要首先对萨满苏珊所在群体的历史文化背景有所了解。

第一节 乔克托人的历史与文化变迁

乔克托人文化脱胎于衰落的密西西比文化,并在密西西比社会瓦解之后成为相对独立的印第安人群体。在遭遇欧洲殖民及与基督教相遇的过程中,乔克托文化受到欧美文化及基督宗教文化的重大影响,并在迁入保留地之后迅速适应了这种转变。历时几个世纪的文化接触、压迫与同化,使

第四章　当代乔克托人萨满及其萨满文化实践

乔克托人的传统文化几近消亡,古老而传统的萨满教信仰受到严重破坏。

一　乔克托人的原生文化

乔克托人,又称"阿尼特萨塔人",操乔克托语,属霍卡苏语系乔克托语族,为"穆斯科格人"的一支。历史上乔克托人从属于北美东南文化区,曾分布在美国密西西比河和汤比格比河(Tombigbee)流域,后迁往俄克拉荷马州、密西西比州和路易斯安那州。

乔克托人文化脱胎于衰落的密西西比文化,是霍普韦尔人的后裔。考古学和历史学的相关研究表明,乔克托人的祖先至少于8000~4000年前已经生活在密西西比地区,狩猎可能是其当时主要的生计方式。历史学家库什曼(Horatio Cushman)曾于其著作中写道:"古代乔克托人通过他们的传说描述过,他们见过森林中的巨大野兽,这些野兽行走时大地都震颤起来。"[1] 结合其他的历史学与考古学资料,他推断野牛、乳齿象、北美驼鹿和猛犸象等大型动物曾是古代乔克托人赖以为生的主要猎物,这种情况一直延续至更新世晚期。

大约公元700~900年,农业显然早已取代狩猎成为密西西比人主要的生计方式,人们居于大大小小的村落中,以玉米、豆类和其他谷物为主要食物来源。酋长制成为很多密西西比人社会组织形式的基础,等级分明且权力集中,仪式中心、土丘和公共广场表达了首领和祭司在政治和宗教上的联合。在对神圣能力的认识方面,他们往往将外在于部落群体的能力视为神圣,如出自大湖地区的稀有矿物或太阳神所赐予的火源都被视为神圣能力的象征,部落首领往往通过对这些外部能力的控制而获得其在族人中的权威地位。另外,被密西西比人视为神圣的图案——圆及中心的十字与古老的萨满文化观念相吻合,可能暗示着密西西比文化中悠久的萨满文化传统。16世纪40年代早期,西班牙探险家赫南多·德·索托(Hernando de

---

[1] Horatio Cushman, *History of the Choctaw, Chickasaw and Natchez Indians*, Norman: University of Oklahoma Press, 1999, pp. 149-150.

Soto）于北美南部地区进行探险活动并最早接触了密西西比文化。而与早期探险与殖民活动相伴的疾病的引入则加速了该文化的灭亡，造成了酋长制的瓦解与社会的分裂。① 但正是密西西比文化的衰落在客观上催生了相对独立的乔克托文化。

17世纪，乔克托人从密西西比人中分离出来作为一个独立的民族而存在，但从欧洲殖民者对其最初的文化印象中仍依稀可见密西西比文化的缩影，如衰落的酋长制、长于农耕（辅以渔猎和采集）、对土丘的神圣理解、对外部或外来能力的崇拜等。同时，在欧洲殖民者的描述中我们也可以看到当时乔克托人社会明显的母系氏族特征——女性主要从事农耕和采集，养育孩子也是女性的主要职责，男性在抚育子女方面发挥的作用较小等。

从宗教信仰方面来看，太阳崇拜较为突出。乔克托人视太阳为强大的神灵，是伟大能力的象征。他们认为太阳神掌握着人与万物的生死，其根源亦可以追溯至密西西比文化，而且对太阳的崇敬也是东南部印第安人文化的共同特征与重要组成部分，与其以农耕为主的生计方式密切相关。另外，乔克托人早期具有代表性的建筑是一种被称为"Nanih Waiya"的大型土丘，因与起源神话相关而被赋予神圣性，很多乔克托人认为其祖先便是经由这个土丘而从地下世界进入现世的，体现着与东南部其他印第安人群体较为相似的宇宙观。

另一则有关部落迁徙的神话讲述了乔克托人的祖先在萨满的带领下，越过千山万水，历经艰难险阻从密西西比河以西的某个地方迁徙至现在的住地。萨满手拿红色神杆，指引族众一路向东前行，直至神杆能够直立于营地的中心，才最终定居下来，并按照大神的指示生活在这片土地上。② 笔者认为，这则迁徙神话所包含的基本要素为乔克托人代代相传，可能是比较接近最初版本的相关神话，从中可见乔克托人古老的萨满教信仰。

在医疗方面，乔克托人往往会求助于"Kwanokasha"——一种隐匿于

---

① Mariko Namba Walter and Eva Jane Neumann Fridman（eds.）, *Shamanism*: *an encyclopedia of world beliefs, practices, and culture*, California: ABC-CLIO, Inc, 2004, p.285.

② Patricia Kay Galloway, *Choctaw Genesis*: 1500-1700, Lincoln: University of Nebraska Press, 1995, pp.331-332.

第四章 当代乔克托人萨满及其萨满文化实践

山洞中类似于小男孩儿的侏儒灵。他专门诱拐进入森林中的儿童，并将他们带回自己的住处，引荐给洞中的另外三个精灵，三个精灵会赐予孩子不同的礼物——刀、有毒的植物和用于治疗的药物，接受不同赠礼的孩子会相应变为杀人犯、害人的巫师、救死扶伤的巫医或萨满。① 在医疗范围内对巫师或萨满进行善恶划分与乔克托人对超自然存在的分类是一致的，他们相信存在善与恶两类不同的神灵或精灵，也认同即使在医疗范围之外，对于拥有接触神圣之能力的萨满或巫师来说也有着善与恶的本质区别，尽管他们对萨满的这一看法会在特定的历史时段内发生改变。

二 殖民遭遇与基督宗教的影响

继 16 世纪西班牙探险家首次接触密西西比文化，一个多世纪之后，乔克托人迎来了法国探险家和殖民者，随后英国殖民者也陆续进入乔克托人生活和居住的珀尔河（Pearl）、奇克索韦河（Chickasawhay）以及汤比格比河流域。

不同的欧洲殖民者对乔克托人采取的殖民政策也不尽相同。法国殖民者一直力图保持与乔克托人之间的友好互动关系，并于 17 世纪末 18 世纪初在上述地区建立起比洛克西（Biloxi）和莫比尔（Mobile）等城市。乔克托人多居于此类城镇之中并与白人通婚，这就不可避免受到欧美文化的强烈影响，主要体现在果蔬的园艺种植、家禽家畜的饲养以及对欧美服饰的部分接受等方面。这样，经过近一个世纪的发展，乔克托民族也逐渐发展壮大起来。与法国殖民者不同，英国殖民者与契卡索人结成联盟，还曾煽动契卡索人袭击乔克托人。在英国盟友提供的枪支弹药的帮助下，契卡索人在战争中明显占据上风，造成数以百计的乔克托人被俘并成为奴隶。对于有着崇信外力传统的乔克托人来说，致其失败的枪支弹药象征着英国殖民者的某种神圣能力，而且他们对这种神圣能力的控制已经威胁到了乔克托

---

① Mariko Namba Walter and Eva Jane Neumann Fridman (eds.), *Shamanism: An Encyclopedia of World Beliefs, Practices, and Culture*, California: ABC-CLIO, Inc, 2004, pp. 285–286.

民族的生存与发展。

与基督宗教相遇的过程也体现了乔克托人将外力视为神圣的传统，不管是基督宗教的神职人员还是教会的圣物都是作为外力的象征而被赋予某种宗教意义的。18世纪早期，耶稣会传教士来到密西西比河谷下游地区传播天主教信仰期间，一群乔克托武士偷走了教会的圣物并将其用于传统的舞蹈和仪式之中；还曾出现过乔克托人请求传教士帮助他在狩猎中获得好运的情况。不明就里的传教士以为这个乔克托年轻人想皈依天主教，便很高兴为其举行了洗礼。但当这个乔克托人再次找到他的时候，传教士才明白自己并没有真正理解这个年轻人的意图并为之感到震惊。这个乔克托年轻人向传教士传达了这样的信息：之前为其举行的仪式是无效的，因为他并没有在狩猎活动中成功捕获猎物。[1] 显然，在这一过程中，乔克托人认为传教士是掌控某种神圣能力的外来者，并将其简单植入自身的萨满文化传统之中加以理解，认为传教士与萨满一样是拥有并可以运用超自然能力为其提供帮助的宗教专家。由此，作为西方宗教文化代表的基督宗教与本土萨满文化传统之间的张力可见一斑。

三 民族国家制度下传统文化的衰落

在"印第安人迁移法案"（Indian Removal Act）实施之前，乔克托人几乎从未与美国政府发生过冲突，而且在美国独立战争期间，乔克托武士还帮助美国取得了胜利。之后，为了扩大领土范围以容纳更多的欧洲移民，同时也为了获取更多的自然资源，自1805年开始，美国政府开始与乔克托人签订一系列条约。通过最后三项条约，乔克托人于1830年将原本属于自己的大片领土割让给美国政府，大多数乔克托人被迫离开自己的家园，迁入密西西比河以西的印第安人保留地，从而成为《印第安人迁移法案》的第一个本土受害者。在这一过程中，乔克托人的传统文化受到严重破坏。

---

[1] Mariko Namba Walter and Eva Jane Neumann Fridman (eds.), *Shamanism: An Encyclopedia of World Beliefs, Practices, and Culture*, California: ABC-CLIO, Inc, 2004, p.286.

第四章 当代乔克托人萨满及其萨满文化实践

美国政府大肆侵占领土的行为对乔克托人传统的生活方式构成了威胁，传教士的同化政策也强迫着他们改变传统的宗教信仰，这一切使得乔克托人面临着前所未有的压力。多种原因综合之下，人们最终将矛头直指群体内部的萨满，并将攻击萨满作为发泄压力和不满情绪的出口。1810～1820年的乔克托人社会中，萨满被等同于巫师，被视为威胁群体安全的"杀人者"和"圣物破坏者"。对手指控这些萨满白天是正常人，夜晚便以闪闪发光的幽灵形式在空中四处游荡，所到之处会射出一种散布不幸与疾病的箭，这种箭是萨满邪恶力量的象征。因此，在这段历史时期内，很多无辜的乔克托人萨满被杀害，同时也有很多人为了避免无端的指控而选择逃离。但让人不解的是，当时的人们普遍认为乔克托人与白人结合的混血儿可以免受萨满邪恶能力的侵害，这可能与乔克托人对外来神圣能力的信仰有关。[①]虽然，这一时期乔克托人对萨满的态度发生了强烈的转变，但萨满文化实践并没有就此销声匿迹，而是体现出一种与基督宗教相结合的特征。19世纪20～30年代的乔克托人首领仍坚持与萨满之间的对抗，他们举行会议并通过法规，允许把在夜间危害人群的黑萨满直接处死，但不可否认的是乔克托人仍旧进行着古老的萨满文化实践，只不过幻象中的神圣象征呈现为基督宗教所代表的能力。此类"老酒换新瓶"的把戏在受基督宗教影响的北美印第安人群体中非常普遍，使我们联想到很多印第安人虽然接受牧师的洗礼成为教徒，但他们对基督宗教的理解却来自古老的、本土的萨满文化理念——通过自身的幻象体验直接与耶稣基督对话。

迁入保留地之后，欧美文化的影响仍在继续，乔克托部落成员战胜了各种困难，并迅速适应了这种转变，创造了自己的书面语言，转为自耕型农业。在宗教信仰上改信基督宗教，通过制定宪法解放黑奴并吸收其为部落成员，建立民主政体。乔克托人现多与白人通婚，注重发展文化教育事业，文化程度较高，成为美国"五大开化部落"之一。至1985年，其人口已达2万多人，成为美国第三大原住民部落，俄克拉荷马州乔克托民族

---

① Mariko Namba Walter and Eva Jane Neumann Fridman (eds.), *Shamanism: An Encyclopedia of World Beliefs, Practices, and Culture*, California: ABC-CLIO, Inc, 2004, pp. 286-287.

(Choctaw Nation of Oklahoma) 和乔克托印第安人密西西比游群 (the Mississippi Band of Choctaw Indians) 是受美国联邦认可的两个乔克托部落。但毋庸置疑的是，在这一漫长的、逐渐迈向"文明"的历史进程之中，乔克托人的传统文化几乎消失殆尽，萨满教信仰亦受到严重破坏。

第二节　乔克托人女萨满——苏珊

苏珊出生于传统的乔克托人家庭，是当代美国乔克托人部落中著名的萨满文化传承人，不仅在其族人中享有很高的声誉，而且在美国，甚至整个北美地区都有相当的影响力。作为中国长春大学萨满文化研究中心的外聘教授，加之多次对中国北方萨满文化的实地考察，也使她与中国的萨满文化研究结下了不解之缘。2011年6月末，苏珊萨满及其男友在美籍华裔学者史昆教授的引荐与陪同下再一次来到中国内蒙古呼伦贝尔地区进行短期的萨满文化考察，拜访了当地颇具威望的达斡尔族斯琴挂萨满和她的徒弟沃菊芬萨满，实现了中美萨满文化的一次有益交流与对话。笔者也有幸参与了此次活动，并利用这次难得的机会对苏珊萨满进行了深入访谈。在她的热情配合下，笔者掌握了有关她以及北美印第安人萨满文化的大量一手材料，而她也成为引领笔者进入"彼岸"萨满文化世界的直接向导。

一　成长与学习经历

苏珊，女，61岁，萨满医术咨询师 (shamanic healingcounselor)，美国乔克托印第安人部落注册成员，佛蒙特州注册心理咨询师，土著人文化联合会副主席。苏珊出生并成长于地处俄克拉荷马州东北角的奥扎克山脉 (Ozark Mountains) 下的丘陵地带 (印第安人保留地)。其家族血统比较复杂，她的母亲是一位切罗基印第安人，而且是著名的切罗基部落首领约翰·罗斯 (John Ross) 的后代，其祖父母分别是切罗基印第安人和乔克托印第安人。苏珊的祖母原本出生于印第安人保留地中一个很普通的家庭，但很小的时候由于父母双亡而被部落首领领养并抚育成人，这种领养方式

第四章　当代乔克托人萨满及其萨满文化实践

是由乔克托人的传统习俗所规定的。因此，苏珊与两个来自不同印第安人群体且传统氛围浓厚的家庭有着难以割舍的"亲缘"关系。其中成长于传统乔克托人家庭的祖母在苏珊成长为萨满的过程中对其产生过重要影响。也正是由于这一原因，苏珊对乔克托人有着更为强烈的族群认同感，在向外界介绍自己时往往直接称自己为乔克托人。

苏珊于7岁时第一次产生幻象，受到神召，后来便在深谙乔克托人萨满文化传统的祖母的指导下成为萨满，那时她只有19岁，至今从事萨满文化实践已有42个年头。

16岁时，苏珊因加入位于帕特尼（Putney）的国际生活实验（Experiment in International Living）①这一组织而来到佛蒙特州（Vermont），并最终选择在这里定居。因为在俄克拉荷马州变得"干燥、狂风四起和满是灰尘"之后，她"爱上了佛蒙特州——爱上了这里的人和葱翠的草木"。②

高中毕业后，她选择了戈达德大学（Goddard），主修心理学和艺术学。大学期间，她曾在瑞士的苏黎世荣格研究所（Jung Institute）学习了一段时间。大学毕业之后，她来到安提亚克学院（Antioch College）继续深造，攻读教育学和心理咨询的硕士学位。

苏珊认为是天赋与爱好共同成就了自己的萨满事业，"我对有关人类境遇的神话和集体无意识的神话很感兴趣，因此，对我来说，帮助人们解除病痛也成为很自然的事情"③。

她曾有过一段婚姻，育有一子一女，儿子现正于芝加哥大学学习科学史专业，女儿也在美国的一所学院深造。苏珊现在的生活与精神伴侣名为约翰·R. 劳伦斯（John R. Lawrence），73岁，美国人，人类学博士。与苏

---

① 国际生活实验是一个世界性的组织，为美国大学生和世界各地不同年龄的人提供语言、文艺、社区服务、生态探险和国际跨文化教育的地区考察项目。其使命是"通过理解、交流与合作孕育和平"以及"与来自不同传统的人分享体验、语言和习俗，目的是开阔眼界、获得终生的友谊并推动和平"。
② Nat Frotbingbam, "Susan Grimaldi Heals by Restoring the Soul to Wholeness", In *The Bridge*, June 2–15, 2011, p. 3.
③ Nat Frotbingbam, "Susan Grimaldi Heals by Restoring the Soul to Wholeness", In *The Bridge*, June 2–15, 2011, p. 3.

珊一样，他也是一位萨满医术咨询师，但长于按摩治疗，是美国按摩理疗协会成员。他曾到南美洲、亚洲和欧洲探险，进行过萨满文化考察，还曾受图瓦共和国总统邀请到该国参加萨满文化的调查工作。成为萨满的类似经历以及作为萨满的共同使命使他们在生活和工作中都非常默契，能够相互理解、相互支持彼此的事业，经常共同进行萨满文化的田野考察。用苏珊自己的话来说，"我们都找到了自己一直要寻找的另一半，我们非常般配"。

二 文化传统的继承者

通过对苏珊萨满进行访谈，印证了我们之前从书本中获得的很多信息，使那些原本离我们仿佛很遥远的"异邦"及其历史遭遇，突然间变得真切而具体。以下这段访谈记录便在某种程度上再现了乔克托印第安人传统文化遭到破坏的场景以及苏珊是如何在其祖母的帮助和教导下成为乔克托人文化传统的继承者：

  A：采访人：李楠

  B：受访人：苏珊萨满

  C：参与访谈人：约翰萨满

  D：参与访谈人：史昆

  采访时间：2011年6月26日

  采访地点：中国吉林长春，乘汽车前往长春萨满欢乐园的路上①

  A：请问您是否同意录下我们之间的这段对话？

  B：是的，我同意。

  A：您刚才提到印第安人文化受到很大破坏？

  B：是的，我出生在美国俄克拉荷马州乔克托印第安人部落，在我出生几十年前，族人便被强迫离开他们自己原来居住的地方，很多文

---

① 下文访谈内容中，如出现同样人物名称皆以字母代替。

第四章　当代乔克托人萨满及其萨满文化实践

化传统在迁移的过程中被毁坏了，而且他们（白人）把印第安人的孩子带离他们的家园，送去寄宿学校，让他们住在那里，并在那里接受白人学校的教育，不能回家。

C：学校一般离他们的家非常远，孩子们必须要和自己的家人分开。

B：他们完全是被强迫与家人分开的，根本没有征得印第安人的同意。我祖母8岁的时候便被送到一所寄宿学校，被迫离开自己的家园。

D：哦，原来是这样，人们还以为是印第安人父母把他们的孩子送到那里去的呢。

B：根本不是那样。她是被迫的。

C：政府甚至把他们房门的钥匙都偷走了。

A：那么，印第安人儿童在寄宿学校中的生活怎么样呢？

B：在那里，孩子们被逼迫放弃自己的母语而改说他们的（白人的）语言，其原有的实践方式被剥夺，被要求在学校里面学习。

A：这样的话，他们不是会忘记自己本民族的文化传统吗？

B：没错，他们被迫忘记所有这些传统的东西，如果有人坚持便会遭到惩罚。于是我的祖母暗自发誓不管发生什么，她都要牢记我们民族的传统知识，并将之一代一代传承下去。但她的孩子们对此并不感兴趣。你知道的，他们觉得如果继续坚持这些传统会给自己的生活增添很多麻烦，甚至是艰难困苦。但我对此非常感兴趣，所以她把我拉到一边，私下里告诉我所有的事情。这些知识都是她教给我的。

A：我想，她之所以将所有的知识传授给你也是发现你很有这方面的天赋吧？

B：是的，她确实是这样认为的。她发现我有天赋是在一次我生病的时候，当时我得了风湿热，发高烧，病得很厉害，其间我产生了幻象。从那之后，我很容易进入昏迷状态，就连在学校的时候也是这样，当老师用粉笔轻敲黑板并不断用单调的语调讲课时，我通常无法保持清醒，并进入一种梦幻状态（dream state）。

A：也就是说你进入了一种幻象状态，对吗？

189

B：是的，一种改变的意识状态（altered state of consciousness）。（苏珊模仿使自己进入昏迷状态的粉笔敲黑板的声音和老师单调的讲课声）我无法保持清醒，也抗拒不了，于是进入了梦幻状态。所以，我的祖母发现了我的这种特质，并避开我的父母，秘密地教导我。她用很隐蔽而且很简单的方式教导我，所以没人察觉到。她把我拉到一边教我如何编制串珠，教我怎样成为一个真正的人，她是这么说的。关于这一点，她告诉我要尊重自然，因为自然要比人强大得多，是她帮助我了解生命的秘密。她还教我一些非常实用的生活技能，如怎样剥动物皮，怎样将食物密封保存，怎样制作生皮，如何为动物配种等所有这些重要的生活技能。还有就是在我们的文化中怎样做一个女人，怎样照顾自己的家人，我需要知道的这些知识，都是非常基本的。那时，我的其他家人并没有教我这些，事实上他们传授给我的东西非常少。我也没在学校学到什么，因为我总是进入昏迷状态。所以，这便是我受教育和成长的主要方式，基本上都来自我的祖母。

A：这样说来，你的祖母在你的生命中有着非常重要的地位。

B：是的，两个祖母都很重要。我的外祖母是切罗基印第安人，我刚才跟你说的是乔克托族的那个祖母，就是被迫离开家人到寄宿学校的那个。我见过她（祖母）的母亲，她们的辫子到膝盖那么长，我的曾祖母根本不会说英语，只说乔克托语，我和她说话的时候仍旧只说乔克托语。我从她那里学到了一些乔克托语，虽然很多都忘记了，但她说话时的情景我还记得（模仿曾祖母说乔克托语）。我还知道怎样用乔克托语表达数字和颜色。每次谈到她我都很容易激动，因为她现在已经不在人世了。

（说到动情处，苏珊萨满流下了激动的泪水。不忍触动她内心深处的情弦，于是我主动终止了我们之间的这段对话，并希望她能够平静下来。）

在与苏珊的交往中，我深刻地体会到祖母在苏珊萨满心目中的重要地位，这位继承了乔克托人的传统文化、以产生幻象的能力和萨满医疗智慧而著称的祖母对苏珊的一生产生了重要影响。也正是她在苏珊7岁第一次产生幻象体验的时候给予指导,并以乔克托人传统的方式将苏珊培养成为深受其族众爱戴的萨满。

三 成为萨满的经历

在苏珊7岁那年,她得了一场重病,被诊断为风湿热,一直发高烧,病得很重。卧床昏迷的那段时间里她产生了人生中的第一个幻象,印象极为深刻,她回忆道:

> 当时就好像是手抓着飞机的机翼飞离了这个世界一样,机翼就靠在我的胃部。在另一个世界当中,我见到了我的乔克托人祖先们,并为他们所接受。他们围成一圈,其中一位是乔克托部落的大萨满,在我出生之前他就已经过世了。他了解古老的医疗方面的秘密并治愈了我。当时我躺在一张野牛皮上,旁边有一堆火。他敲着鼓。我感觉好些之后,他倾下身将自己的额头贴在我的额头上。当时我便感觉到数以千计的知识点融入我的体内,远远超出了我原本的理解范围,他将知晓(knowing)的能力传授给了我。当我返回这个世界之后,病就真的好了。我的精神很饱满,好像被净化过一样,很清醒,只是身体有点累。但我知道我已经好了。①

苏珊从昏迷中清醒之后便康复了,家人还请来了医生为她诊断,令医生们感到惊奇的是苏珊好像没有得过风湿热这种病一样。如果不是体现在心脏上的细微变化,医生们真的会以为他们诊断错了。此后,苏珊发现自己变得与以前大不相同,主要体现为两点:首先,她发现自己很容易进入一种昏迷状态,能够轻易地产生幻象,就如同她在受访时所描述的那样,在一种单调且有规律的节奏声中,她便无法保持清醒从而进入一种改变的

---

① 受访人:苏珊,采访人:李楠,采访时间:2011年6月26日,采访地点:长春萨满欢乐园。

意识状态之中；其次，她发现自己已经具备了洞察世事真相的能力，包括分辨一个人是否说谎、是否有所隐瞒、发现通奸的隐私以及人们是否相互欺骗等，她还能听到他人内心深处的声音、感受到他们的感觉，而且还具备了预言的能力。当我问及她是如何在小小年纪便拥有了这样一种超凡的能力时，她运用了一个非常生动的比喻来回答我的问题：

> 那次高烧其实是天赋的显现，就如同你使用电脑一样，如果你下载了某个文件，就会迅速获得上面所有的信息。这与我那次发高烧其实是一样的，我很快便获得了所有信息。自那以后我就发生了变化，我可以洞悉万事万物最真实的一面，但我不知道该怎么做，因为已经没有任何意义了，人们相互欺骗，伪装自己，而且变得不再诚实，这是我所不能理解的。

苏珊的这种变化，唯独引起了身为萨满的祖母的重视。祖母告诉苏珊，她很可能已经被祖先神灵选中并注定要成为一位医者（healer）或萨满，自此便以乔克托人的传统方式指导苏珊进行萨满教实践。很少有人知道苏珊的祖母是一位萨满，用苏珊的话来说，祖母是一位"隐秘的萨满"（secret shaman），几乎没人知道而且祖母对此也是讳莫如深。因为在当时的社会环境中，将自己的萨满身份公之于众是一件非常危险的事情，很可能会招致迫害，几乎所有的印第安人都处于一种非常恐慌的状态之中，任何本土的文化活动或萨满教活动都被认为是不好的或非法的。所以祖母一直以一种隐秘的方式教导苏珊如何成为一位真正的萨满。19岁那年，苏珊开始正式为人治病，标志其成为新一代的乔克托人萨满。

从苏珊萨满的领神方式上来看，显然属于传统的神召型，神灵出现于她的梦境或幻象中，给予她指导和启示，而萨满病是其受到神灵召唤的外在标志。然而，在另一个世界当中，与她相遇的众多祖先神是所有乔克托人共同的祖先，而选中她作为萨满继承人的显然是那位治愈其疾病并传授其知识与智慧的、伟大的乔克托人萨满。而且，在苏珊成为萨满的过程中，祖母显然作为师傅萨满并在许多年中对其进行培训和指导，苏珊所有的知识和智慧都来自祖母的教导和其他守护神的启示。

第四章 当代乔克托人萨满及其萨满文化实践

在萨满是天生为之还是可以经过后天培养的问题上，苏珊和约翰的认识稍有出入，以下这段对话体现了他们对这一问题的不同看法：

A：那你认为萨满是需要具备一定的天赋，还是人人都可以成为萨满呢？

B：我认为萨满是天生的，成为萨满的天赋或者是与生俱来的，或者是在你成长的过程中突然出现的。对我来说是这样，这是我的理论。那次高烧改变了我的大脑，发生了一些事情让它改变。其实在此之前我已经表现出很多与众不同的潜质，我认为正是这两点成就了我。所以我认为成为萨满的天赋是与生俱来的。

C：你知道吗？世界上不同地区的人类群体都有自己的萨满，如南美、北美、亚洲、非洲等。我认为我们每个人都具有成为萨满的潜质，只不过并非每个人都培养了它。苏珊认为，这可能源自天赋，并不是所有人都具有这种天赋。但我们还可以理解为有很多人将这种天赋丢掉了。

B：我们每个人都做梦，而且我们也都可以进行自我治愈，但只有萨满将其作为自己毕生的事业。这是他的天职，也是萨满与普通人不同的地方。

虽然苏珊与约翰有着相似的成为萨满的经历（约翰于幼年时也生过一场重病，产生了灵魂出离身体的幻象），但在这一问题上，苏珊根据自身的经历和乔克托人的萨满文化传统，显然更重视成为萨满的先天因素，而且这种先天因素显然要得到神灵的认可并以神召的形式体现出来。另外，苏珊对约翰的回应其实是从社会功能的角度将萨满与普通人加以区分。她并不否认人人都有可能在萨满文化观念的指导下进行实践，但只有萨满将其视为"毕生的事业"和"天职"，而且萨满并不是一个可以自封的头衔，而是要通过自己行之有效的萨满文化实践获得他人的认可，苏珊之所以被其族人称为萨满，便是出于这种认可。而约翰的观点显然与美国当下核心萨满文化实践者们的理念很吻合，认为人人都具备成为萨满的天赋，只要经过后天的培养或特定的培训便可以成为萨满。

193

四 萨满服饰与法器

2011年6月的长春之行，我们有幸与苏珊萨满一起参观了长春大学萨满文化博物馆，博物馆中收藏有苏珊萨满的一套萨满服和部分器具，是她于2006年无偿赠送该馆的。自那时起，苏珊便将长春视为自己的第二故乡，因为在长春大学的博物馆中存放着与她有着生命与能力关联的服饰和法器。除此之外，苏珊从美国带来的影像资料也为我们提供了与之相关的部分信息。二者互为补充，结合苏珊萨满的讲解，使我们能够较为全面地理解其萨满服与法器的来源、制作工艺与象征意义等。

（一）苏珊的萨满服

苏珊的萨满服虽不如典型萨满教流布地区的萨满服那样精致、复杂，但与一般北美印第安人萨满的服饰相比还是较为讲究的。制作一套萨满服往往要花费她多年的时间。苏珊的萨满服主要由头饰、衣服、腰带、鞋以及其他一些附件构成。

头饰可分为前后两部分。后面的部分呈扇形，一般用较大鸟类的羽毛，如鹰、野火鸡的羽毛等制作而成。苏珊制作过很多这种扇形物，现在使用的一顶扇形物上的羽毛可能来自一种非常高的鹤，是图瓦共和国境内的萨满从他们自己服饰上摘下来送给她的。头饰前面部分的饰带有着非常复杂的构成，最外面是一层海狸皮，里面填充着生野牛皮和一条小毯子。小毯子原本是苏珊祖母的生活用品，后来被苏珊用于头饰制作之中。仅从外部看，人们根本看不到里面的填充物，只能看到海狸皮，它紧贴着苏珊的额头。饰带上面一般也插有鹰或野火鸡的羽毛，只不过相对于后面扇形物上的羽毛要短小一些。饰带的中间挂有一个闪闪发光的铜镜，据苏珊说，这面铜镜能够反射出一切危险、邪恶和消极的能量，从而起到保护的作用。另外，头饰上还有两条用极小的红颜色的珠子串成的垂带，佩戴时分别垂于脸庞两侧，垂带是蛇的象征，中间的圆点象征蛇的洞穴。总之，头饰制作所使用的各种动物身体的某一部分以及代表动物的饰品都是萨满动物助

第四章　当代乔克托人萨满及其萨满文化实践

手的象征。

　　苏珊的衣服一般都是根据幻象中的指示制作而成的。与苏珊现在使用的萨满服相关的幻象内容是她被告知要使用三只小鹿的皮，且必须是母鹿的皮来制作萨满服。三只小鹿的皮都是完整的，没有经过裁剪，只需要把边缘的地方缝合起来即可。在长春大学萨满文化博物馆中展出的萨满服也是按照幻象中的指示用一头母鹿的皮制作而成的，具体的细节一般也都要根据幻象内容而定。苏珊在制作萨满服时遵循一个基本的原则，即保持所使用皮革的完整性，充分利用整张皮革，从不轻易裁剪掉任何一部分，对于缝合之后多余的部分苏珊也会巧妙地加以利用，顺势直接剪成一绺一绺的皮条，作为装饰。衣服上则少有图案加以装饰，只在两肩的部位绘有响尾蛇，胸口处绘有一只晨鸟。响尾蛇是对苏珊的医疗实践非常有帮助的一种动物，早在她7岁的时候便出现于她的梦境之中。晨鸟位于服饰中心紧贴胸口的位置。据苏珊介绍说，晨鸟源于神话，象征着万物创生的中心、精子和卵子结合的地方、生命的源泉。在长春大学萨满文化博物馆展出的那套萨满服，晨鸟的心脏处还标志以仙人掌的图案，这种能够产生致幻作用的仙人掌象征着萨满进入昏迷或入迷状态的能力。

　　腰带可能是苏珊萨满的萨满服中最为复杂的部分，上面挂有很多饰品和响器，如贝壳、珍珠、五颜六色的石头等。腰带上还有用镍做成的雷鸟，形象似鹰。据苏珊介绍说，在她很小的时候就得到了这种雷鸟，并用绿色的南瓜花进行装饰，且这些都是其家传之物。腰带也是用海狸皮制作而成的，她用自己制作的钩子将饰品、响器与海狸皮紧紧钩住，非常结实。苏珊笑称，即使有一天她离开了这个世界，这些物品（腰带及上面的附件）仍可能完好无损。对于腰带的功能以及其所象征的神圣能力，苏珊是这样解释的：

　　　　腰带是我的朋友。这条腰带是一条神圣的腰带。它帮助我们把在我们体内啃噬我们的东西弄出来。这条腰带是我的老师，教我怎样掌控从自己身体里移除的这些东西并教我怎样才能不害怕。这条腰带是力量的源泉，提醒我这些年学习到的经验教训，绝大多数都很棘手。

腰带提醒我不要畏惧艰难之事，而是要从困境当中寻找出路。这些是用与树木的心脏和血液相接触的树液阀做成的，树液滋养着树木。这象征着春天即将到来，当冬季离开大地的时候树液便开始流动。春天来了，树液便开始流动。树液流入每一金属片之中。这些阀门来自特别的地方和特别的树，这个地方和树对我意义重大。腰带扣下面藏着一个蛇头，代表着一种隐藏的天性……①

在长春大学萨满文化博物馆展出的那双莫卡辛鞋是苏珊从外祖母那里继承来的，先由外祖母传给她的母亲，再由母亲传给苏珊。苏珊现在举行仪式所穿的鞋子来自一位向她求助的病患，这位被苏珊治好的齐佩瓦人将自己保存了50多年的鞋子送给苏珊作为礼物。鞋是用兔皮制成的，毛向里皮向外，苏珊非常喜欢它。

萨满服是提升萨满能力的重要辅助工具，一般给病人治病的时候苏珊不会穿萨满服，只有遇到比较棘手的问题如病情严重的病患，或者比较盛大的仪式如需要多位萨满共同作法时，她才会穿上萨满服。

(二) 各类萨满法器

苏珊所使用的萨满法器包括萨满鼓、沙锤、贝壳、神杆、法物包 (medicine bundle) 和法物袋 (medicine bag) 以及其中各种神圣的物件。除此之外，苏珊的法器还包括一些来自北美其他印第安人群体的仪式器具，如烟斗、哗啦板儿、精灵口哨等。

萨满鼓、沙锤和贝壳都是帮助萨满进入改变的意识状态非常重要的法器。萨满鼓是苏珊萨满最常用到的仪式器具，鼓面一般用野牛皮制成，上面所描绘的动物是萨满的动物助手。仪式中，萨满、参与仪式的萨满助手或病人家属往往要一同击鼓帮助萨满进入昏迷或入迷的状态。苏珊带来的影像资料记录了她于2006年4月在家乡举行的一场治疗仪式，仪式中苏珊的徒弟和病人的家属、朋友围坐成一圈，每人手中各执一面鼓，帮助位于

---

① 受访人：苏珊，采访人：李楠，采录时间：2011年6月27日，采访地点：长春开往齐齐哈尔的火车上。

中心的苏珊进入改变的意识状态。另外，苏珊的萨满鼓有大小之分，外出考察时一般携带方便的小鼓，以便随时与神灵沟通、向神灵献祭。

沙锤和贝壳也是苏珊比较常用的仪式器具。苏珊认为，沙锤也是法力强大的器具，能为治疗提供支持性力量以确保治疗的完成。存放于长春大学萨满文化博物馆中的沙锤，是按照海龟的外形制作的，上面附有海龟的灵，充满了活力与生气。摇动沙锤不仅能够帮助苏珊进入幻象，还可以吸引光线聚焦于疾病的位置，引导她接近疾病从而进行治疗。从贝壳发挥的功能来看，与沙锤差不多，而且通常与抖手（hand quivering）的技术相互配合，用于治疗中与病人的身体之间建立联系。由于贝壳具有轻便和易携带的特点，因此也是苏珊外出考察之时较为常带的器具。

神杆一般用于治疗仪式的舞蹈当中。萨满手持神杆跳舞，在四周传来的击鼓声中进入昏迷状态，邀请祖先神和其他神灵前来给予指导和帮助。苏珊说，这根神杆是蛇的象征，但她并不害怕，因为伟大的创世力会通过神杆进入自己的体内，并使她充满能力。

在苏珊的萨满法器中还有一些来自北美其他印第安人群体的器具。现在存放在长春大学萨满文化博物馆中的烟斗便来自温尼贝戈部落。烟斗柄上刻有潜鸟的头。这个烟斗的柄长29英寸，烟锅儿是用一种特殊的烟斗石做的。据苏珊介绍说，这种烟斗石只存在于明尼苏达州，在世界上的其他地方都找不到，因此印第安人相信这种石头所呈现出的红色是由大屠杀中印第安人流出的鲜血浸染而成。对于苏珊来说，烟斗是印第安人古老而神圣的器物，需要关心和保护。为了保护烟斗，她亲手用整张浣熊皮制作了烟斗袋，以盛放烟斗，到现在已经有20多年的历史了。苏珊非常喜欢这个烟斗袋，并认为这只浣熊能够在死后，皮被制成烟斗袋是一种极大的荣耀，因为它将自己与神圣的烟斗联系在了一起。另外，苏珊的器具还有来自派尤特人部落、曾出现于幽灵舞中的咔哒杆儿（click sticks），加州波莫人制作的同类打击器哗啦板儿（clacker），以及用于寻求帮助的精灵口哨（spirit whistle）等。

从笔者所掌握的资料来看，北美印第安人萨满一般将法物袋视为精灵能力的象征，当人们面临危机或身处困境的时候便取出法物袋中的法物，召唤特定的神灵或精灵以寻求帮助。而且虽然在不同地区的印第安人中使用的名称不同——法物袋（medicine bag）或法物包（medicine bundle），但从其所发挥的功能来看并没有什么本质区别。但是苏珊萨满却对二者进行了严格的区分，"法物袋和法物包的制作方法是不一样的。我用了几十年的时间制作法物袋，而法物包只用了几个月。法物袋是针对我的能力而言的，法物包是用来为人治病的。我可以向法物袋中添加新的物件，但对于法物包，自从做好之后我就再也没有打开过"①。

由此可见，苏珊的法物袋与其他印第安人萨满所使用的并无不同，其中的各种神圣物件都是按照梦中或幻象中神灵的指示进行收集的，每一种圣物都代表一种特殊的能力。苏珊现在所使用的法物袋中主要装有以下神圣物件：神圣的烟草、原始玉米棒（古老的印第安人最初种植的玉米，只有手指那么长）、彩带（象征彩虹）、白色的小水晶（具体什么用途不是很清楚，但就北美地区的一般情况而言可能用于诊断或治疗）、一小块野牛皮（制作鼓面时剩下的部分）、各种草药（展示于长春大学萨满文化博物馆中）、小树枝（被雷电击中或象征生命力的新枝），另外还有象征动物助手的原型动物身上的某一部分，如响尾蛇的响尾、熊爪、猫头鹰爪、麋鹿的牙齿等。②法物包体现出的是一种专门用于治疗的整体性的神圣能力，在整个法物包的制作过程中，萨满始终要以一种虔诚而恭敬的态度对待，制作的每一步几乎都伴随着特定的仪式，如为特定物件举行的净化仪式、请求神灵降临给予智慧和指导从而制作出最好的法物包的降神仪式，以及最后将所有物件放入法物包中时用烟草进行献祭等。

第三节 苏珊的神灵世界与医疗实践

通过访谈，苏珊向我们展示了出现于其幻象之中的典型的萨满教三界

---

① 受访人：苏珊。采访人：李楠。采录时间：2011年7月1日，采访地点：内蒙古海拉尔金草原宾馆。
② 受访人：苏珊，采访人：李楠，采录时间：2011年7月2日，采访地点：呼伦贝尔大草原上。

宇宙观图景，且详尽介绍了位于不同界层中、类型较为固定的超自然存在（不同类型的超自然存在与萨满一样可以自由游走于三界之间）。对苏珊的萨满教宇宙观及其神灵世界的了解有助于我们进一步理解其萨满文化实践，特别是其中最为重要的医疗实践。

一 幻象中的世界图景

与大多数北美印第安人萨满一样，苏珊萨满也是在幻象中与超自然世界产生关联，有时这种幻象是突如其来的，有时她需要在鼓、沙锤或贝壳等器具的辅助下，通过集中意念进入一种改变的意识状态之中。苏珊可能直接获得指导性和启发性的幻象，也可能召唤某个或某类神灵与其交际，或者开启一段灵魂旅行。对于最后一种情况而言，呈现在她面前的是一幅不同于人类生活世界的宇宙图景。虽然每次进入这一超自然世界的方法不尽相同，但幻象中的世界还是呈现出某些固定的特征。对苏珊而言，幻象中的世界非常清晰地被划分为三个部分，即上界、中间的人类世界和下界，而且上界和下界分别由不同的层级构成，一般而言上界有9层，下界有3层。虽然超自然世界中的各类存在可以自由往来于各界的各层级，但它们也有着较为固定的居所，苏珊总能在某一特定层级中与某一或某类超自然存在相遇。

以下这段文字较为完整地展现了苏珊于幻象中体验到的世界图景：

> 整个世界由三部分构成，上界、中界和下界。三界之间的区别在于，上界和下界中不存在物质实体（physical reality），二者都以一种梦境的世界呈现（dream world）。当然，中界也存在一个梦境世界。
>
> 我能到达上界的第五层，有时也会进入更高的层级，但一般我只在前三层之间游走。在上界我能看到很多东西，如一些四处游荡、没有进入中心圣光（The Light）之中的灵魂，还有一些灵魂顺着向下的旋涡进入我们生活于其中的现实物质世界，等待投胎；我在第二层还会看到一些走失了的灵魂，当然他们也可以出现在其他层级；有一处类

似人间仙境的地方,到处是动物和植物,那是印第安人"幸福的狩猎场",是个无忧无虑、充满幸福的世界。狩猎场和我们现在生活的世界差不多,只不过所有的事情都很简单,有着充足的食物供给,每个人都很健康、快乐,没有死亡和伤痛,也没有痛苦和苦难,每个人都很满意自己在那里的生活。在其边缘地带我看到一条长龙穿梭于各界之间;我还看到众多的灵魂在圣光中得到赐福,并融入深奥而和谐的创世力之中;我也经常去往空无之地,它位于上界的第七层,那里什么也没有,漆黑一片。

我的老师们(teachers)一般位于上界的第一层,包括已故的萨满、智者、草药医生、充满智慧的部落首领等,他们能够为人们提供保护和指导。其中对我来说非常重要的守护神,一位是年轻的男性印第安武士,还有一位年长的智者。后者非常聪敏而且总能给我带来惊喜,经常通过亲身演示来向我展示一些知识。我的祖母也会引导我。现在我还发现自己的母亲也出现在那里保护我。还有一条由乔克托人祖先的灵魂汇集而成的河流,这条河流能为我带来能力并用他们的泪水和所经受的磨难给予我启示。

下界也有多层,我通常只到第一层,一般树和动物都存在于下界之中。下界很宽广,与我们生活的世界最大的不同是下界没有邪恶,而且处于一种平衡协调的状态。相较之下,上界更为广阔、空旷,也更为纯净,好像地平线一样,很难描述。老师们、各种动物和灵魂都可以在上界与下界之间自由游走或飞行,只不过我更常在上界的第一层看到我的老师们,而动物们一般待在下界。有时下界的动物也能带我进入上界,比如说鹰,我可以坐在鹰的背上一直飞到上界。

我可以通过很多方法进入上界。有时,我爬上一棵巨大的树,一直爬到树的顶端并继续向上就能到达。有时我踏上拱形的彩虹,当我走到弧形的顶点时,向上一跃便可跳上云端,一直向上直到穿越一层薄膜或进入由云朵形成的通道中。当我站在一座高山的顶端时,用力向上一跃也可进入上界。有时,我还可以顺着冉冉升起的圆柱形烟雾一直爬上去,烟雾会将我带到上界。还有的时候,一阵强大旋风就能将我一直向上带入上界。

我一般会钻入一个洞进入下界，洞口在一棵特别的树的根部。我顺着这个地道下去，出口是一个巨大的山洞。通常会有一只动物在那里迎接我……①

上述口述内容较为清晰而完整地展示了乔克托人萨满教的三界宇宙观，宇宙树、彩虹、高山、烟雾、旋风等作为连接三界的通路都是三界宇宙观具有代表性的象征符号。而且从这段描述中我们也可以得到有关乔克托人萨满教灵魂观和神灵观的部分内容，为我们进一步进入苏珊的神灵世界奠定了基础。

二 苏珊的守护神

根据苏珊的口述内容，其主要的守护神大致可被分为四类，包括已故之人的灵魂、作为整体而存在的民族祖先神、动物助手和自然力。

第一类：已故之人的灵魂。这类守护神包括苏珊的祖母、她的曾祖父和母亲、一位年轻的男性印第安武士和一位很瘦且很聪敏的长者，而且这位长者以演示传递知识的方式让苏珊感到很受用。但这些人生前并非都是乔克托人，只有那个印第安武士和苏珊的祖母是乔克托人，她的曾祖父是切罗基人，而那位充满智慧的长者则来自一个非常古老的印第安人部落。当然，苏珊的祖母、曾祖父和母亲也可以被视为她的祖先神，但都是以个体形式而存在的。

第二类：整体性的民族祖先神。在苏珊的幻象中存在一条由乔克托人和切罗基人的部落祖先构成的河流，作为一种整体性的能力而成为苏珊的守护神。在苏珊看来，所有的乔克托人和切罗基人部落祖先将他们的能力、生命力、遭受的苦难和智慧都凝聚在这条河中，并表现为一种整体性的河流之力（river force）。站在部落祖先的背后，苏珊于河水中感受到这种河流之力所代表的智慧、知识和理解力进入并贯穿她的身体，成为其能力和智

---

① 受访人：苏珊，采访人：李楠，采录时间：2011 年 7 月 1 日，采访地点：内蒙古海拉尔金草原宾馆。

慧的重要来源并能为其所用。她说:"我非常强烈地感受到这种支持,祖先之河中全都是我的乔克托人和切罗基人祖先们,他们很大声跟我说话,声音中充满了痛苦,同时也饱含智慧。他们遭受痛苦和充满智慧的泪水清洗了我的双眼,使我能够清晰地看到幻象内容并得到他们的帮助和指导。"[1]

以下是苏珊萨满在仪式中召唤祖先神的唱词:

祖先们,我记得你们。
祖先们,我尊敬你们。
祖先们,我召唤你们。

家族祖先们,我召唤你们。
家族祖先们,我尊敬你们。
家族祖先们,我欢迎你们。
请与我们建立联系。
请与我们建立联系。

我们认出了这片土地上的神灵。
我们欢迎这片土地上的祖先们。
让我们与熊、鹰、鹿、狐狸、猫头鹰和隼比肩而行。
让我们聚在一起,内心充满美好的愿望。
并在祝福这一最为神圣礼仪的过程中分享。[2]

从这段唱词中可见,她对自己的祖先神进行了区分,包括了我们上述的两种祖先神类型,即作为个体存在的家族祖先和作为整体存在的乔克托人及切罗基人祖先。

第三类:动物助手。苏珊有很多动物助手,这在我们之前对萨满服饰和法器的介绍中可见一斑,但在她看来,其中 5 种动物助手显然与其关系最

---

[1] 受访人:苏珊,采访人:李楠,采录时间:2011 年 7 月 1 日,采访地点:内蒙古海拉尔金草原宾馆。
[2] 受访人:苏珊,采访人:李楠,采录时间:2011 年 6 月 27 日,采访地点:长春开往齐齐哈尔的火车上。

第四章 当代乔克托人萨满及其萨满文化实践

为亲密,是她最重要的能力来源之一。这5种动物作为她的守护神与她有着不解之缘,能够给予她能力和指导。

第一种动物助手是鹰或隼。苏珊与鹰之间的联系源于梦境,她梦见自己是一只鹰,并以鹰的身份生活在这个世界上。她能感觉到鹰飞翔时的感觉,敏锐的双眼能看到很远处微小的物体。鹰或隼因为给予了苏珊上述能力和属性而成为她的守护神或助手神。第二种动物助手是熊。在苏珊很小的时候,她的父亲猎获了一只巨大的科迪亚克岛熊(阿拉斯加),并将熊的头、牙齿、皮毛、兽皮和爪都放在家中壁炉前的地板上。苏珊总喜欢躺在它的背上,心中充满了对它的爱并能感受熊的强大能力以及来自它的保护。这只熊的熊爪现在还被放在苏珊的法物袋中,她认为熊能够帮助她将疾病抽取出病人的身体,而且非常有效,所以在治疗的时候经常召唤这一精灵助手。第三种动物助手是响尾蛇。响尾蛇的响尾来自苏珊的曾祖父,之后不久苏珊便生病并第一次受到神灵召唤。对她来说,响尾蛇的能力只能为非常强大的医者所拥有,对于治疗实病和实症特别有效。第四种动物助手是海狸。在一次划独木舟外出的途中,苏珊在海狸的引导下进入了一个海狸王国,并受到它们的热烈欢迎。之后苏珊便产生一种自己化身为海狸的幻象,在这个海狸王国中她有了自己新的家庭。她从海狸那里学会了游泳、行走以及咀嚼物体的方式,并感到浑身充满了能量。现在,当她在治疗仪式中需要忍耐力和力量的时候便会想起并使用这一能力来源。第五种动物助手是美洲豹。这种动物平时很难见到,在一次旅途中苏珊与其结缘并得到能力。据苏珊说,美洲豹教会了她以隐秘的方式行动和隐形的能力,这是一种生存的能力,特别是一个人独处于野外的时候。她也在梦中与美洲豹精灵相遇,并拥有了它的能力,如灵敏的嗅觉、聚焦的能力以及对细节的关注等。在医疗实践中,美洲豹能够帮助她解决疑难病症。

最后一类守护神是以自然力的形式出现的,如风、水和火。苏珊认为这类自然力也能够作为她的助手神,并在治疗实践中给予她能力。

总之,苏珊认为上述守护神都是其超自然能力的来源,所有这些神灵或精灵都是大神——创始者的不同方面,他们之间没有等级之分,可以根据实际情况决定需要哪种能力的帮助。苏珊虽然没有明确将大神列为自己的守护神,但从其对大神以及医疗实践的描述中,我们可以很肯定,这种原始而普遍的创世力显然也能为其所用。

三 萨满医疗及其影响

在北美印第安人萨满所有的功能当中,医疗功能是最重要的,这一点也体现在苏珊的萨满文化实践当中。虽然她也进行其他的萨满文化实践,如举行祝福仪礼、命名仪礼(以仪式的形式为新生命命名并迎接其到来)、感谢仪礼以及送魂仪式等各类仪式或其他的预言占卜活动,但治疗仪式显然有着不可比拟的重要性。在我们的访谈中,她所讲述的案例几乎都与治疗有关。她19岁开始行医治病,至今已有41个年头,她治疗的病人来自各行各业,包括医生、护士、学生、儿童等,还有一些外国人也慕名而来找她治疗。因此,除了"萨满"这一族人赋予的称谓外,苏珊常以"医者"自居,"我的工作主要就是从病人体内移除疾病,并将病人灵魂还原至整体性宇宙(wholeness),恢复病人原来的精神状态"。

苏珊的萨满医疗主要体现在两个方面,一种是生理疾病的治疗,另一种是心理治疗(包括情绪问题)。笔者亲眼所见的,苏珊于中国举行的治疗仪式从本质上来说只能算是疾病诊断,并没有进行治疗,因此只能通过转述其他的治疗案例来说明其萨满医疗实践。

苏珊曾为一位头部受到严重撞击的女孩进行治疗。这位病人是一名飞行学员,在准备跳离飞机的时候,她的飞行日志掉在了机舱的地板上,她弯腰捡拾日志,起身的时候头部狠狠撞在了支撑机翼金属支架的角上。在她向苏珊寻求帮助之前,已经被医院确诊为脑损伤并接受过医生的治疗,但口吃、头晕目眩、乏力以及记忆问题仍旧困扰着她,让她感到很痛苦。苏珊为她治疗的时候,首先通过击鼓以让自己进入一种改变的意识状态之中,然后使用一种"抖手"(hand quivering)的技术双手检查她的全身。通过诊断检查,发现她的大脑已经因为脑震荡严重受损,左眼后面的部分已经出现肿胀,这一损伤已经扰乱了其大脑功能。因此,在幻象中,跟随守护神的指引,重新唤醒了她脑部受损的部分,使肿胀的部分逐渐变小,如

仪式中的苏珊萨满

同修复脑电传输的线路一般。治疗之后，女孩的症状便减轻了。[①]

类似治疗成功的案例还有很多，很多病人都是在医院确诊之后向苏珊求助，其中包括一位被医院诊断为患有肿瘤的男子，在经过苏珊的治疗之后肿瘤便消失了，只不过采用的治疗技术略有不同，如采用"抽取"疗法进行治疗等。

治疗生理疾病只是苏珊萨满医疗的一部分，她还为患有心理疾病或情绪问题的病人进行治疗，包括因丧子或丧父而处于极度悲伤之中的人，虐待儿童的人，容易愤怒和失控的人，情绪失落、精神紧张以及处于恐惧之中的人等。苏珊认为很多前来寻求治疗的病人并不是患有生理上的疾病，

[①] 受访人：苏珊，采访人：李楠，采录时间：2011年6月27日，采访地点：长春开往齐齐哈尔的火车上。

而是存在内在的理解性问题,如"他们可能忘记了自己是谁,也不知道自己该以怎样的一种状态生活在这个世界上,或者他们需要改变自己看问题的方式,而不是陷入一种错误的观念当中。还有些人需要在人际关系方面给予指导,他们不是很清楚自己应该如何迈出下一步"①。面对这样的病人,苏珊会产生一种不同于治疗生理疾病时的强烈感觉,"我需要对他们说些什么,揭示其内心的问题和障碍,给他们一些信息,并为其寻求解决的方法和途径"②。对于此类疾病的治疗,苏珊也需要首先进入幻象之中,然而呈现于其幻象之中的是一本充满智慧的书本,而且她认为自己与中国内蒙古自治区莫力达瓦达斡尔族自治旗的沃菊芬萨满获得神灵指示的方式很相似,"沃菊芬萨满给人看病的时候拿起佛珠,便能听到祖先传达信息的声音。我和她的方式有点像,但也不完全一样,对我来说不需要使用佛珠,好像有一本巨大的、厚厚的书放在我的面前,是有关理解的。当需要此类帮助的人来到我的面前,我就好像翻开了这本书,有关他们的问题都写在这本书上,包括他们接下来应该怎么做,我只要照着书上的内容念给他们听就可以了。对那个人来说这是一件非常棒的事情。那是一种智慧,普遍存在于宇宙中的智慧,对每个人来说都是智慧,但对那个人来说更具有针对性。不管人们遇到什么问题,智慧都会相应地给予指导和给出解决的方法,非常明确地指导这些人需要什么"③。通过这种方式,苏珊帮助过很多患有易怒、情绪低落、心律失常等问题的人。

现今苏珊的萨满医疗已经为美国的医学行业认可,她也曾多次被请入医院的重症监护室或病房当中,为那些希望通过萨满教的方式进行疾病治疗的病人服务。可见,在美国,至少是部分地区,萨满已经进入现代医疗系统当中,对那些信仰萨满教且希望由萨满为其治疗的病人,医院一般会尊重个体的信仰和医疗习惯,同意或者帮助他们请来萨满进行治疗。作为

---

① 受访人:苏珊,采访人:李楠,采录时间:2011年7月1日,采录地点:内蒙古海拉尔金草原宾馆。
② 受访人:苏珊,采访人:李楠,采录时间:2011年7月1日,采录地点:内蒙古海拉尔金草原宾馆。
③ 受访人:苏珊,采访人:李楠,采录时间:2011年7月1日,采录地点:内蒙古海拉尔金草原宾馆。

医者，苏珊也同样需要具备一定的职业操守，如在得到病人允许的情况下进行治疗，不会在未得到病人许可的情况下擅自闯入其私人空间等。据同行的史昆教授介绍说，在美国，萨满医疗，主要是心理咨询方面的治疗，它也帮助犯罪的青少年重新找回丢失的自我，实现心灵的回归，以使迷途的孩子重返正轨。

结　语

　　萨满教究竟是地方性现象，还是世界性现象？20世纪以后，随着越来越多民族和地区萨满教相关材料的发现和发掘，很多学者认为萨满教是世界性现象，其依据主要体现在以下几方面。

　　其一，萨满教是一种基于人类原始本能的意识改变状态（入迷）而形成的宗教现象，这种本能在古老的社会中曾属于每位社会成员，在后来的发展中才逐渐专属于萨满一类的人神中介者。萨满教是古老的入迷技术这一观点是由著名的宗教学家伊利亚德提出的。伊利亚德认为，萨满与神灵沟通的"疯狂"或"昏迷"、"入迷"行为是萨满教的基础或总根源。而这个总根源作为宗教基础是普遍存在的，并非北极地区萨满教所专有。之所以说萨满教是世界性的现象，是因为世界各个地区萨满教实践的相似性衍生于变化状态的人类神经系统行为方式。[1] 人类学家温克尔曼（Michael Winkelman）曾对4000年时间跨度中的47个社群进行过观察和比较，并得出结论：公元前1750年（巴比伦）至今，所有的文化都使用意识改变状态进行宗教和医疗实践。[2]

　　其二，萨满教是史前狩猎社会的产物。很多学者提出，萨满教是人类最古老的文化现象，由于人类是作为狩猎采集者而得到发展的，所以把萨满文化的许多特点归功于这种生活方式。同时，拥有狩猎采集传统的北美

---

[1] J. Lewis Clottes and D. Williams, *The Shamans of Prehistory: Trance and Magic in the Painted Caves*, New York: Harry N. Abrams, 1998, p. 19.

[2] Hans Mebius, "Ake Hultkrantz and Study of Shamanism", In *Shaman*, Vol. 13. Spring \ Autumn, 2005, p. 18.

印第安人以及存在于世界各地的狩猎群体仍旧保留萨满教也为此提供了证据。萨满教与狩猎社会密不可分，这几乎是研究界的共识。在一般意义上，史前人类狩猎社会明显地利用萨满教这个古老的文化来代表，萨满教深深地根植于古老的狩猎文化中。[1] 所以萨满教在不同的地方可以同时发展，它是通过有天赋倾向的人或者循环的社会需要而不断传承的。[2]

其三，萨满教有一套特殊的元素并由此构成各种复合系列，这些元素和系列是普遍存在于世界各地。因此，一些学者认为，世界各地所有萨满教实践都有其相似性，特定地域或特定文化中的人们都能够观察到一些典型的萨满教母题。匈牙利著名的萨满教专家 V. 迪奥赛吉（Vilmos Diószegi）在撰写当时出版的《大不列颠百科全书》（*Encyclopaedia Britannica*）中的萨满教词条时指出：在世界任何地方的原始人群中都可以发现这种和萨满教的特点相似的现象。在这种系统中核心的人格是巫师、医生以及类似的人。他们通过入迷与其他世界进行沟通。[3] 萨满教学术领域广泛流行的规范性研究常常是通过把萨满教的各种组合因素进行分类，将其作为萨满教特征，并依据这些特征和由这些特征组合的具体系统，对萨满教的本质进行概括。关于"萨满教特征"的具体内涵，在大的方向上学者们基本已经达成共识，但在对具体特征的看法上，仍各执己见。事实上，萨满教实践中存在各种各样的形式。一些抽象模式的选取对于研究传统社会的萨满文化是必要的参照，但毕竟每一个特定的人类社会都是一种"文化"，都是一个整体，在这个整体中，各种宗教成分构成了一个极其特殊的和个别的样式。[4] 按照这样的理解，萨满教是在人的心理活动与社会文化的相互关系之间实现的，研究萨满教应该充分注意到这个概念下的文化实践的多样性。所以我们说

---

[1] Ake Hultkrantz, "Ecological and Phenomenological Aspects of Shamanism", In V. Dioszegi and M. Hoppal's *Shamanism in Siberia*, Budapest: Akadémiai Kiadó. Dolgikh, 1978, pp. 51–52.

[2] Hans Mebius, "Ake Hultkrantz and Study of Shamanism", In *Shaman*, Vol. 13. Spring \ Autumn, 2005, p. 17.

[3] Vilmons Diószegi, "Shamanism", In *Encyclopaedia Britannica*, 15th ed, Vol. 16, Chicago: Macmillan, 1974, pp. 638–641.

[4] 〔英〕埃里克·J. 夏普：《比较宗教学史》，吕大吉、何光沪、徐大建译，上海人民出版社，1988，第 231 页。

萨满教既是一种世界现象，同时也是受民族、社会、地方局限的特殊现象。

在研究领域，关于萨满教到底是普遍的文化现象还是地方性的现象的问题一直争论不休，在学者那里既有持"普遍论"者，也有坚持"地方论"者。虽然普遍论者在萨满教的研究历史中越来越拥有优势地位，但地方论者也占据一席之地，它的学术遗产被持有文化相对主义和多元文化理念的人类学学者或多或少地继承着。

美国人类学家博厄斯提倡文化相对论，重视文化发生和发展的独特价值。在萨满教考察和研究的早期，博厄斯组织了由美国和俄国学者共同参加的"杰塞普北太平洋考察队"，对太平洋西北沿岸的诸多土著民族的生活考察延续了40年之久。他们的考察成果集中出现在由他组织编纂的《杰塞普北太平洋考察》（*The Jesup North Pacific Expedition*，莱顿、纽约，1900~1930）出版系列之中。以博厄斯为代表的20世纪初的美国人类学家在考察、描述、研究西伯利亚以及北美部分地区萨满教的学术活动中，努力对不同民族的信仰状况、口传历史进行具体研究和尽可能细腻的描述，提倡历史的、个别文化的深层研究，尊重土著民族信仰文化的独特性，重视从民族文化自身出发对现象进行全面的了解，追求对所研究民族或地区萨满教信仰状况尽可能完整的观察和历史过程分析。实证主义的历史研究是《杰塞普北太平洋考察》的显著风格。

后来从事萨满教研究的一些学者从不同角度继承了博厄斯的传统，他们的兴趣在于对个别现象的了解方面，强调文化与社会之间的互动关系和深层的民族个案研究。一些学者十分重视各个民族的礼仪、服饰、铃鼓、送葬仪式、舞蹈、雕刻品等方面的研究，这种研究方法不仅可以了解到萨满教（比如西伯利亚萨满教）的整体样貌，而且有助于揭示各个民族的历史文化渊源。苏联著名的民族学家和宗教历史学家阿尼西莫夫（Anisimov）花了很多年的时间研究鄂温克族群部落的历史，他指出不同民族的萨满教存在着明显的不同。阿尼西莫夫认为这些不同点不是由民族文化决定的，而是特定民族的社会经济和文化发展水平决定的。这一观点同样适用于分布于不同地区、有着不同经济类型和处于不同社会发展阶段的北美印第安人群体。北美北部地区是狩猎传统保留最为完整的地区，社会发展水平较低，表现出典型萨满教的诸多特征。相对而言，在农耕文明较为发达的北美南部地区，萨满有着明显的与其社会发展水平相适应的祭司化倾向，萨满常常兼具祭司的特征和功能，萨满与祭司各司其职的现象也很普遍。很显然，在处于社会发展不同阶段的族群中，宗教和它的基础——社会经济发展水平——是以不同的方式联系在一起的。所以阿尼西莫夫指出，需要有一种具体的历史方法论把对萨满教的研究看成是特定族群的一个历史方面。只有把萨满教与民族历史联系在一起，才能正确地了解它的社会功能。[①]

美国现代萨满教兴起的萨满教"技术化"运动，导致很多学者对于人类学方法回归的呼唤。人们认为，萨满的本能，他（她）进入昏迷的能力，可能是普遍的，但这种能力并非独立于土著群体而存在，萨满的行动是为了其群体的利益，也是为了安慰那些由不确定的事情而产生的恐惧；同时萨满的活动不可能脱离群体的文化想象，他所提供的观念应该是群体思想的表达。因而只依赖萨满技术是不能充分研究萨满教的。所以更多的学者倾向于把萨满的精神表现和这种表现的社会作用结合起来考察。[②] 多米尼克·斯克若德（Dominik Schroder）概括地指出："萨满教是萨满以一种制度化的和程式化的方式在人类与其他世界之间进行沟通的、服务于社会的昏迷术。"乌尔素拉·克诺尔-克瑞凌（Ursula Knoll - Greiling）认为："萨满是一类人，由于特别易患病的体质，具有创造特别状态的能力（昏迷术，改变意识状态），通过与超人类经验的力量（精灵）的合作在氏族事务（疾病、狩猎、战争等）中发布预言，对社会发挥一种宗教—医疗的影响，这种影响与氏族文化框架结合在一起，在其中履行一种必需的社会心理作用。"[③]

通过对北美印第安人萨满教的研究，我们可以得出这样的结论：萨满

[①] I. S. Vdovin, "The Study of Shamanism among the Peoples of Siberia and the North", In Hoppál Mihály's *Samanizmus Archivum*, 1990, pp. 265 – 268.

[②] 对部落精神医生观念的变化，人们可以在列维-斯特劳斯、西尔弗曼、隆梅尔和哈利法克斯的著作中发现。这些变化根植于欧洲和美国对非西方文化传统态度的一般变化，远离启蒙运动的理性主义和唯物主义的精神走向精神的和非理性的方向。

[③] Anna - Leena Siikala, "The Rite Technique of The Siberian Shaman", In *FF Communication*, No. 220, Cademia Scientlaum Fennica, 1987.

教既是世界性的,也是民族性的宗教现象。我们说萨满教是民族性的,因为萨满文化存在于具体活动的语境和群体之中,为此我们尊重各个民族自身对其萨满教的解释。萨满教与人类的象征生活是交织在一起的,它显示了人类存在所要对应的那些关系,具体化了人类在各种历史和环境语境下的经验状况,在深度和广度上反映了人类对自己的理解和希望。如果我们希望从人类学的视角理解萨满教,我们还需要对上述宗教系统在文化群体的象征思维活动以及这种思维活动支配下的个人或集体行动进行考察,我们会把萨满教当作一种文化的象征系统,在萨满活动与社会生活各个方面的联系中展开讨论。萨满教包含很多经验材料,它与人的经验世界相互联系,是连接人类不同经验的媒介,它由此显示了自身的现实性,因此允许一种人类学的描述和分析。

我们说萨满教是世界性的,那是因为它扎根在人类世界文化存在条件的方方面面,它发展出各种各样的形式,在数不清的文化表达中实现自身。在人类的发展中,萨满教在人类文化生活中不断提供一种互动和沟通的媒介,与各种不同时代文化需求结合在一起。为此,我们不但要讨论它的那些"原型",还要发现在不同时空社会生活之中萨满教的某些事实,并由此阐发一种关于萨满教活动如何存在的理解原则。研究萨满教我们必须面对萨满教概念下的文化实践的多样性,历史过程的丰富性,理解各种文化案例中所揭示的问题。我们不能脱离特殊意义上的各个民族宗教情况来理解一般意义上的萨满教。如果我们想得到关于萨满教的一般认识,就需要在文化或宗教理论上总结每个特殊的萨满教状况。萨满教的一般研究和个案研究是相辅相成的,如果没有经验材料,适当的理论认识问题就不能获得;如果没有相应的理论认识,我们也不会将经验材料放到合适的观察之中。

附　录

苏珊萨满与自己曾经使用过的萨满服饰与法器合影留念
（李楠摄于长春大学萨满文化博物馆，2011年6月25日）

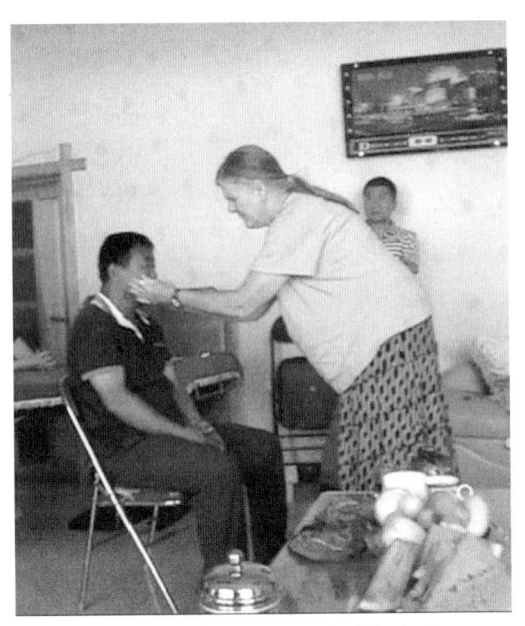

苏珊萨满为达斡尔族民众诊断疾病
（李楠摄于达斡尔族萨满沃菊芬的家中，2011年6月28日）

苏珊萨满与助手约翰在大草原上敬献烟草
（李楠摄于呼伦贝尔草原，2011年7月2日）

附 录

身着达斡尔民族服饰的苏珊萨满与斯琴挂萨满合影留念
（李楠摄于斯琴挂萨满家中，2011年7月3日）

苏珊曾穿过的萨满服
（李楠摄于长春大学萨满文化博物馆，2011年6月25日）

手执沙锤，倚靠图腾柱的苏珊萨满

苏珊萨满亲手制作的鼓和沙锤

附　录

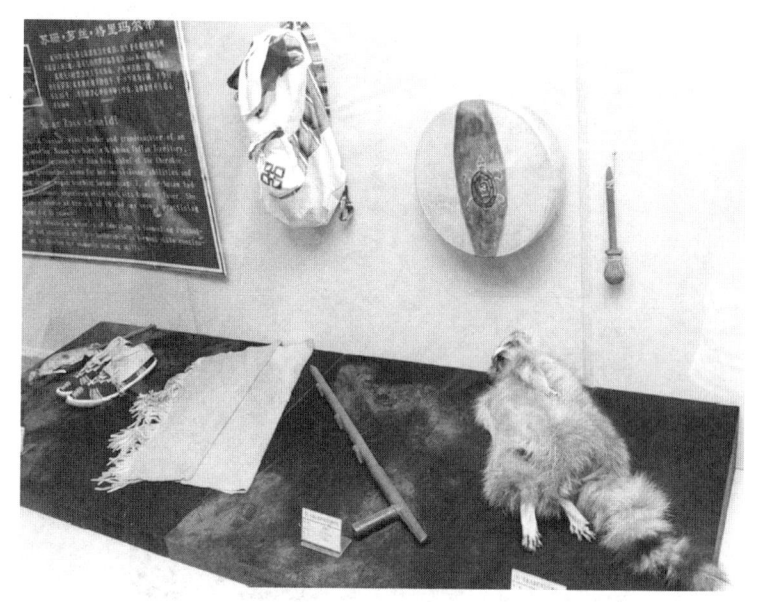

苏珊的萨满鼓、烟斗以及用浣熊皮制作的烟斗袋
（李磊摄于长春大学萨满文化博物馆，2011 年 6 月）

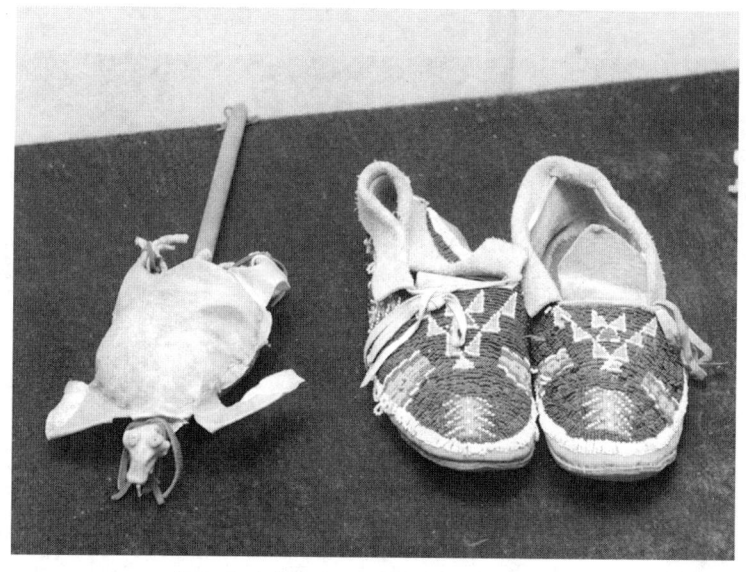

苏珊穿过的莫卡辛鞋及其使用过的沙锤
（李磊摄于长春大学萨满文化博物馆，2011 年 6 月）

217

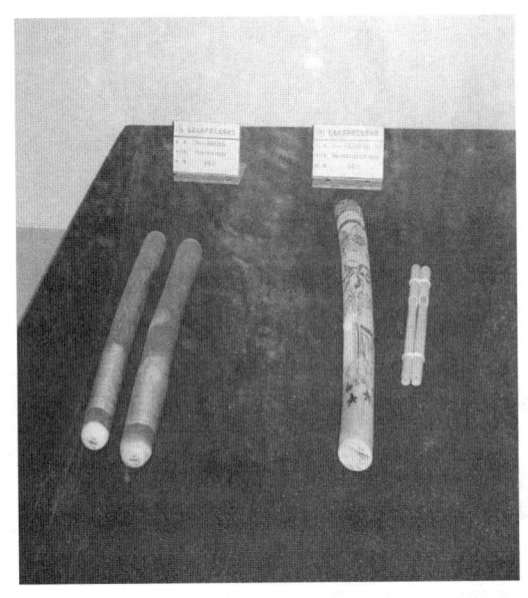

苏珊使用过的萨满法器：左为派尤特人部落打击器咔哒杆儿，右为加州波莫人制作的打击器哗啦板儿和用于寻求帮助的精灵口哨
（李楠摄于长春大学萨满文化博物馆，2011年6月）

苏珊的腰带（李磊摄于长春大学萨满文化博物馆，2011年6月）

美国甘布尔港附近的斯格勒姆（S'kallam）印第安部落成员划独木舟前往华盛顿州的奥林匹亚，与当地及周边部落一道，共同庆祝太平洋西北沿海印第安人每年一度的夏季波多拉支（桑德拉·雷眼摄于2012年）

居于拉普什的奎鲁特（Quilete）印第安部落成员划着独木舟来到奥林匹亚，请求东道主部落允许他们上岸参加一年一度的夏季波多拉支（桑德拉·雷眼摄于2012年）

来自不同部落的西北沿海印第安人乘独木舟，经过多天艰难划行最终抵达奥林匹亚，并请求东道主部落允许他们上岸参加一年一度的夏季波多拉支（桑德拉·雷眼摄于2012年）

史夸克辛岛（Squaxin Island）的东道主部落妇女准备迎接来自太平洋西北沿海其他部落的印第安人亲属和邻人登陆奥林匹亚，参加一年一度的夏季波多拉支

（桑德拉·雷眼摄于2012年）

印第安人着盛装于一年一度的春季帕瓦仪式上斗舞
（桑德拉·雷眼摄于北卡罗来纳州，彭布罗克，2007 年）

20 世纪 50 年代的卢姆比印第安人女萨满埃尔希·梅·桑普森·洛克利尔（Elsie Mae Sampson Locklear）和她的儿子（吉姆·洛克利尔于 2013 年提供）

正在击鼓的阿贝内基人长者——
迪（Dee）（苏珊摄）

阿贝内基人首领霍默·圣弗朗西斯（Homer St. Francis）
在一场土地复垦的集会中举行神圣的烟斗仪式
（乔尔朗·马尔文尼摄于佛蒙特州海格特，1991年）

附 录

受人尊重的阿贝内基医者（乔尔朗·马尔文尼 摄）

受人尊重的阿贝内基医者——三条河（Three-Rivers）
（乔尔朗·马尔文尼 摄）

约翰·R. 劳伦斯头戴面具，身穿萨满服，
手执萨满鼓，与其老师融为一体（苏珊 摄）

约翰·R. 劳伦斯身穿熊皮萨满服，
戴熊面具，手执萨满鼓（苏珊 摄）

附 录

切罗基人巫医——迈克尔·沃森
（Michael Watson）（苏珊 摄）

切罗基人巫医迈克尔·沃森正在为
病人举行净化仪式（苏珊 摄）

普韦布洛人的熊烟斗（苏珊 摄）

19世纪上半叶，佩诺布斯科特人用珍珠加以装饰的法物袋（Medicine Pouch）
（乔尔朗·马尔文尼 摄）

附 录

阿贝内基妇女和由其族人搭建的圆锥形帐篷
(**TeePee**)（乔尔朗·马尔文尼 摄）

身着民族服饰的佩诺布斯科特人
（乔尔朗·马尔文尼 摄）

参考文献

一 外文参考文献

(一) 专著和论文集

1. Mircea Eliade, *Shamanism—Archaic Techniques of Ecstasy*, Princeton, N. J.: Princeton University Press, 1974.

2. Michael J. Harner (ed.), *Hallucinogens and Shamanism*, New York: Oxford University Press, 1968.

3. Michael J. Harner, *The Way of the Shaman*, San Francisco: Harper & Row, 1990.

4. Ake Hultkrantz, *Shamanic Healing and Ritual Drama—Health and Medicine in Native North American Religious Traditions*, New York: The Crossroad Publishing Company, 1992.

5. Ake Hultkrantz, *The Religions of the American Indians*, Berkeley and Los Angeles, California: University of California Press, 1980.

6. Ake Hultkrantz, *Native Religions of North America: The Power of Visions and Fertility*, Long Grove, Illinois: Waveland Press, Inc., 1998.

7. Ake Hultkrantz, *The Attraction of Peyote: An Inquiry into the Basic Conditions for the Diffusion of the Peyote Religion in North American*, Stockholm: Almqvist & Wiksell International, 1997.

8. Ake Hultkrantz, *Soul and Native Americans*, Quebec: Spring Publications, Inc., 1997.

9. Ake Hultkrantz and Mihaly Hoppal (ed.), *Shaman*, Hungary: Molnar and Kelemen Oriental Publishers, 2005.

10. Andrei A. Znamenski, *The Beauty of the Primitive—Shamanism and Western Imagination*, New York: Oxford University press, 2007.

11. John A. Grim, *The Shaman—Patterns of Religious Healing Among the Ojibway Indians*, Norman and London: University of Oklahoma Press, 1983.

12. Willard Z. Park, *Shamanism in Western North America—A Study in Cultural Relationships*, New York: Cooper Square Publishers, Inc., 1975.

13. Jeffrey A. Kottler, Jon Carlson and Bradford Keeney, *American Shaman—An Odyssey of Global Healing Traditions*, New York and Hove: Brunner-Routledge, 2004.

14. Ronald Niezen, *Spirit Wars—Native North American Religions in the Age of Nation Building*, Berkeley, Los Angeles and London: University of California Press, 2000.

15. G. Frank Lawlis, *Transpersonal Medicine—The New Approach to Healing Body-Mind-Spirit*, Boston and London: Shambhala, 1996.

16. W. T. Corlett, *The Medicine-Man of the American Indian and His Cultural Background*, Springfield ILL: Charles C. Thomas, 1935.

17. Jordan Paper, *Native North American Religious Tradition: Dancing for Life*, Westport: Greenwood Publishing Group, Inc., 2007.

18. Gary Doore (ed.), *Shaman's Path: Healing, Personal Growth and Empowerment*, Boston: Shambhala, 1988.

19. James R. Walker, *Lakota Belief and Ritual*, Edited by Raymond J. Demallie and Elaine A. Jahner, Lincoln and London: University of Nebraska Press, 1980.

20. J. Middleton (ed.), *Magic, Witchcraft and Curing*, New York: The Natural History Press, 1967.

21. H. P. Francfort and R. N. Hamayon (ed.), *The Concept of Shamanism: Uses and Abuses*, Budapest: Akadémiai Kiadó, 2001.

22. Irwin, Lee (ed.), *Native American Spirituality: A Critical Reader*, Lincoln: The University of Nebraska Press, 2000.

23. Dennis Tedlock and Barbara Tedlock (eds.), *Teachings from American Earth*, New York: Liveright Publishing Corporation, 1975.

24. Mariko Namba Walter and Eva Jane Neumann Fridman (eds.), *Shamanism: an encyclopedia of world beliefs, practices, and culture*, California: ABC-CLIO, Inc., 2004.

25. Joseph Epes Brown (rec & ed.), *The Sacred Pipe—Black Elk's Account of the Seven Rites of the Oglala Sioux*, London: University of Oklahoma Press, 1989.

26. John G. Neihardt, *Black Elk Speaks: Being the Life Story of A Holy Man of the Oglala Sioux*, Lincoln: University of Nebraska Press, 1988.

27. Shirley Nicholson (ed.), *Shamanism: An Expanded View of Reality*, Wheaton: The Theosophical Publishing House, 1987.

28. J. Lewis Clottes and D. Williams, *The Shamans of Prehistory: Trance and Magic in the Painted Caves*, New York: Harry N. Abrams, 1998.

29. Donald M. Bahr, Juan Gregorio, David I. Lopez and Albert Alvarez, *Piman Shamanism and Staying Sickness*, Tucson, Arizona: The University of Arizona Press, 1974.

30. Gloria Flaherty, *Shamanism and the Eighteenth Century*, Princeton: Princeton University Press, 1992.

31. Graham Harvey (ed.), *Shamanism: A Reader*, London: Routledge, 2003.

32. Marvin K. Opler (ed.), *Culture and Mental Health*, New York: Macmillan, 1959.

33. Carl-Martin Edsman (ed.), *Studies in Shamanism*, Stockholm: Almqvist and Wiksell, 1962.

34. John Bierhorst (ed.), *The Sacred Path—Spells, Prayers and Power Songs of the American Indians*, New York: Quill, 1983.

35. Frederica de Laguna (ed.), *Tales From the Dena*, Seattle: University of Washington Press, 1995.

36. Nora Marks Dauenhauer and Richard Dauenhauer (eds.), *Haa Shuká, Our Ancestors—Tlingit Oral Narratives*, Seattle: University of Washington Press, 1984.

37. William S. Lyon, *Encyclopedia of Native American Healing*, California: ABC-CLIO, Inc., 1998.

38. William S. Lyon, *Encyclopedia of Native American Shamanism: Sacred Ceremonies of North*

America, California: ABC‑CLIO, Inc., 1998.

39. Michael Johnson, *The Native Tribes of North America—An Illustrated Encyclopedia*, London: Compendium Publishing, 1999.

40. Sam D. Gill & Irene F. Sullivan, *Dictionary of Native American Mythology*, Santa Barbara, California: ABC‑CLIO, Inc., 1992.

41. W. Worster (ed. and trans.), *Eskimo Folk‑Tales*, London, Copenhagen: Gyldendal, 1921.

42. Eric Jay Dolin, *Fur, Fortune and Empire: The Epic History of the Fur Trade in America*, New York: W. W. Norton & Company, 2010.

43. Elisabeth Tooker (ed.), *Native North American Spirituality of the Eastern Woodlands: Sacred Myths, Dreams, Visions, Speeches, Healing Formulas, Rituals and Ceremonials*, New York · Ramsey · Toronto: Paulist Press, 1979.

44. KatharineBerry Judson (ed.), *Myths and Legends of California and the Old Southwest*, Chicago: A. C. McClurg & Co., 1912.

45. Paula R. Hartz, *Native American Religions*, New York: Chelsea House, 2009.

46. Aurel Krause, *The Tlingit Indians: Results of a Trip to the Northwest Coast of America and the Bering Straits*, Translated by Erna Gunther, Seattle and London: University of Washington Press, 1956.

47. Knud Rasmussen, *The Netsilik Eskimos—Social Life and Spiritual Culture*, Copenhagen: Gyldendalske Boghandel, Nordisk Forlag, 1931.

48. William N. Fenton, *The False Faces of the Iroquois*, Norman: University of Oklahoma Press, 1987.

49. Roger Walsh, *The World of Shamanism: New Views of an Ancient Tradition*, Woodbury, MN: Llewellyn Publications, 2007.

50. Alexie Sherman, *The Lone Ranger and Tonto Fist Fight in Heaven*, New York: Atlantic Monthly Press, 1993.

51. Horatio Cushman, *History of the Choctaw, Chickasaw and Natchez Indians*, Norman: University of Oklahoma Press, 1999.

52. Patricia Kay Galloway, *Choctaw Genesis: 1500 ~ 1700*, Lincoln: University

of Nebraska Press, 1995.

53. Bruce E. Johansen and Barry M. Pritzker (eds.), *Encyclopedia of American Indian History*, California: ABC – CLIO, Inc., 2008.

54. Thomas E. Mails, *Fools Crow*, New York: Doubleday, 1979.

55. W. D. Hambly, *Origins of Education among Primitive Peoples*, London: Macmillan, 1926.

56. Gene Weltfish, *The Lost Universe: Pawnee Life and Culture*, Lincoln, NE: University of Nebraska Press, 1965.

57. Frederick Webb Hodge (ed.), *Handbook of American Indians North of Mexico*, Part 1, Washington: Government Printing Office, 1912.

58. John Major Hurdy, *American Indian Religions*, Los Angeles: Sherbourne Press, Inc., 1970.

(二) 论文

1. Ake Hultkrantz, "North American Indian Religion in the History of Research: A General Survey Part I", In *History of Religions*, Vol. 6, No. 2, 1966, pp. 91 – 107.

2. Ake Hultkrantz, "North American Indian Religion in the History of Research: A General Survey Part II", In *History of Religions*, Vol. 6, No. 3, 1967, pp. 183 – 207.

3. Ake Hultkrantz, "North American Indian Religion in the History of Research: A General Survey Part III", In *History of Religions*, Vol. 7, No. 1, 1967, pp. 13 – 34.

4. Ake Hultkrantz, "North American Indian Religion in the History of Research: A General Survey Part IV", In *History of Religions*, Vol. 7, No. 2, 1967, pp. 112 – 148.

5. Ake Hultkrantz, "Spirit Lodge, A North American Shamanistic Séance", In Carl – Martin Edsman's *Studies in Shamanism*, Stockholm: Almqvist and Wiksell, 1962, pp. 32 – 68.

6. Ake Hultkrantz, "The Concept of the Soul held by the Wind River Shoshone", In *Ethnos*. Nos. 1 – 2, 1951, pp. 18 – 44.

7. Ake Hultkrantz, "Yellow Hand, Chief and Medicine – man among the eastern Shoshoni", In Stuttgart – München's *Verhandlungen des XXXVIII*, bis 18. August, Internationalen Amerikanistenkongresses, 1968, pp. 293 – 304.

8. Ake Hultkrantz, "The Study of North America Indian Religion: Retrospect、Present Trends and Future Tasks", In *Temenos*, Vol. 1. 87 – 121, 1965, pp. 87 – 121.

9. Ake Hultkrantz, "A Definition of Shamanism", In *Temenos*, Vol. 9, 1974, pp. 25 – 37.

10. Ake Hultkrantz, "Shamanism: A Religious Phenomenon?", In Gary Doore's *Shaman's Path: Healing, Personal Growth and Empowerment*, Boston: Shambhala, 1988, p. 36.

11. Ake Hultkrantz, "Diversity in cosmology: the case of the Wind River Shoshoni", In *Canadian Journal of Native Studies*, 7 (2), 1987, pp. 279 – 295.

12. Roland B. Dixon, "Some Aspencts of the American Shaman", In *The Journal of American Folklore*, Vol. 21, No. 80, 1908, pp. 1 – 12.

13. W. Z. Park, "Paviatso Shamanism", In *American Anthropologist*, New Series, Vol. 36, No. 1, 1934, pp. 98 – 113.

14. S. Krippner, "Conflicting perspectives on shamans and shamanism: Points and counterpoints", In *American Psychologist*, No. 57, 2002, pp. 961 – 977.

15. Wolfgang Jilek, "From Crazy Witch Doctor to Auxiliary Psychotherapist—the Changing Image of the Medicine Man", In *Psychiatria Clinica*, 4, 1971, pp. 200 – 220.

16. Wolfgang Jilek, "Native Renaissance: The Survival and Revival of Indigenous Therapeutic Ceremonials Among North American Indians", In *Transcultural Psychiatric Research*, Vol. XV, 1978, pp. 117 – 146.

17. Wolfgang Jilek, "The Renaissance of Shamanic Dance in Indian Populations of North America", In *Diogenes*, No. 158, 1992, pp. 87 – 100.

18. W. J. Hoffman, "The Midewiwin or "Grand Medicine Society" of the Ojibwa", In *Smithsonian Institution*, U. S. Bureau of Ethnology Report 7, Washington, D. C.: Government Printing Office, 1891, pp. 149 – 299.

19. J. G. Bourke, "The medicine men of the Apache", In *Smithsonian Institution*, U. S. Bureau of Ethnology Report 9, Washington, D. C.: Government Printing Office, 1892, pp. 443 – 603.

20. J. Mooney, "The Ghost – Dance Religion and the Sioux Outbreak of 1890", In

      Smithsonian Institution, *U. S. Bureau of Ethnology Report* 14, Washington, D. C.: Government Printing Office, 1896, pp. 641 – 1110.

21. W. Mathews, "The Prayer of a Navajo Shaman", In *American Anthropologist*, Vol. 1, No. 2, 1888, pp. 149 – 171.

22. J. Mooney, "The Sacred Formulas of the Cherokees", In *Smithsonian Institution*, *U. S. Bureau of Ethnology Report* 7, Washington, D. C.: Government Printing Office, 1891, pp. 302 – 397.

23. W. J. Hoffman, "Pictography and Shamanistic Rites of the Ojibwa", In *American Anthropologist*, Vol. 1, No. 3, 1888, pp. 209 – 230.

24. J. G. Bourke, "Notes upon the Religion of the Apache Indians", In *Folklore*, Vol. 2, No. 4, 1891, pp. 419 – 454.

25. Ruth Benedict, "The Vision in Plains Culture", In *American Anthropologist*, *New Series*, Vol. 24, No. 1, 1922, pp. 1 – 23.

26. Jules Blumensohn, "The Fast among North American Indians", In *American Anthropologist*, *New Series*, Vol. 35, No. 3, 1933, pp. 451 – 469.

27. Robert Lowie, *An Introduction to Cultural Anthropology*, New York: Farrar and Rinehart, 1940.

28. Paul Radin, "The Ritual and Significance of the Winnebago Medicine Dance", In *The Journal of American Folklore*, Vol. 24, No. 92, 1911, pp. 149 – 208.

29. Mariko Namba Walter and Eva Jane Neumann Fridman (eds.), *Shamanism: An Encyclopedia of World Beliefs, Practices, and Culture*, California: ABC – CLIO, Inc, 2004.

30. Franz Boas, "Current Beliefs of the Kwakiutl Indians", In *The Journal of American Folklore*, Vol. 45, No. 176, 1932, pp. 177 – 260.

31. L. L. Leh, "The Shaman in Aboriginal American Society", In *University of Colorado Studies* 20, No. 4, 1934, pp. 199 – 263.

32. K. M. Stewart, "Spirit Possession in NativeAmerica", In *Southwestern Journal of Anthropology*, Vol. 2, No. 3, 1946, pp. 323 – 339.

33. John M. Cooper, "The Shaking Tent Rite among Plains andForest Algon-

quians", In *Primitive Man*, Vol. 17, No. 3/4, 1944, pp. 60 – 84.

34. Frederick Johnson, "Notes on Micmac Shamanism", In *Primitive Man*, Vol. 16, No. 3/4, 1943, pp. 53 – 80.

35. Morris E. Opler, "Some Points of Comparison and Contrast Between the Treatment of Functional Disorders by Apache Shamans and Modern Psychiatric Practice", In *American Journal of Psychiatry*, 92, 1936, pp. 1371 – 1387.

36. Morris E. Opler, "The Creative Role of Shamanism in Mescalero Apache Mythology", In *The Journal of American Folklore*, Vol. 59, No. 233, 1946, pp. 268 – 281.

37. Marvin K. Opler, "Dream analysis in Ute Indian therapy", In Marvin K. Opler's *Culture and Mental Health*, New York: Macmillan, 1959, pp. 97 – 117.

38. George Devereux, "Dream Learning and Individual Ritual Differences", In *American Anthropologist*, New Series, Vol. 59, No. 6, 1957, pp. 1036 – 1045.

39. George Devereux, "Shamans as Neurotics", In *American Anthropologist*, New Series, Vol. 63, No. 5, Part 1, 1961, pp. 1088 – 1090.

40. Julian Silverman, "Shamans and Acute Schizophrenia", In *American Anthropologist*, New Series, Vol. 69, No. 1, 1967, pp. 21 – 31.

41. Richard Noll, "Shamanism and Schizophrenia: A State – Specific Approach to the "Schizophrenia Metaphor" of Shamanic States", In *American Ethnologist*, Vol. 10, No. 3, 1983, pp. 443 – 459.

42. Lewis Williams, J. David, and Thomas A. Dowson, "The Signs of All Times: Entoptic Phenomena in Upper Paleolithic Art", In *Current Anthropology* 29 (2), 1988, pp. 201 – 245.

43. Angus R. Quinlan, "Smoke and Mirrors: Rock Art and Shamanism in California and the Great Basin", In HP Francfort and RN Hamayon's *The Concept of Shamanism: Uses and Abuses*, Budapest: Akadémiai Kiadó, 2001, pp. 189 – 205.

44. David S. Whitley, "Shamanism and Rock Art in Far Western North America", In *Cambridge Archaeological Journal* 2, 1992, pp. 89 – 113.

45. George Wharton James, "A Saboba Origin – Myth", In *Journal of the American Folk – Lore Society*, Vol. XV, No. 61, 1902, pp. 36 – 39.

46. John Redtail Freesoul, "The Native American Prayer Pipe: Ceremonial Object and Tool of Self - Realization", In Shirley Nicholson's *Shamanism: An Expanded View of Reality*, Wheaton: The Theosophical Publishing House, 1987, pp. 204 - 210.

47. Bear Heart and Molly Larkin, "In the Footsteps of My Teachers: Lessons with Little Beaver and Old Seer", In *Shaman's Drum*, No. 41, 1996, pp. 19 - 23.

48. G. Devereux, "Mohave Soul Concepts", In *American Anthropologist*, Vol. 39, No. 3, 1937, pp. 417 - 422.

49. F. Boas, "The Central Eskimo", In *Smithsonian Institution, Bureau of American Ethnology, Annual Report* 6, Washington, D. C.: The Smithsonian Institution, 1888, pp. 409 - 669.

50. S. A. Mousalimas, "Shamans - Of - Old InSouthern Alaska", In *Samanizmus Archivum*, 1988, pp. 1 - 25.

51. Asen Balikci, "Shamanistic Behavior Among the Netslik Eskimos", In J. Middleton's *Magic, Witchcraft and Curing*, New York: The Natural History Press, 1967, pp. 191 - 209.

52. John P. Harrington, "Ethnogeography of the Tewa", In 29*th Annual Report, Bureau of American Ethnology for* 1907 - 1908, Washington, D. C.: Smithsonian Institution, Government Printing House, 1916, pp. 29 - 618.

53. E. W. Voegelin, "Tubatulabal Ethnography", In *Anthropological Records*, Vol. 2, No. 1, 1938, pp. 1 - 84.

54. Daniel G. Brinton, "Nagualism. A Study in Native American Folk - Lore and History", In *Proceedings of the American Philosophical Society*, Vol. 33, No. 144, 1894, pp3 - 65.

55. J. E. Levy, R. Neutra & D. Parker, "Life Careers of Navajo Epileptics and Convulsive Hysterics", In *Social Science and Medicine*, 13B, 1979, pp. 53 - 66.

56. Richard Noll, "Shamanism and Schizophrenia: A State - Specific Approach to the 'Schizophrenia Metaphor' of Shamanic States", In *American Ethnologist*, Vol. 10, No. 3, 1983, pp. 443 - 459.

57. George Peter Murdock, "Tenino Shamanism", In *Ethnology*, Vol. iv: No

2, 1965, pp. 165 – 171.

58. Lowell John Bean, "California Indian Shamanism and Folk Curing", In Wayland Debs Hand's *American Folk Medicine*: *a symposium*, Berkley: University of California Press, 1976, pp. 109 – 123.

59. Charles Callender, Lee M. Kochems, Gisela Bleibtreu – Ehrenberg, Harald Beyer-Broch, Judith K. Brown, Nancy Datan, Gary Granzberg, David Holmberg, Ake Hultkrantz, Sue – Ellen Jacobs, Alice B. Kehoe, Johann Knobloch, Margot Liberty, William K. Powers, AliceSchlegel, Italo Signorini, Andrew Strathern, "The North American Berdache [and Comments and Reply]", In *Current Anthropology*, Vol. 24, No. 4（Aug. – Oct.）, 1983, pp. 443 – 470.

60. A. L. Kroeber, "The Religion of the Indians ofCalifornia", In *University of California Publications American Archaeology And Ethnology*, Vol. 4, No. 6, 1907, pp. 319 – 356.

61. Esther Pasztory, "Shamanism and North American Indian Art", In Zena Pearlstone Mathews and Aldona Jonaitis' *Native North American Art History*, California: Peek Publications, 1982, pp. 7 – 30.

62. Nat Frotbingbam, "Susan Grimaldi Heals by Restoring the Soul to Wholeness", In *The Bridge*, June 2 – 15, 2011, pp. 3 – 4.

63. Hans Mebius, "Ake Hultkrantz and Study of Shamanism", In *Shaman*, Vol. 13. Spring// Autumn, 2005, pp. 7 – 27.

二　中文参考文献

1. 〔德〕马克斯·韦伯：《儒教与道教》，陕西师范大学出版社，2010。
2. 〔德〕韦伯：《宗教社会学》，康乐、简惠英译，（台湾）远流出版事业股份有限公司，1993。
3. 〔法〕埃米尔·迪尔凯姆：《迪尔凯姆论宗教》，周秋良等译，华夏出版社，1999。
4. 〔法〕埃米尔·迪尔凯姆：《社会学方法的规则》，胡伟译，华夏出版社，1999。

5. 〔法〕爱弥尔·涂尔干:《宗教生活的基本形式》,渠东、汲喆译,上海人民出版社,1999。
6. 〔法〕列维-布留尔:《原始思维》,丁由译,商务印书馆,1987。
7. 〔法〕列维-斯特劳斯:《面具的奥秘》,知寒、靳大成、高炳中、袁阳译,上海文艺出版社,1992。
8. 〔法〕列维-斯特劳斯:《野性的思维》,李幼蒸译,商务印书馆,1987。
9. 〔美〕包尔丹:《宗教的七种理论》,陶飞亚、刘义、钮圣妮译,上海古籍出版社,2005。
10. 〔美〕罗伯特·亨利·路威:《乌鸦印第安人》,冉凡等译,民族出版社,2009。
11. 〔美〕L.A.怀特:《文化的科学——人类与文明研究》,沈原等译,山东人民出版社,1988。
12. 〔美〕M.E.斯皮罗:《文化与人性》,徐俊等译,社会科学文献出版社,1999。
13. 〔美〕艾尔弗雷德·W.克罗斯比:《生态扩张主义:欧洲900年到1900年的生态扩张》,许友民等译,辽宁教育出版社,2001。
14. 〔美〕贝格尔:《神圣的帷幕:宗教社会学理论之要素》,高师宁译,上海人民出版社,1991。
15. 〔美〕本尼迪克特:《文化模式》,何锡章、黄欢译,华夏出版社,1987。
16. 〔美〕彼得·贝格尔:《神圣的帷幕——宗教社会学理论之要素》,高师宁译,何光沪校,上海人民出版社,1991。
17. 〔美〕弗兰兹·博厄斯:《原始人的心智》,项龙、王星译,国际文化出版公司,1989。
18. 〔美〕弗朗兹·博厄斯:《原始艺术》,金辉译,上海文艺出版社,1989。
19. 〔美〕简·布洛克:《原始艺术哲学》,沈波、张安平译,朱立元校,上海人民出版社,1991。
20. 〔美〕克利福德·格尔兹:《文化的解释》,纳日碧力戈等译,上海人民出版社,1999。
21. 〔美〕米尔恰·伊利亚德:《神圣的存在——比较宗教的范型》,晏可佳、姚蓓琴译，广西师范大学出版社，2008。

22. 〔美〕摩尔根：《古代社会》第一册，杨东莼等译，商务印书馆，1971。

23. 〔日〕池田大作、〔英〕阿·汤因比：《展望21世纪——汤因比与池田大作对话录》，荀春生等译，国际文化出版公司，1997。

24. 〔日〕大间知笃三等：《北方民族与萨满文化》，色音等编译，中央民族大学出版社，1995。

25. 〔意〕马利亚苏塞·达瓦马尼：《宗教现象学》，高秉江译，人民出版社，2006。

26. 〔英〕E. E. 埃文斯-普里查德：《原始宗教理论》，孙尚扬译，商务印书馆，2001。

27. 〔英〕埃里克·J. 夏普：《比较宗教学史》，吕大吉、何光沪、徐大建译，上海人民出版社，1988。

28. 〔英〕安东尼·吉登斯：《社会学》，赵旭东、齐心、王兵、马戎、阎书昌译，北京大学出版社，2003。

29. 〔英〕菲奥纳·鲍伊：《宗教人类学导论》，金泽、何其敏译，中国人民大学出版社，2004。

30. 〔英〕罗素：《宗教与科学》，商务印书馆，1982。

31. 〔英〕马林诺夫斯基：《文化论》，费孝通等译，中国民间文艺出版社，1987。

32. 〔英〕马林诺夫斯基：《巫术、科学、宗教与神话》，李安宅译，中国民间出版社，1986。

33. 〔英〕麦克·阿盖尔：《宗教心理学导论》，陈彪译，高师宁校，中国人民大学出版社，2005。

34. 〔英〕麦克斯·缪勒：《宗教的起源与发展》，金泽译，上海人民出版社，1989。

35. 〔英〕泰勒：《原始文化》，连树声译，上海文艺出版社，1992。

36. 〔英〕詹姆斯·乔治·弗雷泽：《金枝》，徐育新、汪培基、张泽石译，汪培基校，大众文艺出版社，1998。

37. 〔德〕茨格内·蔡勒尔：《印第安人》，马立东译，湖北教育出版社，2009。

38. 〔加〕迪克·加诺尔：《印第安人——加拿大第一民族的历史、现状与自治之路》，李鹏飞、杜发春编译，民族出版社，2008。
39. 乔健编《印第安人的诵歌》，张叔宁译，广西师范大学出版社，2004。
40. 孟慧英、孙运来、兰婷主编，长春大学萨满文化研究中心、吉林省民族研究所编《萨满文化研究信息与情报选辑》，吉林人民出版社，2009。
41. 金香、色音主编《萨满信仰与民族文化》，中国社会科学出版社，2009。
42. 白庚胜、郎樱主编《萨满文化解读》，吉林人民出版社，2003。
43. 白庚胜主编《萨满文化辩正——国际萨满学会第七次学术讨论会论文集》，大众文化出版社，2006。
44. 丁石庆、赛音塔娜：《达斡尔族萨满文化遗存调查》，民族出版社，2010。
45. 鄂晓楠、鄂·苏日台：《原生态民俗信仰文化》，内蒙古大学出版社，2006。
46. 恩格斯：《费尔巴哈与德国古典哲学的终结》，《马克思恩格斯选集》第4卷，人民出版社，1992。
47. 富育光：《萨满论》，辽宁人民出版社，2000。
48. 关小云、王宏刚：《鄂伦春族萨满文化遗存调查》，民族出版社，2010。
49. 郭淑云：《国外萨满生理和心理问题研究述评》，《民族研究》2007年第4期。
50. 郭淑云：《原始活态文化——萨满教透视》，上海人民出版社，2001。
51. 郭淑云：《中国北方民族萨满出神现象研究》，民族出版社，2007。
52. 何星亮：《中国自然神与自然崇拜》，三联书店上海分店，1992。
53. 吉林民族研究所编《萨满教文化研究》第二辑，天津古籍出版社，1990。
54. 吉林民族研究所编《萨满教文化研究》第一辑，吉林人民出版社，1988。
55. 江帆：《满族生态与民俗文化》，中国社会科学出版社，2006。
56. 金泽：《宗教人类学导论》，宗教文化出版社，2001。
57. 凌纯声：《松花江下游的赫哲族》，国立中央研究院历史语言研究所，1934。
58. 刘小萌、定宜庄：《萨满教与东北民族》，吉林教育出版社，1990。
59. 吕大吉：《宗教学通论》，中国社会科学出版社，1998。
60. 吕萍、邱时遇：《达斡尔族萨满文化传承》，辽宁民族出版社，2009。
61. 满都尔图等编《民族文化习俗及萨满教调查报告》，民族出版社，1993。
62. 孟慧英：《中国北方民族萨满教》，社会科学文献出版社，2000。

63. 孟慧英主编《当代中国宗教研究精选丛书——原始宗教与萨满教卷》，民族出版社，2008。
64. 孟慧英：《尘封的偶像：萨满教观念研究》，北京出版社，2000。
65. 孟慧英主编《宗教信仰与民族文化》第二辑，社会科学文献出版社，2009。
66. 萨敏娜、吴凤玲等：《达斡尔族斡米南文化的观察与思考——以沃菊芬的仪式为例》，民族出版社，2011。
67. 秋浦主编《萨满教研究》，上海人民出版社，1985。
68. 阮西湖：《加拿大民族志》，中国社会科学出版社，1986。
69. 色音：《东北亚的萨满教》，中国社会科学出版社，1998。
70. 乌丙安：《神秘的萨满世界》，三联书店上海分店，1989。
71. 杨庭硕、罗康隆、潘盛之：《民族、文化与生境》，贵州人民出版社，1992。
73. 叶舒宪：《中国神话哲学》，中国社会科学出版社，1992。
73. 张光直：《美术、神话与祭祀》，辽宁教育出版社，2002。
74. 朱伦、马莉：《印第安世界》，广西人民出版社，1992。
75. 卓新平：《西方宗教学研究导论》，中国社会科学出版社，1990。
76. 马晓京：《加拿大西北沿岸印第安人图腾柱文化象征意义阐释》，中央民族大学博士学位论文，2007。
77. 李剑鸣：《美国印第安人保留地制度的形成与作用》，《历史研究》1993年第2期。
78. 付成双：《试论毛皮贸易对北美印第安人的生态影响》，《世界历史》2006年第3期。

后　记

　　本书是在笔者博士学位论文的基础上修订而成的，从早期资料的收集、田野调查，到论文的选题、结构安排、观点的陈述及段落与文字的修改都凝聚了众多人的心血，并非我一人之功。首先，感谢我的博士生导师孟慧英先生。孟先生学识渊博、治学严谨、忧国忧民，颇具大家风范。我天性愚钝，孟先生却从未对我有过苛责，"爱如己出"，倾注大量心血，精心栽培，将自己积累多年的学术资源倾囊相授。田野中，若非孟先生的帮助，我不会受到多方照顾，也不会有机会在面对面的情境下访问来自美国的印第安人女萨满，论文的写作也势必面临一些无法突破的障碍。初稿完成后，孟先生更是通读全篇，帮助我理顺思路，不辞辛劳地为我逐字逐段地修改，不放过丝毫差错。为此，有太多的心声想对恩师诉说，却又一时不知从何说起，唯有将这份恩情铭记于心，待他日学有所成以作为对老师最好的回报。感谢孟老师的爱人马纪龙老师。马老师为人谦逊、阅历丰富、人生态度积极且有着强烈的社会责任感，每一次交谈都使我们这群年轻人受益良多，使我们一颗颗年轻而躁动的心趋于平静，在追求自己学术梦想的道路上低头前行。

　　特别感谢我的硕士生导师江帆教授。江老师是我民俗学的启蒙老师，一手将我带入民俗学的大门，在读博期间仍不忘关心我的生活和学习，每每得知我在学术和论文写作上有所进步都欣喜不已。师恩难忘，学生只有以加倍努力来回报恩师所寄予的殷切期望。同时感谢辽宁大学的周福岩教

后 记

授和杨太教授在学术上给予我的启发和生活上的关心。

感谢美籍华裔学者史昆教授、长春的各界同仁，以及海拉尔和莫旗所有给予过我无私帮助的人和田野对象，没有你们的成全，本书不会这么顺利地完成。特别要感谢来自美国的乔克托人女萨满——苏珊和她的伴侣约翰，是他们用生动的语言、形象的比喻和真切的案例，将原本还在文献资料中不断想象、修正与重构遥远异邦神秘信仰的我，引入北美印第安人的灵性世界。由于苏珊此次中国之行的行程安排较为紧凑，我对她的访谈只能"见缝插针"，其中1/3的访谈甚至是在旅途中完成的，这便意味着她要牺牲自己大部分的休息时间来满足我"贪婪"的求知欲。面对我无休止的问题，她总是耐心聆听，认真详细地回答。且为了能让本书的内容更加鲜活充实，苏珊和她的印第安人朋友还热心帮助，无偿提供了许多与其萨满文化相关的照片和图片，在此深表感谢。此外，还要特别感谢达斡尔族斯琴挂萨满、沃菊芬萨满和呼伦贝尔学院的巴德玛苏荣教授。每一次到内蒙古海拉尔地区进行萨满文化考察都是一次开心之旅、丰收之旅，她们不但积极协助配合我们的考察工作，为我们提供大量宝贵难得的调查信息，而且还热情地款待我们，在生活上无微不至地照顾我们。田野中，巴老师更始终是我们一行人最"忠实"的翻译，且极为幽默、童心未泯，常与我们这群年轻人说说笑笑，打成一片，也从没有哪一位田野对象能够像他那样不遗余力地为我翻译唱词、因牵挂我的命运而几次三番请求萨满为我举行解禳仪式，每每想到这些仍感动不已。

还要衷心感谢为本书的写作和修改提出许多中肯与宝贵建议的前辈学者，他们是中国社会科学院民族学与人类学研究所的色音研究员、王晓丽研究员、何星亮研究员、管彦波研究员，中国社会科学院世界宗教所的金泽研究员，中央民族大学的班班多杰教授、何其敏教授、徐万邦教授、祁庆富教授和王庆仁教授。

感谢我的同门吴凤玲、郑琼，师姐邵媛媛、詹娜和吉国秀，以及师弟于洋、师妹李杨和陈玉凤等人给予我的关心和无私帮助，能够结识他们是我人生中的一笔宝贵财富。

感谢我的父母，没有谁会比他们更加牵挂我的一举一动和喜怒哀乐。

他们无私的爱是支撑我求学的坚定信念,永远是我前进路上的无穷动力。感谢丈夫李江先生在我最失意的时候陪伴我、安慰我、支持我、鼓励我,伴我走出人生的低谷,他是上天给我最好的礼物,值得我用一生的时间来珍惜和呵护。感谢我的儿子,是他陪伴我写下本书的最后一笔,与我分享这一过程中每一刻的喜怒哀乐,更是他让我懂得了生命的意义与伟大,教会我永怀感恩之心。

由于本人学识有限,本书难免存在诸多不足之处,敬请各位读者批评指正!

李 楠

2014 年 12 月于北京

图书在版编目（CIP）数据

北美印第安人萨满文化研究 / 李楠著. --北京：社会科学文献出版社，2019.10
（萨满文化研究丛书）
ISBN 978 - 7 - 5097 - 8268 - 2

Ⅰ.①北… Ⅱ.①李… Ⅲ.①美洲印第安人 - 萨满教 - 北美洲 - 研究 Ⅳ.①B933

中国版本图书馆 CIP 数据核字（2015）第 257409 号

· 萨满文化研究丛书 ·
北美印第安人萨满文化研究

著　　者 / 李　楠

出 版 人 / 谢寿光
责任编辑 / 范　迎
出　　版 / 社会科学文献出版社·人文分社（010）59367215
　　　　　 地址：北京市北三环中路甲 29 号院华龙大厦　邮编：100029
　　　　　 网址：www.ssap.com.cn
发　　行 / 市场营销中心（010）59367081　59367083
印　　装 / 三河市尚艺印装有限公司
规　　格 / 开　本：787mm × 1092mm　1/16
　　　　　 印　张：16　字　数：245 千字
版　　次 / 2019 年 10 月第 1 版　2019 年 10 月第 1 次印刷
书　　号 / ISBN 978 - 7 - 5097 - 8268 - 2
定　　价 / 128.00 元

本书如有印装质量问题，请与读者服务中心（010 - 59367028）联系

▲ 版权所有 翻印必究